本丛书是

国家社会科学基金“十三五”规划教育学重大招标课题“中国特色社会主义教育理论体系研究”（课题批准号：VAA190001）之成果

上海市社会科学界联合会中国教育学学术话语体系与创新研究基地成果

“生命·实践”教育学研究丛书

总目

丛书责编　韩华球　刘立德

本卷责编　陆　洋

国家出版基金项目
NATIONAL PUBLICATION FOUNDATION

"十四五"国家重点图书出版规划项目

"生命·实践"教育学研究丛书

王 枬 李政涛◎主编

理实转化：

叶澜『教育理论—实践观』研究

李政涛◎著

中国教育出版传媒集团
人民教育出版社
·北京·

图书在版编目（CIP）数据

理实转化：叶澜“教育理论—实践观”研究 / 李政涛著. —北京：人民教育出版社，2022.4（2023.3 重印）

（“生命·实践”教育学研究丛书 / 王枬，李政涛主编）

ISBN 978-7-107-36386-3

Ⅰ.①理… Ⅱ.①李… Ⅲ.①叶澜－教育思想－研究 Ⅳ.①G40-092.76

中国版本图书馆 CIP 数据核字（2022）第 018174 号

理实转化：叶澜“教育理论—实践观”研究

出版发行 人民教育出版社

（北京市海淀区中关村南大街 17 号院 1 号楼 邮编：100081）

网　址 http://www.pep.com.cn

经　销 全国新华书店

印　刷 山东临沂新华印刷物流集团有限责任公司

版　次 2022 年 4 月第 1 版

印　次 2023 年 3 月第 2 次印刷

开　本 787 毫米×1 092 毫米 1/16

印　张 17.25

字　数 271 千字

印　数 2 001~4 000 册

定　价 64.00 元

总 序

学派建设：在深究与阐述中共进

为他人研究我的教育思想的丛书写序，这是我有生以来第一次，可以肯定也就这么一次了。何以如此？是自我膨胀到无以复加的地步了？非也。我可以肯定地回答，头脑尚清醒。说到底，只因这里的“他人”是特殊的“他人”，是我的学生，更重要的是，他们是“生命·实践”教育学派团队的核心成员。我这样做，是出于现阶段本学派建设的需要：完成代际转换。

也许是因为忙碌，不知不觉间，我已跨入晚年这一生命的最后阶段。若问什么是还让我操心和放不下的，那就是“生命·实践”教育学派的持续发展。作为首创者，我有不可推卸的责任，就是使他们——既是学派建设的参与者，又是今后学派建设后续的中坚力量，有更长足的学术成长与发展。我认为，学派建设需要他们对我的教育思想有作为学派成员意义上的、更为深入的了解和研究。于是我生出此意：趁我现在尚清醒，开始推动“‘生命·实践’教育学研究丛书”的写作。大家对此欣然赞同。自2018年3月桂林会议始，至今年3月已整整三年了。大家先是各自按自己的研究基础和兴趣做选择、提出专题，然后再共同讨论。从确定丛书的书目，到一本本提纲的讨论，线上线下，一次、二次……直到大家思路基本一致，每个人才开始写作。丛书共9卷，由王枬、李政涛任主编。因我是全过程的参与者，大家给了我一个相对轻松的任务：写丛书总序。

对年轻人过多的操心和不放心，也许是老年人的通病。我在学派建设上尤其如此。进入2021年5月，我连续几天通读了每一部发给人民教育出版社的书稿，知道自己过虑了。从提交的书稿看，作者都尽心尽力地做着，不仅大量阅读了我的论文、专著、讲话稿，而且大量阅读了相关主题的国内外论著，在阐发中拓展和深化了对学派关键性问题的认识。无论是对概念、元研究、教育价值、学校改革大主题的研究，还是从理论与实践的转化、教师发展、终身教育、审美等多维度切入的研究，包括相当详细的学派创生史的撰述，都让我为他们的视界和深思、学术上的成熟和个性呈现而惊喜。我实在是"多虑"了。其实，何止"多虑"，我在不少方面已不如他们了。他们已经发我之未发，述我之未述，清我之未清，理我之未理了。

我为有这样一支来自曾是我的学生的学派创建的合作者和新生代的力量而倍增信心。多年来，我读他们的时候为多，这套丛书是他们合在一起读我。学派建设初期，这样的队伍结构不可避免，但随着我的淡出，他们将站在学派建设的舞台中央。这次是他们第一次集中的群体亮相。其中，可以读出的不仅是他们在学术和思想、功底和才华上各有千秋，还可以读出一起成长的浓浓的师生情和创建学派的共同追求。

情，是要一起做成任何事不可或缺的黏合剂，但也许正是"情"，会妨碍、局限和遮蔽他们对我思想的不足及问题的深度揭示与批判。但无奈，我只能先让非我的"局中人"来写。书稿完成以后的公开出版，正是为了让更多的"非局中人"来审视我和他们，对促进我们的学派建设提出批评和帮助，也期望能为中国教育学的建设、为更多学派的诞生提供资源或借鉴。

借此序，我讲出自己的心愿和期望；借此序，我表达对团队的深深感激；借此序，我深谢人民教育出版社，这一素以稳健持重享有盛誉的教育出版社，助“生命·实践”教育学派这个尚还幼稚的学术生命体一臂之力。尤谢各位责编的鼎力相助。

叶澜

2021年5月9日于上海

本卷前言

“经典”是一个蕴含深厚情感力与神圣感召力的字眼。在教育学愈加五彩缤纷、色彩斑斓并加速奔向现代化的今天，提及“经典”，依然能够触及灵魂，打动内心最柔软的地方。一个出门远行闯荡天下的游子，在喧嚣沉寂、蓦然回首之时，“经典”如同那个指引他认清明日之方向的家，那个嘱托他不忘昨日之来处的家，那个抚慰他躁动之身心的家。

“生命·实践”教育学自创立以来，不断把握时代发展脉搏，持续传承、呼应与创生教育学之经典话题——“教育理论与实践”。作为“生命·实践”教育学的创建者和标志性人物，也是当代中国教育学界的代表人物，叶澜对教育理论与实践关系的探究，始终是其学术历程中的核心内容。她以“理论与实践的交互生成”为机体，以“生命·实践”教育学思想和“新基础教育”变革实践为两翼，与实践哲学展开了双向式的平等对话。

以往的实践哲学中没有教育和教育学的“林中空地”。这一窘境为“生命·实践”教育学研究带来了可能：赋予“生命”以“实践”之内涵与动力，以及赋予“实践”以“生命”之取向与价值，从而打通生命与实践的内在关联，在此荒漠空地中植入“教育实践”的种子，长成“生命·实践”之树，形成森林新景，与已有之林形成相互辉映之势。

基于此，叶澜的“理实观”，或许可以概括为“一体两翼”

的基本结构。“理论与实践”作为“关系实践”的产物，构成叶澜“理实观”的机体，二者的交互生成是内在驱动力量。叶澜“理实观”的“实践之翼”，是“新基础教育”变革实践，以“生命·实践”的方式，把理论形态的“理论与实践”，转化为实践和现实生活形态的“理论与实践”。叶澜“理实观”的“理论之翼”，是“生命·实践”教育学思想，以“研究性变革实践”的方式，把实践形态的“理论与实践”，转化为理论和思想谱系形态的“理论与实践”。

洞悉叶澜“理实观”的创生过程，也是叶澜教育学思想与实践哲学思想互动对话的过程。借此，本书期望完成三项具体任务：其一，梳理教育学的“理实观”及其“理实逻辑”，把教育学史和教育史中的经典理实思想传统，作为叶澜“理实观”思想脉络发展的“背景板”；其二，领会实践哲学的“理实观”及其“理实逻辑”，将实践哲学的核心问题作为相对面与叶澜的“理实观”对话；其三，厘清叶澜的“理实观”及其“理实逻辑”，整体把握叶澜“理实观”的生成过程、基本观念或核心思想，及其独特的“叶澜逻辑”，进而将其与“实践哲学逻辑”“教育学逻辑”连接起来，彰显叶澜“理实观”传承、接续、转化、贡献与突破之处。以此为契机，将教育学、“生命·实践”教育学变成实践哲学的对话者和贡献者。

为完成如上任务和使命，本书拟以“教育理论—实践关系的透析方式”为探究起点，以实践哲学的“理实观”思想传统为参照系，以叶澜所提出的“生命·实践”教育学这一学派核心概念为透视镜，从理论人和实践人这两类主体的关系出发，整体明晰教育学视野下理实关系问题的实质及“叶澜观点”。

在此基础上，进入叶澜的“理实观”世界，力图把握其核心观点，诸如“理论适度先行论”“研究性变革实践论”“贴地式深度介入论”“交互生成论”“主体双向互动论”，挖掘其生成的实践变革基础，如“学校转型性变革”“区域生态性辐射”，随后探析叶澜“理实观”的中国文化命脉，包括“概念命脉”“观念命脉”“思维命脉”，最终汇总为教育学与实践哲学互动视域下的理论创生与学术贡献。这些贡献都将被统括为叶澜的“理实观”在凝练整合中对实践哲学及教育学的双重贡献。

本书的焦点是叶澜“理实观”及其理论贡献，叶澜“理实观”与教育学的“理实观”，叶澜“理实观”与实践哲学的“理实观”。三者相互参照，相互交融，贯穿本书的始终，它们为着一个共同的使命：通过解读和探析叶澜的“理实观”，为我国实践哲学做出独属于“生命·实践”教育学的贡献，在丰富和发展实践哲学的同时，也丰富和发展着“生命·实践”教育学自身。

在本书的写作过程中，我的学生李栋、李政林、孔苏、张蕊、周颖、王天健等，参与了前期相关资料的搜集与整理，并在后期做了大量注释的校核工作。作为他们的老师，我感到欣慰的是，他们没有将其作为一个枯燥的、繁杂的、与自己成长无关的事务性工作，而是将其转化为一个团队合作研究的机会，彼此及时交流各自的研究收获，展现各自的学术特质，这本身就是一个“成事成人”的提升过程。

叶澜的“理实观”是永恒且极具包容性的鲜活思想，需要不断叙述、呵护与传承。这种思想经典不是已然凝结成型的固定实体，而是一种尚未定型且持续在创生的学派思想谱系，流动在过去、现在与未来的时间长河之中。它真正的指向恰是在未来，而不是在过去。它永远在创造之中、生成之中，永远向未来的教育（学）敞开无穷的可能世界。

李政涛

2021年5月12日

（李政涛系华东师范大学“生命·实践”教育学研究院院长、教授、博士生导师）

目 录

引言 “教育学—实践哲学”互动视域下的叶澜“教育理论—实践观”

> 没有不同主体在研究中努力实现不同意义上的“理论”与“实践”的自我转换与统一，就难有不同主体间的理论与实践的转换与统一。①
>
> ——叶澜

一个学派的成形、建立，并为公众所认同，进而实现代际传承与跃迁，理论上的“安身立命”是关键。“安身立命”的根基在于理论贡献或理论突破。

贡献与突破从何而来？如若基于“问题导向”，至少有两大路径：一是提出新问题，导出新理论；二是回答老问题，导引新观点。相对而言，后者的难度可能更大。既然是老问题，常常是迟迟没有得到彻底解决的问题，成为难题，甚至是世界性难题，它们往往是一些基本问题或大问题，如“人性问题”“存在问题”等，都经历了漫长的探索过程，催生出丰富且较为成熟的解决路径和思想观点，走到了一定

① 叶澜，李政涛，等.“新基础教育”研究史［M］. 北京：教育科学出版社，2010：93-94.

的理论高度，形成了专门的“世界纪录”，倘若要打破纪录，其难度可想而知。然而，能否回应历史难题，发出自己的独特声音，拥有破纪录的学术抱负和学术能力，是学派存在价值及能否在学术世界生稳根、扎稳脚的试金石之一。

“生命·实践”教育学自创立以来，除了与时俱进地提出一些呼应时代发展的新问题（如“信息技术、人工智能时代，学校教育如何转型？”）之外，重心还放在对教育中的老问题或基本问题的再思考、再回答上。

“教育理论与实践”就属于这样的老问题，亦被称为“多年煮不烂的老问题”[①]。这一问题的属性，在于“普通”“原理”“基本”或“基源”。

“普通”，即普遍贯通。“原理”，即常理或常道。

> “常理”“常道”，不会轻易随时尚的变迁而变迁。它具有“经典”的地位。历史总在不断变迁，充满了变数，但总是需要不断地回到“经典”，经典具有恒常的意义。[②]

所谓“基本”，“基础”“根基”为“基”，“本原”为“本”。它们相通于“原理”：只有具有基础性、根基性的本原之理，才配得上“原理”的称谓。具有“基本”和“原理”性质的问题，就是劳思光所说的“基源性问题”。

> 一切个人或学派的思想理论，根本上必是对某一问题的答复或解答。我们如果找到了这个问题，我们即可以掌握这一部分理论的总脉络，反过来说，这个理论的一切内容实际上皆是以这个问题为根源。理

---

① 叶澜. 思维在断裂处穿行——教育理论与教育实践关系的再寻找［J］. 中国教育学刊，2001（4）：1-6.

② 李政涛. 教育科学的世界［M］. 上海：华东师范大学出版社，2010：53.

论上进一步的工作，不过是对那个问题提供解答的过程。这样，我们就称这个问题为"基源性问题"。①

这种基源性的问题，往往是表面朴素简单，实质异常复杂，且一定是重大问题，如同布莱希特（Bertolt Brecht）所言，重要的是学会如何朴素地思考，朴素地思考就是对重大事物的思考。

几乎所有学科及所有流派都有涉及对这一重大问题的思考。不同时代各家各派的研究者，以不同立场、视角和方式介入其中，展示出迥异的思想谱系，借此呈现各自的学派基因与学派个性。作为"生命·实践"教育学创始人的叶澜，自然不会放弃针对这一绕不过去的基本问题，来表达基本立场和基本观点，以期做出学派贡献。所谓的"贡献"都是相对过往的其他学派而言的。将比较的背景放置在"教育学"的平台上，应是大多数人的选择，本书也不例外：在与教育学界相关学者及其代表性思想的比较、对话中，彰显叶澜"教育理论—实践观"（以下简称"理实观"）的独特性。代表性人物如迪尔登（R. F. Dearden）②、卡尔（W. Carr）③等，其论述过程、思维方式和结论等，都带有鲜明的教育学印记，表达了对理论与实践这一古已有之的"公共问题"的教育学思索。通过比较，我们需要明晰：与之相比，叶澜承接了什么？增添了什么？改变了什么？抑或突破了什么？

不过，仅在教育学视角下的比较很可能会产生窄化或者弱化的风险，进而降低叶澜思想的学术价值。避免风险的路径，在于改变参照系，打开新的理论视域，让原先由陷于某一思考惯习带来的自我封闭、自我遮蔽，得以在新的视域下充分敞开和显现。

新的参照系来自实践哲学。为什么是实践哲学？

---

① 劳思光. 新编中国哲学史：一卷［M］. 桂林：广西师范大学出版社，2005：10-11.

②③ 瞿葆奎，沈剑平. 教育学文集：教育与教育学［M］. 北京：人民教育出版社，1993：532-556；557-575.

最根本的原因在于，实践哲学是理论与实践研究的代表性领域和思想聚居地。无论是作为学科，还是作为学派，或者作为课题，实践哲学都以理论与实践作为贯穿始终的根本问题或核心问题，并做出了丰厚和卓越的贡献。[①]要探究理论与实践的关系问题，必定无法回避实践哲学的理论贡献。

正因如此，长久以来，教育学领域对理论与实践关系的探讨，理论资源主要集中于实践哲学，但这就带来一个问题：教育学总是以“仰视”的角度，以汲取思想资源的方式，与实践哲学在理论与实践的问题层面上交往，而不是以“平视”或“对视”的角度，以对话的方式展开。

叶澜“理实观”的生成及其梳理、透析，既与实践哲学实现正面交锋、平等对话的机会，也在发出教育学声音的同时，展示其对实践哲学做出的反馈式贡献，并以此为突破口，提升教育学理论的学术地位。通过教育学视域下的理论与实践研究，叶澜与实践哲学的对话其实早已开启。标志性的开端，当属《思维在断裂处穿行——教育理论与教育实践关系的再寻找》一文。叶澜“理实观”的大部分核心要义，都可以在此文中觅得踪迹。

叶澜“理实观”的实践方式，就是“新基础教育”变革实践，它是“理实观”诞生的基石。凭借其亲自开启并持续领导近30年之久的“新基础教育”，叶澜把“生命·实践”教育学的重大理论任务彰显出来：以“生命·实践”的方式，把“理论”形态的理论与实践，变成“实践”和“现实生活”形态的理论与实践，借此展现教育学与实践哲学的理论对话。

这种对话需求是一种双向式需求：不仅教育学有与实践哲学对话的需要，实践哲学也需要与教育学——就理论与实践研究——展开对话。教育学

① 徐长福. 何谓实践哲学［J］. 理论与现代化，2007(4)：88-91.

与实践哲学的历史勾连[①]，为这种性质的对话提供了历史依据：实践哲学在诞生之际，就隐含了教育意义。作为实践哲学的主要替身，伦理学和政治学的教育意蕴，从亚里士多德（Aristotle）开始，就内含其中了：“借助于哲学的帮助，亚里士多德想使人成为品德高尚者。”[②]亚里士多德的伦理学和政治学甚至被视为一种“教育学”[③]，在他那里，教育学“不是以认识和建构教育概念与原理为目的的‘理论教育学’，也不是以把握教育技术原理和程式进而操控师生生命活动为目的的‘技术教育学’，而是始终以人的善的实践的实现为目的的‘实践教育学’”。这样的实践哲学理论，由于具有“帮助自我和他人思考并过一种美好的生活”的教育实践哲学意蕴，因而也被视为“教化哲学”。[④]实践哲学与教育学的双向需求，既为二者的对话提供了可能，也为廓清叶澜“理实观”之于实践哲学的理论贡献创造了前提条件。

本书由此迎来了一个前所未有的学术机遇：把洞悉叶澜“理实观”的过程，变成叶澜教育学思想与实践哲学思想互动对话的过程。

对于实践哲学来说，这样的互动对话一直有一个不可被掩盖的漏洞。历经多次沉浮，复兴成为显学之一的实践哲学，若以教育学的眼光审视揣摩，可以发现这一看似宏伟严密的大厦的致命漏洞：它是无教育实践的实践哲

① 有关实践哲学与教育学的历史勾连，参见金生鈜. 教育哲学是实践哲学［J］. 教育研究，1995(1)：17-22. 金生鈜. 理解与教育：走向哲学解释学的教育哲学导论［M］. 北京：教育科学出版社，1997. 李长伟. 实践哲学视野中的教育学演进［M］. 武汉：湖北科学技术出版社，2012：5，14-15，20，24.

② 赫费. 实践哲学：亚里士多德模式［M］. 沈国琴，励洁丹，译. 杭州：浙江大学出版社，2011：27.

③ 针对亚里士多德式的“作为教育学的伦理学”的相关阐述，参见赫费. 实践哲学：亚里士多德模式［M］. 沈国琴，励洁丹，译. 杭州：浙江大学出版社，2011：25-27.

④ 理查·罗蒂. 哲学和自然之镜［M］. 李幼蒸，译. 北京：生活·读书·新知三联书店，1987：314-415.

学，作为人类一种基本实践样式的教育[1]，被亚里士多德以来的众多实践哲学家有意无意地忽略了[2]，他们或许会利用边角料般的学术时间，像康德（I. Kant）那样谈谈对教育的理性思考[3]，不否定教育之于人的价值，但从不会将教育作为实践哲学的内在构成，更不会在实践哲学领域将教育实践置于与伦理实践、政治实践等同等重要的位置，至多像亚里士多德等所做的那样，将教育行为归属于伦理行为和政治行为。教育实践或被湮没或被边缘化的卑微地位，贯穿于实践哲学漫长的历史中。与“教育实践”的被忽视相应，以实践之眼审视“生命”，或以“生命”之尺度审视“实践”者同样稀少。代表性的方式，是在定义“实践”之时，遵循一种惯常的思路：将“人”与“动物”加以区分，以说明只有“人”这种生命才会有实践，由此而触及生命，但更多是抽象笼统的概述，没有以具体动态的方式将生命转化到教育实践领域来对待。即使是狄尔泰（W. Dilthey）、柏格

① 本纳曾经将人类实践划分为经济、政治、伦理、艺术、宗教和教育等多种形态。这一划分打破了传统，尤其是以芬克为代表的无教育的人类实践。但他的划分依然是在教育学领域内的划分，而并非实践哲学本身。参见底特利希·本纳. 普通教育学——教育思想和行动基本结构的系统的和问题史的引论［M］. 彭正梅，徐小青，张可创，译. 上海：华东师范大学出版社，2006：275. Eugen Fink. Grundphänomene des menschlichen Daseins［M］. München：Verlag Karl Alber GmbH Freiburg，1979.

② 亚里士多德先后在《尼各马可伦理学》和《政治学》中讨论教育问题，但在我看来，他是以伦理（学）和政治（学）的眼光和方式讨论教育问题。作为“实践”的“教育”没有赢得和伦理实践、政治实践一样的独立且重要的地位，即作为人类的基本行为或基本实践样式，“教育”只是作为后两者的附属：存在目的是为了“促进人之德行养成”，在亚里士多德那里，这是一种伦理（学）目的，而不是后人期望并阐发的教育（学）目的。对亚里士多德实践哲学的教育学式理解，是后人依据当下的“教育学视野”阐发的产物，而不是亚里士多德的本意。真正改变“教育实践”在实践哲学领域卑下地位的，是杜威的经验哲学和教育哲学。从教育学的角度讨论亚里士多德哲学，可参见李长伟. 实践哲学视野中的教育学演进［M］. 武汉：湖北科学技术出版社，2012.

③ 虽然康德讨论过教育，在《康德著作全集》中也收入了《教育学》，但只是被置于一个很小很靠后的位置。

森（H. Bergson）这样的生命哲学家，他们虽然也有一些对教育的思考[①]，但没有真正改变实践哲学"无教育实践"的整体格局。"生命哲学"与"实践哲学"在偶有交集之后，最终还是回到各自的轨道上孤独地运行。中国的实践哲学同样如此[②]，实践哲学因而出现了没有教育和教育学的空地。这一空白窘境为"生命·实践"教育学研究带来了可能："赋予'生命'以'实践'之内涵与动力，以及赋予'实践'以'生命'之取向与价值，从而生成打通生命与实践内在关联的教育学派，试图在此空地中植入'教育实践'的种子，长成'生命·实践'之树，形成森林新景，与已有之林形成相互辉映之势。这一切，取决于教育学能否与实践哲学进行基于彼此深入了解的'对话'。"[③]

对于叶澜及其开创的"生命·实践"教育学来说，同样需要实践哲学，需要以此为参照系，实现一种扭转：从"仰视"改为"平视"，甚至变为"俯视"。这也是笔者一直以来的态度。

长久以来，教育学领域对理论与实践关系的探讨，理论资源主要集中于"实践哲学"，是在"仰视"中对实践哲学的"照着讲"，而不是"对着讲"，更难言"接着讲"。原因在于教育学是以"仰视"，而不是"平视"，更不是"对视"的态度对待实践哲学，把自身变成了对后者的演绎、验证和具体化，直至缩减为实践哲学领域中的一部分，且沦为

① 有关狄尔泰教育学思想的研究评述，可参见 Ulrich Herrmann. Die Pädagogik Wilhelm Diltheys Ihr wissenschaftstheoretischer Ansatz in Dilteys Theorie der Geistes wissenschaften［M］. Götingen：Vandenhoeck & Ruprecht，1971.

② 李政涛. 论面向教育的实践［J］. 南京社会科学，2012(4)：124-132.

③ 李政涛. 交互生成：教育理论与实践的转化之力［M］. 上海：华东师范大学出版社，2015：16.

边缘之地。[①]

要把“仰视”变为“平视”“对视”，再到“俯视”：既需要有清晰的立场意识，明了自身的“教育学立场”，因为有自身立场才会有属于自己的观点和方法；又需要有“贡献意识”，对于已成为公共领域的实践哲学，教育学是否以及如何才能做出只有教育学才可能做出的贡献？这是“生命·实践”教育学在形成与发展中需要承担的重大使命。

> 在目标明确的探索中开辟属于自己的“实践哲学”。作为学派的“生命·实践”教育学，不仅是教育学领域中的学派，也应同时是实践哲学场域内的学派。[②]

本书对叶澜“理实观”的解读过程，可以视为依托“生命·实践”教育学，开启教育学与实践哲学的对话并履行其学术使命的过程，并期望借此完成三项具体任务。

任务之一，梳理教育学的“理实观”及其理实逻辑。

叶澜“理实观”所依托和从出的学术传统，是教育学传统。其与实践哲学的对话，是在教育学与实践哲学关系的大背景之下展开的对话。因此，对这一学科立场的理实逻辑，即“教育学逻辑”的把握，也是对话的必要条件。

从教育学的来源及后续的发展历程来看，“理论与实践”贯穿始终。“理

① 李政涛. 交互生成：教育理论与实践的转化之力［M］. 上海：华东师范大学出版社，2015：4.

② 李政涛. 实践哲学场域内的教育学派之构建——重审“理论与实践关系”的初步构架［J］. 教育学术月刊，2014（6）：3-10.

论与实践”的气息，在教育学世界里无所不在。与之类似，在教育实践场域，任何实践者的实践都必有某种理论支撑，并以教育实践的方式发生与教育理论的内在关联，推动着实践自身的更新发展，进而在理论与实践的交会处促使理论的再造和重建。教育学史和教育史中的经典理实思想传统，同样构成了叶澜“理实观”的相对面和对话者，成为其学术传统的“背景板”。

任务之二，领会实践哲学的“理实观”及其理实逻辑。

作为相对面和对话者，与实践哲学对话的前提，是进入并了解其在理实研究上的思想传统和内在逻辑，避免漏读、误读，导致错位式对话。如前所述，对于实践哲学来说，理论与实践的关系是实践哲学的根本性问题，对这一关系问题关注到什么程度，表明人们对于实践哲学理解的程度。[①]

在这个意义上，实践哲学是最有资格可以与教育学对话，与叶澜“理实观”对话的哲学思想。

任务之三，厘清叶澜的“理实观”及其理实逻辑。

作为“生命·实践”教育学的创建者和标志性人物，也是当代中国教育学界的代表人物，叶澜对教育理论与实践关系的探究，始终是其学术历程中的核心任务。以“新基础教育”实践为载体，她的诸多研究成果，基本上都是在理实关系基础上生成和发展出来的，是对理论与实践进行“关系实践”的产物，用她的话来说，是“理论与实践的交互生成”而来的。

叶澜的“理实观”，同样来自这种交互生成，经过多年持续发展，它已自成体系，卓然而立，由此构成了本书的核心使命：整体把握叶澜“理实观”的生成过程、基本观念和核心思想，及其独特的“叶澜逻辑”，进

① 王南湜．理论与实践关系问题的再思考［J］．浙江学刊，2005（6）：5-14.

而将其与“实践哲学逻辑”“教育学逻辑”联结起来，在比较研习之下，彰显出叶澜“理实观”传承了什么、接续了什么、转化了什么，以及在根本上贡献了什么、突破了什么。以此为契机，把教育学从实践哲学的仰慕者、聆听者和学习者，变成对话者和贡献者。

如上三大任务，与其说是解决理实难题的三条路径，不如说是三个“交叉路口”和“交会之地”。虽然汇聚的焦点是“叶澜‘理实观’”及其理论贡献，但三者之间的相互参照、相互交融，将在本书中贯穿始终，它们融汇在一个共同的使命之下。这个使命就是：通过解读和探析叶澜的“理实观”，“在中国”为“实践哲学”做出独属于“生命·实践”教育学的贡献，在丰富和发展实践哲学的过程中，也丰富和发展“生命·实践”教育学自身。

为实现如上任务和使命，本书拟以“教育理论—实践关系的透析方式”为探究起点，以“实践哲学”的“理实观”思想传统为参照系，以叶澜提出的“生命·实践”教育学这一学派的核心概念为主题，从理论人和实践人这两类主体的关系出发，整体探析教育学视野下理实关系问题的实质及“叶澜观点”。

在此基础上，我们将进入叶澜的“理实观”世界，力图把握其核心观点，诸如“理论适度先行论”“研究性变革实践论”“贴地式深度介入论”“交互生成论”“主体双向互动论”等，挖掘其生成的实践变革基础，如“学校转型性变革基础”“区域教育变革基础”，随后探析叶澜“理实观”蕴含的中国文化命脉，包括“概念命脉”“观念命脉”“思维命脉”等，最终汇总为教育学—实践哲学互动视域下的理论创生与学术贡献。这些贡献都将被统括为叶澜的“理实观”，在凝练整合中呈现出其对实践哲学及教育学的双重贡献。

到目前为止，这些贡献已成为“理实关系”问题史、思想史的一部分，具有了历史意义。不仅如此，它还具有现代及将来的意义：面向教育理论与实践的世界，改变现在，通往未来。

第一章　教育理论—实践关系的透析方式

在研究中，我们力图突破传统研究方法论中主体与客体、主观性与客观性、目标与手段、价值与事实、人文性与科学性等多对范畴的割裂和对立的基本逻辑，舍弃了非此即彼的思维方式，努力探索使两极沟通，积极、有效交互作用的复杂思维方式的运用和行动策略，在一定程度上实现了教育研究在方法论上的突破。①

——叶澜

教育理论与实践的关系问题，被叶澜称为“多年煮不烂的老问题”，也是所有教育学研究者需要反复咀嚼的基本问题。不同时代的教育研究者，以不同的方式触及这个问题。② 这一问题之所以“煮不烂”，成了“老问题”，无非有三个原因：一是问题本身无法提供固定或唯一的答案，是始终需要

① 叶澜，等. 基础教育改革与中国教育学理论重建研究［M］. 北京：经济科学出版社，2009：7.

② 改革开放以来，关于此问题最先掀起的研讨高潮，发生在20世纪90年代。1991年，原中央教育科学研究所主办的《教育研究》杂志开辟专栏，进行关于“教育理论与教育实践”的讨论。在同年的第5、第6、第7、第8、第9、第11期《教育研究》上发表了21篇相关文章，参加笔谈的有教育行政工作者、教育理论工作者和一些实践领域的知名教师等。

在不同时代给予不同思考和解读的永恒问题，因而需要持续不断地咀嚼，永无穷尽，如“什么是人”的问题；二是问题的复杂性决定了问题难以在短时间内以简而化之的方式加以解决，需要经历长时间、全方位、多角度的艰苦探索，是一个浩大繁复的工程；三是问题的解决思路和解决方式存在偏差，导致走偏、走错了方向，难以触及问题的实质，造成了对问题的诸多误读、漏读。

叶澜对这一“老问题”的深入探索，几乎贯穿其学术生涯的全过程。在她的教育学世界里，这也是一个举足轻重的大问题，既构成了其教育学思想的核心部分，也成为“生命·实践”教育学创生发展的一大动力。

叶澜的研究起点，是教育理论—实践的性质、已有研究存在的问题及其原因分析，这也是其“理论观”世界的缘起，进而生成了独特的探讨方式或透析方式，并成为本书的首要内容。

一、教育学世界中已有的探究方式

“理论与实践”的气息，一直弥漫于教育和教育学世界。无论是教育学理论研究者还是教育实践者，对此都有浓厚的兴趣。

身为教育哲学家的尼斯特洛姆（J. W. Nystrom）指出，教育哲学家之所以对这一问题有着不可抗拒的兴趣，原因在于：第一，他们把职业生涯的赌注都下在这一命题上，且这是教育研究的基础内容；第二，没有对这一问题的澄清，其他问题也将含混不清；第三，教育哲学家发现，理论与实践问题包含了“知识与行动”“思辨性知识与实践性知识”“目的与手段”“纯粹理性与实践理性”等极为丰富的内涵。①

这种理论与实践的不可分离性，存在于作为教育学分支学科之一的教育

① Nystrom，J. W. The philosophy of educational theory and practice［J］. International Review of Education，1962（2）：200-201.

哲学研究中。任何将教育理论和教育实践区别开来，在无视对方的情况下进行的“独立”思考，都是一种割裂和对教育学特性的违背，因而是难以想象的。所以，在卡尔看来：

> 这种区别实际上掩盖了这样一个事实：有关教育理论性质的“哲学”问题和有关这种理论怎样与实践相联系的“非哲学”问题根本不能看作两个独立问题。其根本原因是，有关教育理论的性质的思想总是关于教育实践的性质的思想，并且总是体现为理论如何运用实践的一种潜在观念……所以，不存在关于理论的各种原理和关于实践的各种原理，也不存在关于理论与实践两者之间的其他一些原理。所有教育理论都是关于理论与实践的原理。[①]

同样，任何教育实践的背后，也都有理论与实践的原理。没有一个实践者的实践深处没有某种理论的支撑，只不过这种理论有时并不为实践者自知和自明，或者实践者的理论与理论者的理论，在表现形态和运用方式上不同而已。

如果回到问题史，从教育学的来源及后续的发展历程来看，理论与实践贯穿始终。

前学科时代的教育学，归属于哲学领域。如果依据亚里士多德的“三分法”划分标准，整个人类生活分为三类活动，即理论知识、实践知识和制作知识。与此三类知识的划分相对应，亚里士多德同时将人类追求知识的活动也分为三类：追求理论知识的活动，即思辨活动；追求实践知识的活动，即实践活动；追求技艺或创制知识的活动，即制作活动。教育学显然属于“实践”的一部分，兼有“制作”的气息。后世的各种划分大致没有脱离这个视

① 瞿葆奎，沈剑平. 教育学文集：教育与教育学［M］. 北京：人民教育出版社，1993：558.

界。[①]这在低估了教育学知识地位的同时，也表明了人们对教育学是“实践之学”的大致共识。

进入学科时代之后[②]，人们以各种方式试图提升教育学的理论地位，强化其“科学理论”印记。有的如拉伊（Lay）和梅伊曼（E. Meumann）那样通过实验的方式[③]，有的如布雷岑卡（W. Brezinka）那般，通过分类的方式，在教育学世界内设置一种“理论教育学”，即教育哲学，或创制一套“元教育学”[④]，以此凸显教育学内部存在纯粹理论的可能性，提升教育学在理论世界中的地位。然而，教育学的“经验底色”和“实践气质”的特性，在很多人眼中，没有从根本上改变。但不管怎样，教育学从一开始就无法摆脱理论与实践问题的纠缠，无论是面向理论应用的“应用科学”，还是基于经验总结归纳而来的“经验科学”，以及直面实践问题的“实践科学”（有人称为“实践教育学”），其名称本身都内含了理论与实践的关系，是两者关联后的产物。

毫无疑问，无论历史与现实，曾经或将要出现多少分支学科和相应的研究领域，作为整体的教育学，都无法否认教育作为一种人类实践活动样式而存在的事实，更无法否认教育学研究最终要回归教育实践、影响教育实践的

---

① 1605年，培根（F. Bacon）在其学科知识的分类体系中，将“教育学”放入第九大类中的某一小类之中，虽然并不起眼，但好歹给了教育学在人类知识体系中的一个位置。参见黄向阳. 教育知识学科称谓的演变：从“教学论”到“教理学”[M]// 瞿葆奎. 元教育学研究. 杭州：浙江教育出版社，1999：293.

② 有关教育研究的前学科和学科时代的转换与变迁，参见叶澜《教育研究方法论初探》一书，尤其是第二章。

③ 拉伊宣称：“新旧教育学的主要区别，在于它们积累经验的方式和研究的方法。”参见拉伊. 实验教育学[M]. 沈剑平，瞿葆奎，译. 北京：人民教育出版社，2007：8.

④ 参见 Wolfgang Brezinka. Metatheorie der Erziehung Eine Einführung in die Grundlagen der Erziehungswissenschaft，der Philosophie der Erziehung und der Praktischen Pädagogik[M]. München：Ernst Reinhardt Verlag，1978. 另可参见瞿葆奎，唐莹. 教育科学分类：问题与框架[J]. 华东师范大学学报（教育科学版），1993(2)：1-14.

根本目的，虽然有的只是以间接目的的形式存在。我们难以想象一种教育学，哪怕是最具有纯粹理论性质的“元教育学”，能够将教育实践完全排除在其理论研究的目的和价值之外。要达到影响教育实践这一最终指向，离开教育理论也是不可想象的。

因此，如同引言中所述，“什么样的教育理论才最可能影响和改变实践，成为教育学领域的一个基本问题和根本问题”。理论与实践成为教育学不可摆脱的终极问题。

教育学发展过程中的代表人物运用不同方式，对这一问题展开了探讨。

夸美纽斯（J. A. Comenius）的《大教学论》，其副标题《把一切事物教给一切人的全部艺术》，就内含了理论与实践的关系，也具体体现了教育理论转化为实践的“夸美纽斯方式”。其中的“艺术”暗应了古希腊语中“实践”的艺术内涵。[①]

最初作为哲学家，后来却以教育学家传世的赫尔巴特（J. F. Herbart），曾经有实践哲学的专著[②]。显而易见，他受到了传统实践哲学的影响，伦理、政治和教育的关系构成其实践哲学的主要内容，并且对其普通教育学理论产生了根基性的影响。[③]

在教育学史上，赫尔巴特最早明确把实践哲学作为建构独立形态的教育学的重要基石[④]，因此他的《普通教育学》被视为实践哲学研究。其基本

① 在亚里士多德眼中，教育是以“艺术”的特性纳入其“实践”视域中的。参见Benner, D. Die Pädagogik Herbarts Eine problemgeschichtliche Einführung in die Systematik neuzeitlicher Pädagogik[J]. Philosophy，1986：78-79.

② 参见赫尔巴特. 一般实践哲学[M]. 郭官义，李黎，译//赫尔巴特. 赫尔巴特文集：哲学卷一. 李其龙，郭官义，等译. 杭州：浙江教育出版社，2002：83-226. 另可参见李长伟. 实践哲学视野中的教育学演进[M]. 武汉：湖北科学技术出版社，2012：99-118.

③ Benner，D. Die Pädagogik Herbarts Eine problemgeschichtliche Einführung in die Systematik neuzeitlicher Pädagogik[J]. Philosophy，1986：137-184，78-82.

④ 有关赫尔巴特实践哲学的阐述，参见李长伟. 实践哲学视野中的教育学演进[M]. 武汉：湖北科学技术出版社，2012.

方法就是建立了理论与实践之间的纽带，形成两者之间和谐的节拍。[①]赫尔巴特很早就开始关注理论与实践问题，在1802年所做的第一次关于教育的演讲中，他就在尝试提供调节理论与实践关系的模型。[②]从其整体发展历程来看，“赫尔巴特的教育思想同他的教育实践是紧紧联系在一起的，他不但在年轻时代当家庭教师的实践中积累了教育经验，而且从他的大学教育实践中获得了对教育的进一步理解。他非常重视教育实践，重视教育实践对一个教育工作者的教育思想的影响”[③]。

同样是哲学家出身的杜威，其教育理论与哲学观念，与对理论与实践的理解也有不解之缘。《确定性的寻求》这一被称为杜威最具影响力的著作[④]，与夸美纽斯的《大教学论》类似，其副标题直抒胸臆为《关于知行关系的研究》。杜威有关教育理论与实践的核心观点，大都能够在此书中找到答案。例如，针对古希腊哲学将理论与实践的分割，他追问：“截然划分理论与实践，是什么原因，有何意义？为什么实践和物质与身体一道会受到人们的鄙视？”[⑤]

在他那里，理论不是与实践完全分离的，而是实践的一个环节。概念只是当我们对存在采取行动时，在理智上所运用的工具而已。他所期望的是理

① 参见 Hilgenheger，N. J. F. Herbarts ‘Aligemeine Pädagogik als praktishe überlegung Eine argumentationsnalytische Interpretion［M］. Munster：Wissenschaftlicher Verlag，1993：51-60. Dietrich Benner . Die Pädagogik Herbarts Eine problemgeschichtliche Einführung in die Systematik neuzeitlicher Pädagogik［J］. Philosophy，1986：78-81.

② Herbart，J. F. Erste Vorlesung über Pädagogik［M］. Stuttgart：Klett-Cotta，1986.

③ 赫尔巴特．赫尔巴特文集：哲学卷一［M］．李其龙，郭官义，等译．杭州：浙江教育出版社，2002：前言35.

④ 这一判断来自哈贝马斯。出自哈贝马斯．论杜威的《确定性的寻求》［M］．童世骏，译//杜威．确定性的寻求：关于知行关系的研究．傅统先，译．上海：上海人民出版社，2005：1.

⑤ 杜威．确定性的寻求：关于知行关系的研究［M］．傅统先，译．上海：上海人民出版社，2005：3.

论上的确定性和实际上的确定性的合二为一。杜威推动教育改革的目的之一，也在于改变教育理论与实践分离甚至对立的状况。

杜威的探究与剖析，主要是在哲学的认识论和真理观的层面上展开的。他尤其强调实践之于理论探究的价值，首先，“教育的实践提供构成所探究问题的资源和题材。它们是待研究的基本问题的唯一资源”①。其次，“教育的实践也是一切研究结论的价值的最终检查”②。总之，“实践是第一位的，也是最终的，实践是开始，也是结局”③。正因为如此，杜威十分重视教育科学的现实问题，又从理论的学习和运用的侧面提出其与实践的关系。他声称：“教育理论和它在实践中的贯彻之间的距离总是那么巨大，对于孤立地陈述纯理论原则的价值，自然令人怀疑。”④所以，他不但主张“教育学系的讲课应该在一所学校得到补充和检验，这所学校与理论的关系，大体上正如物理、化学、生理学等实验室与大学中这些学科的教学的关系”⑤，而且创办了实验学校。八年中，芝加哥大学许多研究人员和教育系大部分师生共同参与了实验。然而，杜威对此还不满足。在他看来，“教育科学的最终的现实性，不在书本上，也不在实验室中，也不在讲授教育科学的教室中，而是在那些从事指导教育活动的人们的心中”⑥。为此，在他的实验学校中，教师不只是实验的执行者，而且是实验的参与者，分别参加与工作和实验相关的研究。杜威要求“教师不仅在使原则适应实际的情况方面有大的自由，而且如果可能的话，将赋予他们更多的责任”⑦，在实际应用中对原则进行发展和修改，在教材的选择上要拥有自主权，在方法的发现上必须做探索，并通过聚会的组织方式，对实践中遇到的问题做出分析和讨论。⑧

叶澜据此发现，杜威第一个提出了“教师应不仅是一个实践者，而且

①②③⑥ 杜威.杜威教育论著选［M］.赵祥麟，王承绪，编译.上海：华东师范大学出版社，1981：281；281；281；280.

④⑤⑦⑧ 梅休，等.杜威学校［M］.王承绪，赵祥麟，赵端瑛，顾岳中，译.北京：教育科学出版社，2007：405；406；320；320-325.

是一个研究者”，把教育理论的实现与教师素养和工作的科学性直接联系起来，提出了实践主体在理论与实践转化中的作用问题。实际上，这为叶澜后续提出的教育理论与实践关系中的主体观提供了思想渊源。

同样是哲学家出身的当代德国教育学家本纳（D. Benner），其第一本著作就以《理论与实践》为名，系统讨论了黑格尔（G. W. F. Hegel）与马克思在这一问题上的联系与区别。①在其最具代表性的著作《普通教育学》中，核心概念是“实践”，此书因而被定位为“教育实践学”。他主张，理论与实践的关系是普通教育学体系中的基本问题。一方面，实践是前提，出现在理论和科学之前；另一方面，实践也不是唯一和完美无缺的。理论可以让实践变得更有意识。教育实践通过教育学和教育科学并不能自动变得更好，但可以获得灵感和发展动力，由此带来新机会，形成新实践。②针对赫尔巴特的教育学思想，本纳指出：“由赫尔巴特提出的作为理论的教育学和作为实践的教育学之间的关系，在今天仍然是一个尚未解决的问题。无论是对于为教育实践而存在的教育科学，还是运用教育科学的教育实践，理论与实践关系的意义都是必须正视的问题。”③

从如上几例及相关述评，大致可以看出已有教育学领域的相关研究的思考视域和探讨方式，它们既构成了探讨叶澜“理实观”的思想史或研究史基础，也成为梳理教育理论与实践关系研究的“叶澜思想”必不可少的参照系。

---

① Benner，D. Theorie und Praxis. Systemtheoretische Betrachtungen zu Hegel und Marx Wien［M］. München：Oldenbourg，1966.

② 李政涛，巫锐. 德国教育学传统与教育学的自身逻辑——访谈德国教育学家本纳教授［J］. 教育研究，2013，34（10）：142-148.

③ Benner，D. Die Pädagogik Herbarts Eine problemgeschichtliche Einführung in die Systematik neuzeitlicher Pädagogik［J］. Philosophy，1986：31.

二、实践哲学的探究方式及其缺失

如同前述，要明了叶澜“理实观”的价值和意义，有两个参照系：一是教育学领域；二是实践哲学领域。

尽管几乎所有学科及流派都有涉及对“理论与实践的关系”这一重大问题的思考，尤其在人文社会科学领域更是如此。但相对而言，实践哲学是突出代表。理论与实践的关系是实践哲学的根本性问题，对这一关系问题关注到什么程度，表明人们对于实践哲学理解的程度。①

“理论与实践的关系”之所以成为“根本性问题”，原因有三。

其一，从实践哲学的始点和开端处看，“理论与实践的关系”是“基本问题”。

> 首先，在逻辑上，自身亦作为一种理论的实践哲学，既然强调异于自身的实践活动为最根本性的活动，因而它便必须说明自身所属的理论活动与实践活动之间的关系，说明实践活动如何比之理论活动是更为根本的活动，说明理论活动如何根源于实践活动，否则，这种理论就是自我否定的。而与之相对照，自身作为一种理论的理论哲学之肯定理论活动的根本性地位，既然已肯定理论活动的根本性地位，便无须从比自身低等的实践活动关系中获得证明。
>
> 其次，从哲学史上看，现代实践哲学是对于两千年来占据统治地位的理论哲学的反叛，它既然认为哲学史上长期以来对于理论活动的推崇和对于实践活动的贬抑是一种虚假的观念，并要将这种关系颠倒过来，那它便不可避免地要对这二者的真实关系给予说明。
>
> 再次，更为重要的是，实践哲学从根本上否定理论哲学所预设的主

① 王南湜. 理论与实践关系问题的再思考［J］. 浙江学刊，2005（6）：5-14.

> 客分立和理性为人的本质的有效性，而是认为这种分立为历史中逐渐形成的，从而是有限的，且人的理性亦是历史的、有限的，而这便意味着生活实践并非能够全然理论化。由于实践哲学一方面肯定理论根源于实践，为生活实践之构成部分，另一方面又肯定生活实践的不可全然理论化，故在实践哲学中理论与实践之间便具有一种差异性张力，从而其关系问题便不可避免地要成为一个根本性的重要问题。①

如上论证性说明，充分体现了历史与逻辑的统一：在实践哲学世界中，无论是逻辑事实，还是历史事实，都把理论与实践的关系问题作为其基源性问题，这是几乎所有实践哲学相关学说的初始源头和思考基点。

其二，从实践哲学的基本概念和基本范畴来看，实践哲学生成于理论与实践的关系。

无论是“理论”还是“实践”，其内涵界定都必然是以对方为参照系的，是在“理论”与“实践”的相对关系中生成的。没有这种关系的存在，实践哲学的任何概念都将失去界定的基石。“理论与实践”既是实践哲学中的基本概念，任何置身其中的研究者都必须以自身对何谓“理论”、何谓“实践”的回答作为起点，同时，它也是实践哲学的主导问题、基本问题，成为某种起始性的事情，“只有起始的东西才为历史奠定基础”②。因此，理论与实践的关系问题是实践哲学中的基源性问题。

其三，从实践哲学的主要流派和代表人物来看，理论与实践的关系在其思想体系中是根基性、原发性的存在。

从古希腊时期的柏拉图、亚里士多德，到近代以来的康德、笛卡尔、培

---

① 王南湜.理论与实践关系问题的再思考［J］.浙江学刊，2005(6)：5-14.

② 海德格尔之语。转引自张汝伦.历史与实践［M］.上海：上海人民出版社，1995：61-62。另可参见Pöggler，O. Der Denkweg Martin Heideggers［M］. Pfullingen：Neske，1963：145.

根、马克思，以及20世纪的杜威、伽达默尔等，其立论核心与基本观念的缘起，都和理论与实践的关系存在着或多或少的内在联系。

典型代表如马克思实践哲学。

> 哲学家们只是用不同的方式解释世界，问题在于改变世界。①

这一典范性实践哲学话语的内核，是理论与实践的关系，它可以被视为马克思一生的学术追求，即“以理论改变实践为业”。他在《1844年经济学哲学手稿》中，以更加具体清晰的方式将其明确为哲学的基本任务。

> 理论的对立本身的解决，只有通过实践方式，只有借助于人的实践力量，才是可能的；因此，这种对立的解决绝不是认识的任务，而是一个现实生活的任务，而哲学未能解决这个任务，正因为哲学把这仅仅看作理论的任务。②

以对理论与实践的关系这一根本性问题的把握为基础和视角，纵观实践哲学的历史和传统，探究该问题的对象和方式有多种选择：概念传统（概念史）、问题传统（问题史）、观念传统（观念史）、思维方式传统（思维史）和表述方式传统（表述史）等。

尽管存在如上不同的视角和传统，但总有某些一以贯之的共同点。在各种各样的研究传统中，普遍存在三大类型的前提假设——“对立/统一假设”“等级/优先假设”“起源/决定假设”。③它们之间彼此相关，相互影响。

---

① 马克思，恩格斯. 马克思恩格斯选集：第1卷［M］. 北京：人民出版社，1995：57.

② 马克思，恩格斯. 马克思恩格斯全集：第42卷［M］. 北京：人民出版社，1979：127.

③ 李政涛. 交互生成：教育理论与实践的转化之力［M］. 上海：华东师范大学出版社，2015：79-88.

就“对立/统一假设”而言，其核心是视理论与实践的关系为一种天然对立或统一[①]的关系，或所谓“(先)对立(后)统一”的关系，这一看似相反的前提预设源远流长[②]，且如钟摆一般，在理论与实践关系研究史的长河中来回摆动。

单讲逻辑，“对立”与“统一”是互为前提的复杂交织关系：没有“对立”，就没有“统一”；没有“统一”，就没有分离后形成的“对立”。但在逻辑上，很难分清是“对立”在前还是“统一”在前，这将陷入“鸡生蛋”还是“蛋生鸡”的悖论之中。

有研究者认为：“在逻辑领域中，理论与实践理念的对立是理论与实践关系显现方式的最简单、在一定程度上最低级的阶段。理论与实践一开始就表现为观念的对立，即作为‘概念与实在统一’产生过程中的形态。观念本身每次都以一种特殊的形式在理论观念和实践观念的形态中，在认识观念和行为概念的形态中，在概念和实在中相互对立地显现。”[③]

我们同样可以认为，在理论与实践的显现方式中，“统一”也是最简单最低级的阶段，这点可以在古希腊的各种相关文献中找到佐证。如柏拉图就是“统一预设”的典型代表，尽管用“低级”来描述他的理论与实践思想，是一种明显的“低估”，但相对于随后亚里士多德更为严格的界定，将柏拉图的“统一”视为“混沌统一”，是可以成立的。

假如将“理论”与“实践”因区别而分离之后，至少产生两种关系形态：一是分离后的差异，并趋向新的“统一”或“合一”(如亚里士多德、

---

① 我认为，在理论与实践关系的汉语语境中，“合一”“同一”和“一致”等，在意义上与“统一”类似。相对而言，“统一”似乎更为常用，更合乎常人的语言习惯，所以本书采用“统一”说。

② 这种预设不仅出现在理论研究领域，在日常生活中也屡有所见。尤其是在实践者那里，以敬畏和蔑视交叉的眼光看待理论者已是正常现象，他们会自然将自身与对方分开并对立起来：“你们是搞(抽象)理论的，我们是做(具体)实践的。”

③ 张汝伦.历史与实践[M].上海：上海人民出版社，1995：259.

马克思、杜威等）；二是分离后的对立（如笛卡尔等）。最终形成哪种关系形态，取决于思想者是以“对立”还是“统一”为预设。

“对立预设”认为，“理论”与“实践”是两个本性不同的世界，其各自性质、目的和任务有根本不同，两者既无法兼容，也无法从一方逻辑地导出另一方。这一预设更深层次的观念是：若将两者兼容或互相推导，将导致两者丧失各自的独立性。

“统一（或合一）预设”则认为，“理论”与“实践”具有同根性，并表现为三种形式。

形式1：在事实层面，假定一方植根于另一方，或一方是另一方产生的根源与基础，并且是具有逻辑和历史双重意义的根源与基础。

形式2：在逻辑层面，假定一方可以推导出另一方，具有逻辑上的对应性和同一性。

> 认识和实践、理论和实践或知和行之间具有逻辑上的同一性，亦即正确的认识（或理论、知）一定能逻辑地导出正确的实践（或行），正确的实践（或行）亦能逻辑地导出正确的认识（或理论、知）。①

形式3：在前两种形式的基础上，假定要么一方容纳了另一方，要么被另一方容纳，或者认为一方是另一方的表现形式。典型的表述方式是“实践中内含理论”“理论本身就是一种实践”“理论是实践的形式”“实践是理论的形式”或者“理论是最高的实践”，反之亦然。

以曾经流行的划分标准看待上述预设，“对立预设”是一种“二元（实践）哲学”，“统一预设”则是“一元（实践）哲学”。它们各自都有内在的逻辑困局。更容易被人接受的“统一预设”，主张理论与实践的高度合一，

① 徐长福.实践哲学的若干进路及其问题［J］.天津社会科学，2002(6)：4-10.

也可能遭遇到如下难题。

其一，它主张实践是理论的源泉，但难以说明某些高度抽象的理论如何从实践中产生，又具有何种实践性质。这种理论往往是从抽象到抽象，很难找到其直接的实践根源。

其二，它将导致流行的“实践是检验真理的标准”①，但此观念难以说明实践成功标准与正确反映的等同性的难题。

如果认定一种理论，是否足以配称为“真理”，其唯一判定标准是“实践”，与此同时，又强调真理性认识是对于客观物质世界的正确反映。然而，在西方哲学传统中，这两个方面是不能相统一的。正是传统的真理符合论不能提供如何确定思想与其对象符合的手段，才有了实用主义的真理即效用论。而所谓实践是检验真理的唯一标准，无非是说我们无法直接确定一种认识是否符合与其对象，而只能求助于实践的检验，只能以实践中的是否成功作为该项实践指导理论是否为真理性认识的唯一标准。但是，现在人们却在这两种不能相统一的真理理论之间强行建立了一种统一关系，即宣称实践中获得成功的理论即为正确反映了客观事物的真理。于是，实践中的成功便等同于对客观事物的正确反映，反过来说也一样。但这样一来，实践的成功就负载了比在实用主义那里更重得多的东西，从而在马克思主义哲学中便具有了一种比在实用主义那里更强得多的理论与实践高度合一的理论。②这一难题既是逻辑难题，也是现实难题，如何解决，至今尚无统一的方案。

---

① 如中国权威的《哲学大词典》就持这一观念：“实践不仅是理论形成于发展的源泉、动力，而且是检验理论真理性的最终标准。科学理论要经过实践检验的确立，须满足三个条件：（1）新理论要能够说明旧理论已经说明的全部现象。（2）新理论要能够说明旧理论所不能说明的现象。（3）新理论要能够更好地预见事物发展的规律、动态及新事物的出现。”冯契. 哲学大辞典（修订版）[Z]. 上海：上海辞书出版社，2001：818. 在我看来，三个条件中都不是从实践而来的条件，依然是从理论中来的条件，是从理论到理论的推演。因此这一论证没有充分说明理论要满足什么样的条件才能接受实践的建议。

② 王南湜. 理论与实践关系问题的再思考 [J]. 浙江学刊，2005（6）：5-14.

其三，可能会消解理论与实践的内在差异，将二者混淆起来；或者无视实践的特殊性，用普遍、抽象的理论逻辑强行规约和套裁鲜活具体的实践；或者以实践的方式要求并从事理论活动，使理论失去其确定性，导致理论本性的丧失。

“起源/决定假设”预先在理论与实践之间，对究竟“谁起源于谁”“谁决定了谁”加以判断，由此确定两者之间的关系，起源者对被起源者具有决定性作用。

“起源/决定假设”的意蕴和表现形式更加多样。以“实践决定论”为例，其意涵主要在于三个方面：实践决定理论的来源；实践决定理论的生产；实践决定理论的价值。所谓决定其来源，即实践经验构成理论的“原料”，没有“原料”，就没有理论；所谓决定其生产，即理论的生产不是无缘无故的，生产力水平决定了一个时代基本的理论生产模式和生产水平；所谓决定其价值，即理论的价值不能“自证”，必须经受“实践”的“检验”，“实践”是“检验”真理的唯一标准。[①]

“检验论”是“起源/决定假设”的变种和表现形式。实践之所以成为检验真理的标准，无非是认定真理来源于实践，并决定于实践。这一观念仍有可能陷入“蛋生鸡”还是“鸡生蛋”的循环论证。“理论描述一开始就进入了一种循环之中。也就是说，教育理论将是努力理解教育实践的结果，而实践必须首先是理论挑选出来的具有教育学性的实践。那么，鸡与蛋究竟哪一个在先呢？”[②]

“等级/优先假设”将理论与实践的关系视为一种等级关系，进而对其排列顺序，这一传统同样源远流长。当亚里士多德将人类活动分为理论、实

① 高伟.一个“劳而无功”的虚假性命题——评“教育理论与实践关系”之争［J］.北京大学教育评论，2005(2)：59-64.

② 瞿葆奎，沈剑平.教育学文集：教育与教育学［M］.北京：人民教育出版社，1993：541.

践和制作，形成理论（思辨）知识、实践知识、制作知识，以及形成相应的思辨静观生活、政治生活和享受生活的分野之时，等级关系就已预先存乎其中了。①在他眼中，理论最高，实践次之，制作最低。做出等级判断的主要标准或依据是“目的”和“对象”：以自身为目的，且自给自足者为高（如理论，或实践），以外在之物为目的且仰赖于外物者为低（如制作）；以永恒不变之存在为对象者为高（如理论），以可变之存在为对象者为低（如实践）。

总之，亚里士多德留给后人的是一种观念传统——“理论高于实践”“理论、实践高于制作”的等级观。这一传统的坚定继承者不绝如缕，即使对亚里士多德的“实践智慧”推崇备至的伽达默尔，内心依然克制不住地表现出对理论的推崇：关于实践的理论，显然是理论而不是实践。②

但亚里士多德的意义绝不只是如此，他带出的更是一种假设传统：它使人们讨论理论与实践的关系时，习惯于预先做出孰优孰劣的等级判断，似乎不做出这一判断，就难以表明自己的立场。只是在理论与实践孰高孰低的判断标准上，有所不同而已：在亚里士多德那里，是“目的标准”——“是否以自身为目的”；在康德那里，是“主体性标准”——“是否体现人的主体性”；在培根那里，是“效应标准”——“能否产生最大效应”；在马克思那里，是“改变标准”——“能否改变世界”。

一旦赋予理论与实践以等级关系，习惯性地判定二者孰先孰后就成为自然而然的了。由此带来两种截然对立的观点：“理论优先或先行于实践”（或

① 对亚里士多德有关理论与实践等级划分的相关阐发，参见曹小荣. 对亚里士多德和康德哲学中的“实践”概念的诠释和比较［J］. 浙江社会科学，2006（3）：133-138；张汝伦. 作为第一哲学的实践哲学及其实践概念［J］. 复旦学报（社会科学版），2005（5）：155-163；李蜀人. 西方哲学中的实践与实践哲学［J］. 西南民族大学学报（人文社科版），2007（6）：126-131。它们共同的特点是阐述并认定了亚里士多德对于理论与实践等级关系的具体观点，但都未能从“预先假设”的层面上阐发。

② 李政涛. 交互生成：教育理论与实践的转化之力［M］. 上海：华东师范大学出版社，2015：85.

“理论高于实践”）；“实践优先或先行于理论”（或“实践高于理论”）。

又如，在已有的各种研究传统中，存在一些普遍性的“久被忽略的盲点和迷误”，至少在理论与实践关系问题的研究上，实践哲学最根本的迷误是：“尽管这是以‘实践’作为安身立命的思想体系，但它却始终以‘理论的方式’，而不是以‘实践的方式’探究‘理论与实践’。”[①]

换言之，没有做到“在实践中展现和推动实践哲学”，只有“关系理论”，没有“关系实践”。具体表现为：一是停留于对现实的批判，缺少改变现实的实践行为，结果是用旁观式的批判替代了介入实践、改变实践的行动；二是停留于“是什么”和“为什么”的思考，缺少“怎么办”的探索。究其本意，实践的特殊性质在于：

> 实践总是谁（who）的实践，因而关涉人的问题；实践总是对什么（what）的实践，因而关涉对象问题；实践总是为了什么（why）的实践，因而关涉目的问题；实践总是特定自然和社会时空（when，where）中的实践，因而关涉结构性和历史性等问题。表达这些问题的英文疑问词都以字母W开头，不妨称为W问题。它们还可以进一步还原为两类更抽象的问题，即事实问题和价值问题，或者说“是”（being）的问题和“应该”（ought）的问题……在实践问题的丛集中，还有一个更加重要的问题却被前述各条实践哲学进路所忽略了，那就是“怎么”（how）的问题。表达这一问题的英文疑问词以H开头，不妨称之为H问题。对该问题加以抽象，就能得到一个纯粹意义上的“做”（doing）的问题。仔细想来，H问题比任何W问题更配得上“实践问题”这一称号，因为任何W问题既可以从实践哲学角度提出，也可以从其他哲学角度提出，并不专属实践哲学，而H问题则只能从

① 李政涛. 交互生成：教育理论与实践的转化之力［M］. 上海：华东师范大学出版社，2015：98.

实践哲学角度提出，是一个专属实践哲学的问题。[①]

从这一角度看，以理论与实践的关系为己任的实践哲学以往主要将注意力聚焦于W问题，即“是”“应该”和“为什么”的问题，相对忽略或淡化了H问题，即“做”的问题，这才是实践哲学最核心的问题。当然，这并不说明W问题对于实践哲学不重要，它是H问题的基础：只有把“是什么”“为什么”等具有规范性质的问题弄清楚了，“怎么做”的问题才会有合理的方向和目标。但无论如何，“实践哲学都不应遗漏实践之最本己的问题——‘改变世界’的问题。主张实践哲学把‘改变世界’作为哲学问题去研究，不是主张要实践不要哲学，也不是主张实践哲学只能研究形而下的具体问题，而是说应把‘做’的问题提升到与‘是’的问题和‘应该’的问题同等重要的程度，进而去发现‘实践之为实践’的本性与特点。归结起来，实践哲学要往前发展，一条可能的新进路就是‘做’的进路、‘怎么’的进路、‘改变世界’的进路”[②]。

这就是笔者眼中的传统实践哲学的普遍盲点与致命缺失：“始终没有把‘做’或‘怎么办’的问题作为最本己，其实也是最根本的问题来对待。依然只是用‘理论哲学’的方式，或用‘解释世界’的方式，来探讨实践哲学的问题，‘实践’依然只是纸面上书本中的问题，是‘名词性实践’而不是‘动词性实践’，结果以往的实践哲学仍旧没有彻底脱离‘解释世界’的老路，只不过变成了对‘改变世界’的解释，成为披着实践哲学外衣的理论哲学。”[③]

针对这一缺失，叶澜及其开创的“生命·实践”教育学，做出了自己的解答和贡献。

①② 徐长福. 实践哲学的若干进路及其问题［J］. 天津社会科学，2002(6)：4-10.

③ 李政涛. 交互生成：教育理论与实践的转化之力［M］. 上海：华东师范大学出版社，2015：100-101.

三、探究“教育理论与实践”的叶澜方式

在本书引言中，我们已明确：教育理论与实践的关系问题，是教育和教育学研究中的基本问题。任何学派都需要对此基本问题表达出独特的理解方式和透析方式，直至形成自己学派的核心观点。如此才能在思想史与理论史、学术史和研究史中做到“接着讲”和“讲自己”，才能做出属于自身的学术贡献。

无论是叶澜的个人思想史和研究史，还是她组织、引导的“生命·实践”教育学的酝酿形成与发展的历程，有关理论与实践的关系的研究和实践，已有了相应的基础性积累。

在理论积累上，以《思维在断裂处穿行——教育理论与教育实践关系的再寻找》一文，作为标志性的开端，叶澜先后在概念、问题和方法论等多个层面上，就“教育学立场”“教育理论与实践的双向转化”“理论人与实践人的交往与转化”及“转化逻辑”等加以探讨，相对于各领域的已有观念，“生命·实践”教育学的学派特性和叶澜个性逐渐显出端倪，且呈现由散点到逐渐合拢聚焦的趋势。

在实践积累上，叶澜通过“新基础教育”进行了长期的以“生命·实践”为核心，以“转化实践”为特质的“关系实践”。这一独特的实践样式表明：在叶澜及“生命·实践”教育学那里，孜孜以求的是有关理论与实践的真理与方法——人类既需要理论的真理，也需要实践的方法，更需要能使理论与实践双向转化的真理与方法。人类对理论与实践的关系问题，不能停留于纯粹真理知识的思辨研讨之中，还应在实践方法论的层面上进行转化性的“关系实践”，把原本属于“理论性”的理论与实践静态关系，变成一种“实践性”的理论与实践动态关系①。

① 参见李云星．从理论分析到实践创生：教育理论与实践关系的中国经验［J］．教育发展研究，2012，32（9）：15-19.

叶澜依托“生命·实践”教育学承担了这一任务，以“生命·实践”的方式，把“理论”形态的理论与实践变成了“实践”和“现实生活”形态的理论与实践。如果用一个词来概括叶澜“理实观”在透析方式上的学术贡献，那就是“转向”。

理论的创生与发展、推进与突破，常常是以转向的方式展开的。例如，马克思在实践哲学领域的意义与贡献，就在于他为亚里士多德以来的实践哲学传统带来了根本性的扭转：“不再把理论哲学与实践哲学的对象和任务分割对立起来，转而让哲学回到现实，以‘改变现实的实践’打通理论与实践的关系，这种打通后的理论与实践的现实关系成为哲学安身立命的根基所在。”① 又如，在《关于费尔巴哈的提纲》中，马克思主张：“人的思维是否具有客观的真理性，这不是一个理论的问题，而是一个实践的问题。人应该在实践中证明自己思维的真理性，即自己思维的现实性和力量，自己思维的此岸性。”② “全部社会生活在本质上是实践的。凡是把理论引向神秘主义的神秘的东西，都能在人的实践中以及对这个实践的理解中得到合理的解决。”③

这是马克思式的实践意识与实践眼光：把原属于理论的问题，扭转为实践的问题。相对于以往的“理论立场”，马克思的“实践立场”不是割裂对立意义上的相对，而是“转化中的改变”意义上的相对。这是马克思与以往实践哲学的最大不同：体现了强烈的关系意识和改变意识，他致力于在哲学领域内实现理论对实践的改变，这种对实践的转向，最终也扭转了理论本身。

再如，杜威的主要贡献之一，也在于转向：以“经验论和本体论、认识论相结合的方式”，通过凸显经验哲学理论的实践性，创制了实践哲学中的

① 李政涛. 交互生成：教育理论与实践的转化之力［M］. 上海：华东师范大学出版社，2015.

②③ 马克思，恩格斯. 马克思恩格斯选集：第1卷［M］. 北京：人民出版社，1995：55-56.

经验哲学学派。[①]与康德相比，杜威排除了“先验”和“超验”，转向于现实存在的实际经验。与赫尔巴特相比，杜威从对“确定抽象的观念联合”的强调，转向注重“变动的具体实践”。与传统认识论相比，杜威实现了从旁观者的认识论到参与者的经验论的转向。[②]他眼中的经验不再体现为认识论意义上的旁观者，对外在实在的死板摹写，而是体现着有机体对周遭环境的参与以及周遭环境对有机体的参与。这种参与观，实际上为叶澜提出的理论（人）对实践（人）的参与及其交互作用，打开了认识论意义上的大门。

同样，叶澜“理实观”的突破，也在于创生了自己的转向方式，即形成了透析教育理论与实践关系的叶澜方式。

叶澜的“转向”，是从其自身对于已有研究现状的分析诊断开始的。在我国教育研究领域，尤其是新中国成立以后，理论与实践的原理及其研究对我国教育研究的发展至关重要。特别是毛泽东的《实践论》（认识发展三阶段的论述）、《改造我们的学习》《整顿党的作风》《人的正确思想是从哪里来的？》等，其中蕴含的“理论与实践相统一”的基本原理，已经成为我国教育研究者的指南。

但叶澜发现，这一被众人熟悉到可不假思索就脱口而出的原理，在教育研究中似乎并没有发挥出它强大的威力，反而经常会听到有关“教育理论严重脱离教育实践、落后于实践、不能指导实践”或“实践所取得的经验没有上升到理论”的各种批评，这些批评可谓不绝于耳。

① 杜威是确立经验即实践，把经验与实践等同起来的第一人，并因此建立了一种新的实践哲学——经验哲学。参见李长伟.实践哲学视野中的教育学演进［M］.武汉：湖北科学技术出版社，2012：126-132；关于杜威教育理论的实践性品质，还可参见孙广勇.从杜威看实践在教育理论创新中的作用［J］.山西师大学报（社会科学版），2006（1）：137-140.

② 李长伟.实践哲学视野中的教育学演进［M］.武汉：湖北科学技术出版社，2012：133-154.

针对这些批评的声音，叶澜进行了细致梳理，指出存在三大代表性的观点。

第一个观点与"现象"有关，即人们常说的"教育理论与实践之间存在脱离现象"。主要问题是理论脱离实际，如对中国的实际问题缺乏理论研究，教育学的理论体系是从国外搬来的，没有中国特色的教育理论不能解决中国的实际问题等。由此被诟病，成为常态：有的一线教师学了教育学理论，却不一定就能上好课等。也就是说，教育学这门理论，对于教学实践无用，至少是没有必然作用。

第二、第三个观点与"原因"有关。从教育理论者的角度看，教育理论脱离实际的主要原因是：理论陈旧，或太抽象，缺乏操作性，不能或无法指导实践；理论研究主体轻视实践或不愿到实践中去，喜欢关起门来搞研究，也缺乏深入实践研究理论的基本功。从实践者的角度看，教育理论脱离实际的原因则是实践者不熟悉也很少学习理论，在一定意义上也不相信理论的作用，相信和服从的是"红头文件"和行政力量；同时，实践者缺乏研究意识与研究能力。

在叶澜看来，这些观点在描述了当今教育研究中理论脱离实践的现象的同时，也揭示了理论与实践、理论工作者与实践工作者本身存在问题的原因，相对于以往只是简单要求理论直接反映或解决实践问题的认识，有所进步，但仍然有进一步深化的必要与空间。[①]她的深化方向，是以实现三大转向的方式，展现出独特的透析现象及其原因的"叶澜方式"，具体包括从方法转向为方法论，从理论思辨转向为实践体验，从传统思维方式转向为现代思维方式。

① 叶澜．教育研究方法论初探［M］．上海：上海教育出版社，2014：158-159.

（一）从方法转向为方法论

叶澜相信："没有方法论的转换，很难实现对事物认识的突破与飞跃。"在方法论层面，从历史上看，"人们对教育内在复杂性的把握经历了从局部、单一向整体、复杂转化，从矛盾对立向相互依存、渗透转化，从静态要素、阶段分析向结构过程研究，从孤立程序化的机械模式向主体与生境有机关联、互动生成的活体生态模式等一系列转换"，"方法论整体趋向用复杂思维来厘清和把握教育内在的一系列基本问题"。

已有关于教育理论与实践关系的研究，主要是在"认识论"的层面上展开的，典型代表如前述的杜威和本纳。叶澜在继承了其思考传统的同时，又将思考视野转向方法论的世界中。

在当代中国教育研究者群体中，叶澜的"方法论意识"可谓独树一帜，在众人普遍关注并聚焦教育研究方法之时，她却另辟蹊径，转而在教育研究方法论的层面上开掘深思。在她眼中，"方法论"不是一个简单的概念，而是一个复合的概念。[①]

第一，方法论以人类认识活动中不同层次的对象与方法的关系为研究对象，着重揭示已有方法体系的理论基础、核心构成与研究对象性质的矛盾，以构建解决这一矛盾的新理论基础与核心为直接任务，发挥推动相应方法体系整体发展，继而推动人类认识水平质的飞跃和社会实践发展的方法论功能。

第二，方法论具有相对独立研究对象的方法论知识体系，以多层次、多类型的立体、多面、有机联系的形式存在。

第三，方法论研究具有鲜明的反思性与批判性，是人类群体自我意识在科学研究领域的突出表现。从研究性质看，方法论研究属于元研究。

第四，人们对方法论及其意义的认识过程是一个历史过程；方法论概念

---

① 叶澜．教育研究方法论初探［M］．上海：上海教育出版社，1999：10-18.

的内涵是随历史及人的认识能力和认识范围的发展而发展的，具有一定的历史性。

一旦从方法论的角度探究理论与实践的关系，自然就会形成相应的方法论眼光。叶澜的方法论眼光清晰、强烈，变成了其特有的研究习惯，以此眼光和习惯来审视和展望已有和将有的研究、他人和自我的研究。

在此基础上，叶澜提出了教育研究方法论的分析框架。这一框架指明了方法论的核心在于处理研究方法和研究对象的关系问题，其要义是“适切性”，由此点明了“方法意识”和“方法论意识”的差异：前者关注的是方法本身，包括“是什么”和“怎么用”的问题；后者则是“方法是否适合于所要解决的问题”，其预设是：所有的方法，都有其适合的研究对象，不是所有的方法，都适合于所有的问题。这样的“方法论意识”习惯于在选择研究方法之前，先对研究对象或研究问题展开深入分析，如此才能以适切于问题的方法解决问题，这就是方法论意识中最核心的适切意识。

基于这样的方法论意识，叶澜非常注重对教育理论与实践关系这一问题性质的分析，以此作为理论与实践相脱离现象成因的透析方式。因此，她说：“理论与实践相结合的原理之所以未能在教育研究中发挥充分的作用，主要在于没有深入研究理论与实践复杂、多样的联系方式及其不同的意义价值，简单化地要求理论与实践的完全、直接相关，缺乏分解的、‘每时每刻’的统一。因此，揭示理论与实践关系的全部复杂性是纠正简单化认识必不可少的第一步。”

在她看来，理论与实践关系的复杂性，就在于两者之间的相对独立又统一和不可分，因为它们都是人类主体力量外化的产物。理论作为实践的能动反映，无疑与实践的发展息息相关。从人类认识全过程的角度看，它们又都是完整认识过程中不可或缺的环节，缺了其中任何一个，认识的长链就会中断，发展就会成为空话。

只有对这种既独立又统一的问题性质的复杂性有充分认知，才可能找到最适合这一复杂性问题的解决之道。所以，叶澜给出了明确无疑的结论。

> 对于教育中理论与实践关系（包括“关联”与“脱离”）的认识，我认为，以往尽管讨论多次，但缺乏的是对这一关系性质、方式和特性等方面的深入研究，远未揭示出这一关联的丰富性和复杂性，因而认识长期停留在“一般号召”的水平上，这是教育理论脱离教育实践问题长期得不到解决的重要原因之一。①

在方法论意识的指引下，叶澜形成了对“理论与实践”既独立又统一的关系特性的基本认识。

其一，教育学研究中教育理论与教育实践的关系是内在关系，不是两个独立领域外在关系的构建。两者关系的内在性，强调的是两者之间内在的不可分割性，而不是完全的一致性。理论与实践之间的一致性是关系内在性的一种表达，但不是唯一的表达形式。不同性质和不同程度的冲突、矛盾和不一致，是理论与实践发展过程中必然会出现和存在的现象，这恰恰是两者通过双向的反思、批判、参照、互鉴、转换而实现相互生成的资源，并由此而形成内生长力和内动力。所以，两者的差异甚至对立的存在，并不是否定两者关系内在性的依据。

其二，教育理论与教育实践内在关系的存在，使两者积极的相互沟通与转化，有可能在不同层级发生。但无论处于哪个层级，都以两类群体或个体的相互接触、了解，以内在需要为前提条件。

其三，教育理论与教育实践的关系状态，除与教育学研究内部质量相关外，还受已形成的学术传统、社会学术环境与风气、行政权力对教育研究的干预控制程度等多方面的影响。叶澜为此指出了具体的表现方式：把教育学

① 叶澜．思维在断裂处穿行——教育理论与教育实践关系的再寻找［J］．中国教育学刊，2001（4）：1-6.

理论研究看作高档的存在，蔑视实践研究，换言之，存在着所谓的等级预设：认为教育学理论研究没有价值，只有操作性的或行政性的指令才是有用而重要的；政策制定忽视甚至无视教育理论的价值，区分不清教育学与教育的不同，或只把教育当作社会工具。这时，教育理论与教育实践的关系都会出现人为的、背离其内在本真关系性质的状态。①

（二）从理论思辨转向为实践体验

与历史和现实中的大部分教育理论与实践的研究者相比，叶澜独特的透析方式，还在于她是“新基础教育”变革实践的发起者、领导者和亲历者。关于理论与实践的关系，叶澜认为：“实际上不只是从书上读来的，也不只是研究文献或看别人的研究得来的，而是我跟我的伙伴们进行‘新基础教育’二十年研究实践以后所得到的深切体会。理论与实践的关系是一个必须要解决好的问题。只有解决好了，我们才会发展。因此，我用了‘体验’二字，我觉得做教育这个学问是要有体验的，不只是要客观，或用许多数据。教育这个事业，没有真投入，没有真体验，很难有真改变……”

体验带有主观性，带有个体天然具有的价值判断，因而在众多秉持价值中立者的传统科学观的信奉者那里，体验显得不够客观，但叶澜认为：“对这样一个老问题、真问题的不断的认识过程，使我更深切地体会到：其实我们每个人所讲的事情，我们再以为是客观的，实际上都是你的眼睛所见，你的思想方式的表现，离不开你对问题的关注点、你的体验，最后上升到你的认识。是人的认识，就躲不开人的主观性。”

她曾引用鲁迅的一句话，即“人是不能拔着头发离开地球的”，以此说明，当我们要阐述一种观点的时候，没有办法把自己完全地客观化。

---

① 叶澜. 回归突破：“生命·实践”教育学论纲［M］. 上海：华东师范大学出版社，2015：165-168.

我认为一种诚实的态度就是承认我是从我的认识、我目前的水平、我的状态来谈我的观点，谈的观点里面可能有错误、可能有负面的东西。但正是由这样一个过程，大家把自己最内在的、感受最深的东西讲出来，交流才有价值。杜威说过一句话，任何真理在还没有经过很多实践检验之前，它就是个假设。需要通过检验假设的实践过程，不断去丰富。

作为“新基础教育”的创始人，叶澜将“新基础教育”研究的性质定位为“以创建‘新基础教育’理论和21世纪新型学校为显性目标，以改变师生在学校的生存方式为深层目标而展开的一项大型长时段的研究。其研究性质是世纪初中国义务教育阶段学校转型性变革问题的理论与实践研究……它是以学校为基本单位的教育转型性变革研究，属于教育研究中的中观层面的整体综合性研究”①。

教育活动和教育研究中理论与实践的关系，在“新基础教育”研究史里处于十分特殊的地位，它既是“新基础教育”的研究任务和最终成果，又是研究过程中的主要力量。

正是因为有了“新基础教育”变革实践中生成的教育理论与实践关系的生命体验，才有了后续诸多极富个性与突破性的新观点，如“两大主体之间的互动关系论”。叶澜通过“新基础教育”变革研究表明：“没有不同主体在研究中努力实现不同意义上的‘理论’与‘实践’的自我转换与统一，就难有不同主体间的理论与实践的转换与统一。”②

正因为如此，叶澜在近期发表的《转化融通在合作研究中生成——四论教育理论与教育实践的关系》一文中，将“新基础教育”研究实践作为典型范例，用以说明教育理论与实践关系研究在当代中国的突破性推进。她明确

①② 叶澜，李政涛，等.“新基础教育”研究史［M］. 北京：教育科学出版社，2010：41；93-94.

总结了将“新基础教育”视为案例的三点原因：第一，该研究是她本人以总主持人和直接持续参与者的双重身份亲历近30年的研究；第二，研究在理论与实践，成事与成人两大方面的目标都取得了真实的成果；第三，研究所形成的理论和实践经验，具有一定的普遍性和可推广性。[①]

如在引言中所述，叶澜以“生命·实践”的方式，把“理论”形态的理论与实践，扭转为“实践”和“现实生活”形态的理论与实践，借此展现了教育学与实践哲学的理论对话。

最重要也是最关键的，在于叶澜把理论与实践关系的研究，放在了“新基础教育”这一研究性变革实践的田野现场，进行拥有实践现场、基于实践现场的理论与实践关系的研究，这既是对马克思实践观的具体践行转化，也是一种在教育、教育学语境中的创造性延伸与发展。

（三）从传统思维方式转向为现代思维方式

学派或流派思想的形成，既与概念、观点有关，也与思维方式密不可分。思维方式同样可以构成学派独特标志的一部分。在相当程度上，思想和理论的形成，都是思维方式的产物。有什么样的思维方式，就有什么样的思想和理论。

所谓思维方式，可以理解为“是人们思维活动中用以理解、把握和评价客观对象的基本依据和模式”[②]，同时，可以简单理解为“人脑以理性处理信息的操作路径与方式”。相对教育学而言，在探讨理论与实践关系的过程中，实践哲学界具有更加强烈的思维方式意识。

① 叶澜．转化融通在合作研究中生成——四论教育理论与教育实践的关系［J］．教育研究，2021，42（1）：31-58.

② 高清海．找回失去的“哲学自我”——哲学创新的生命本性［M］．北京：北京师范大学出版社，2004：127.

例如，实践哲学与自然哲学的差异，实质是思维方式的差异。[①]自然哲学采用的是思辨理性主义思维方式，其思维路径是“从现象到本质”；实践哲学则是直观主义思维方式，其思维路径是“从本质到现象”“从原则到生活”，以“人际交往行为”为表现形态。

再如，从与“认知的思维方式”相对的意义上，提出“实践的思维方式”。后者从实践的眼光看待人的存在特性，反思人的生存现状，将实践视为人之为人的存在根源、生存境遇的基本内容和人的一切活动的基础。通过这一思维方式的确立，“当代哲学最终颠覆了理论与实践之间的古典关系，确定了实践思维方式具有先于认知思维方式的优先性，而实践思维方式的优先性无非是实践的优先地位在哲学中的认可与确立。当代哲学基于实践，以实践作为自己的反思对象，实际上既是对人的生存样态进行批判的反思，也是对人自身以及一切认知理论、社会历史、文化观念与意义价值的存在前提的反思”[②]。这一方式的拥护者大多以马克思实践哲学为凭据，主张“要真正把握马克思哲学的精神实质，就不能把实践哲学仅仅看作一种实践观点，因为从不同的思维方式出发，完全可以对实践做出不同的理解。问题的关键是要把实践哲学把握成一种新的哲学思维”[③]。更有人直接将这种哲学思维命名为“实践论思维方式”，强调“确立实践论的思维方式是马克思和恩格斯当年实现哲学变革的关键之点，也是我们今天发掘和发挥马克思主义实践哲学的最重要任务”[④]。

在思维方式上，实践哲学界最重要的探讨，还不在于如上对具体思维方式的探究，而是在于把思维方式的更新与实践哲学的发展结合起来，主张思维方式的更新，这是实践哲学变革与发展的动力与生长点。

---

① 张能为. 伽达默尔与实践哲学传统和解释学重建［J］. 学术界，2010(10)：48-56.

② 王振林. 当代实践哲学与生活世界理论［J］. 学习与探索，2005(2)：31-34.

③ 李楠明. 实践哲学是一种新的哲学形态和思维方式［J］. 东岳论丛，2001(4)：67-70.

④ 欧阳康. 实践哲学的反思与建构［J］. 华中科技大学学报（人文社会科学版），2002(3)1-7.

> 实践哲学之所以能够成为80年代以来传统教科书体系改革的切入点、哲学论争的焦点和当代中国哲学发展新的生长点，根本原因在于其超越了古代本体论和近代认识论的思维方式，实现了哲学理念的根本变革，即实现了哲学的现代生存论转向。然而，如果人们抹杀、忽视了实践的生存论内涵，仍然从本体论或认识论的思维方式出发理解实践及实践哲学问题，就意识不到实践哲学的真实意义，使实践哲学陷入理解和发展上的误区。[①]

当实践哲学陷入误区、停滞不前之时，就是反思其已有思维方式，并重构新的思维方式之时。带着这种思维方式更新的理论价值的意识，近现代以来的实践哲学发展史，在相当程度上也是思维方式发展史，形成了实践哲学视域中的思维方式谱系：从哲学的传统构成和发展脉络出发，存在本体论思维方式、认识论和生存论思维方式之分；从主体—客体关系出发，形成客体论思维方式和主体论思维方式；从思维方式的特点、目的与任务出发，划分为理论思维与工程思维；从理论与实践的关系形态出发，存在二元对立式思维方式和关系式思维方式。[②]

与实践哲学语境中的思维方式相对照，叶澜与之一脉相承的，首先是思维方式自觉。她的思维方式意识，依然与“新基础教育”有关。以什么样的思维方式策划和推进“新基础教育”，一直是她关注的焦点之一。张向众曾说：“在参与‘新基础教育’研究的过程中，叶老师一直教导我们不仅要注意她的讲话内容，还要注意她的讲话方式和生成过程。在月末例会、进入基地学校变革现场研讨等活动中，有着更多的机会聆听叶老师讲话并体会其思维方式，以及评析其他言说者的观点及其思维状态。记得有次在研讨活动

① 王国有.实践哲学的意义及其误区［J］.求是学刊，2000(2)：12-14.

② 李政涛.交互生成：教育理论与实践的转化之力［M］.上海：华东师范大学出版社，2015：92-98.

中，叶老师说道‘有些人在用简单的线性思维言说复杂思维’。这句话震动了我，因为它不仅能让我明晰自身症结之所在，而且还使我意识到要关注自己或他人的思维实践形态。”①

这种思维方式的自我意识，或者思维方式自觉，是“新基础教育”推进中的理论自觉的重要构成。“新基础教育”研究者很早就意识到思维方式对于变革的重要性，如同联合国教科文组织前总干事马约尔在为莫兰《复杂性理论与教育问题》一书所作的序言中指出的：“在朝向我们的生活和行为方式的根本变革而前进的过程中，在其最广泛意义上的教育起着一个决定性的作用——我们要接受的一个最困难的挑战将是改变我们的思维方式，使之能够面对形成我们世界特点的日益增长的复杂性、变化的迅速性和不可预见性。”②加拿大教育改革研究专家迈克尔·富兰也认为：“我们需要一张不同的处方，以便抓住问题的核心，或者说到达另一个山头。一句话，我们对教育变革需要有一个新的思维方式。”③

“新基础教育”期待的变革，除了学校价值取向和具体的教育实践活动的变革，也包括思维方式的变革或转型，“新基础教育”之“新”，在于其引发了思维方式的变革。

> 如果没有思维方式的转变，就难以有涉及本质的反思与重建，更难以有新的教学理论的诞生、教学变革的实质性推进。“新基础教育”在教学变革的理论与实践研究的过程中，自觉地关注思维方式的转变。④

① 叶澜，李政涛，等.“新基础教育”研究史［M］. 北京：教育科学出版社，2010：361-362.

② 埃德加·莫兰. 复杂性理论与教育问题［M］. 陈一壮，译. 北京：北京大学出版社，2004：4.

③ 迈克尔·富兰. 变革的力量：透视教育改革［M］. 中央教育科学研究所，加拿大多伦多国际学院，译. 北京：教育科学出版社，2004：10.

④ 叶澜，李政涛，等.“新基础教育”研究史［M］. 北京：教育科学出版社，2010：217.

这种思维方式的转型意识，在叶澜引领“新基础教育”改革的过程中，几乎如影随形，始终存在。

就思维方式本身来说，与实践哲学相比，叶澜同样非常关注“关系性思维”，反对与之相对的“二元对立式思维”。后者被视为导致理论与实践分裂对立的根源。“到了现代，由于理论与实践这种二元对立的思维方式，理论仅仅只同理性相关，而理性不过是人这个主体的同义词。这样，主体哲学便成了讨论哲学的核心。然而，这样的主体是分裂和矛盾的，它始终不能将理论和实践统一起来，始终不能还原为现实生活中实在的自我。因此，它不过是人们意识所产生的一个抽象物，同世界和生活是毫无关系的。”[①]这种二元对立思维方式的影响，几乎蔓延渗透于所有涉及理论与实践关系的领域，进而具体表现为一种双重标准：“哲学家不应该孤立地探讨教育实践的‘逻辑’问题和教育理论的‘逻辑’问题；还可以进一步得出，教育理论家不应该出于教育理论研究的目的而对教育实践持一种看法，而当他们考虑运用他们的研究成果时，对教育实践又持另一种看法。”[②]

杜威的学术贡献之一，就是变革了这种传统的二元论认知方式和思维方式。传统经验论是传统认识论的集中体现，主要表现为传统经验论中经验的内容（“知”）与经验的过程（“行”）分离。这种二元对立对传统本体论意义上精神与物质相分离的传统的沿袭，也是近代西方哲学的认识论转向后本能追求“确定性”（certainty）的产物。到了杜威的时代，二元对立已经演变成非此即彼的形而上学思维方式的认识论基础，并成为教条式的存在。它引发了包括学校教育在内的各种领域的分裂与分歧，如“知与行”“身与心”“物质与精神”“主观与客观”“经验（感性）与理性”“理论

① 李蜀人. 西方哲学中的实践与实践哲学［J］. 西南民族大学学报（人文社科版），2007（6）：126-131.

② 瞿葆奎，沈剑平. 教育学文集：教育与教育学［M］. 北京：人民教育出版社，1993：559.

与实践”等。[1]杜威对这些分裂有超乎同时代人的强烈感受，他曾经专门考察了传统经验论中二元论形成的背景及原因，认为：“分离可以追溯到希腊时代，它是明确地根据把社会阶级分成必须为谋生而劳动的阶级和可以免于劳动的阶级区分提出的，认为适合于后一个阶级的人的自由教育在本质上高于给予前一个阶级的奴役的训练。这种思想反映这样的事实，即一个阶级是自由的，而另一个阶级是奴役于人的。”[2]他进而指出：“虽然目前的情况在理论上出现了根本的多样化，在事实上也有了很大的变化，但是旧时代历史情况的因素仍旧继续存在，足以维护教育上的区分，还有很多折中妥协之处，常常降低教育措施的功效，民主社会的教育问题在于消除教育上的二元论。”[3]

杜威消除“教育上的二元论”的主要方式，是提出“从做中学”，以避免传统学校教育普遍存在的“知与行”“学与做”相分离的现象。对二元论思维方式的打破，是将其扭转为关系式思维。关系式思维方式主张：不应将理论与实践割裂开来，无论是对理论还是对实践的探讨，都应将其置于理论与实践的关系中考量。不存在孤立的理论问题或是实践问题，所有的理论问题都是实践问题，反之亦然。教育学家卡尔同样意识到了这一点：“有关教育理论性质的‘哲学’问题和有关这种理论怎样与实践相联系的‘非哲学’问题根本不能看作两个独立问题。其根本原因是，有关教育理论的性质的思想总是关于教育实践的性质的思想，并且总是体现为理论如何运用实践的一种潜在观念……不存在关于理论的各种原理和关于实践的各种原理，也不存在关于理论与实践两者之间的其他一些原理。所有教育理论都是关于理论与

① 张云. 经验·民主·教育——杜威教育哲学［M］. 上海：上海社会科学院出版社，2007：45.

②③ 约翰·杜威. 民主主义与教育［M］. 王承绪，译. 北京：人民教育出版社，2001：268-269；278-279.

实践的原理。”[①]

叶澜对这一思维方式的体认，及其对于二元对立思维的警醒，渗透在“新基础教育”研究的过程之中。“从思维方式上来说，可以认为‘新基础教育’研究不是二元对立思维，但也不是模糊或取消二元性的‘一元’思维，而是一种建立在差异之上的‘关系’思维。”[②]

这种关系式思维方式，试图打破的是二元对立思维、割裂思维和非此即彼思维。它之所以能够从“新基础教育”这样一种改革实践延伸到学派创建之中，[③]其纽带和桥梁在于研究过程中共有的方法论意识。

> 在研究中，我们力图突破传统研究方法论中主体与客体、主观性与客观性、目标与手段、价值与事实、人文性与科学性等多对范畴的割裂和对立的基本逻辑，舍弃了非此即彼的思维方式，努力探索使两极沟通，积极、有效交互作用的复杂思维方式的运用和行动策略，在一定程度上实现了教育研究在方法论上的突破。[④]

这种方法论上的突破表明，基于整体综合与关系式思维，在“新基础教

---

① 瞿葆奎，沈剑平. 教育学文集：教育与教育学［M］. 北京：人民教育出版社，1993：558.

② 吴黛舒. 对教育理论与实践关系问题的本土反思［J］. 教育研究，2004(5)：24-29.

③ 它不仅渗透于“新基础教育”的理论构建之中，也转化为叶澜创建学派思想体系的基本思维方式。学派名称中的“生命·实践”本身就彰显了对生命与实践的关系式思考。生命·实践在关系式思考中被视为一种有勾连的整体，换言之，学派之命名，是对生命与实践关系整体观照的产物。在《回归突破：“生命·实践”教育学引论》中对“生命”的理解，是对不同要素不同视角不同层面关系的整体综合。它至少涉及如下四种关系：一是人的生命与人的实践的关系；二是人的自然生命与教育实践的关系；三是人的“类生命”的存在、发展与人的社会实践的关系；四是个体社会状态与个体生命·实践（活动）的关系。参见叶澜.“生命·实践”教育学论丛：第四辑　命脉［M］. 桂林：广西师范大学出版社，2009：15-39.

④ 叶澜，等. 基础教育改革与中国教育学理论重建研究［M］. 北京：经济科学出版社，2009：7.

育”的改革研究方法论和理论研究方法论之间，已经形成了内在融通，并最终成为学派发展的方法论基因。[①]典型代表如“成事成人”，这是“新基础教育”的核心价值观之一，主导这一观念产生的源头在于改变了传统的割裂思维将成事与成人割裂开来，或二元对立思维将成事与成人对立起来的情况，转而以关系式思维实现二者的融通。“‘成人’与‘成事’是从不同角度看待同一教育事实，当然并不是说两者仅仅是相互锁定、相互建构的关系。从根本的意义上看，‘成人’问题是教育学最根本的维度，是成事的教育学意义的根据。”[②]这一思维也与对教育研究本质的认识有关：“教育研究本质上是一种事理研究，它面临的不是自然科学式‘人—物’关系，而是‘人—事’间的纠缠。”[③]

从上可以看出，关系式思维方式已经渗透在叶澜及其“生命·实践”教育学的日常研究之中，成为一种思维习惯或思维自觉。

除此之外，与实践哲学的思维方式视域有所不同的是，叶澜倡导的思维方式转向还包括如下几个方面。

其一，整体综合式思维方式。

叶澜曾经用一个“整”字来概括“新基础教育”的特征。所谓“整”，就是整体综合式思维方式：它是一种强调整体而非仅仅是各个部分的思维方式，强调整体内不同要素的综合融通，而非不同要素的累积叠加。它针对的依然是点状思维和割裂式思维。

“新基础教育”研究试验的性质、任务、发展过程、阶段性成果以及对具体的认知等都不同程度体现出整体综合式的思维方式，而且随着其自身试

① 叶澜.“生命·实践”教育学论丛：第三辑　基因［M］.桂林：广西师范大学出版社，2009.

② 叶澜.“生命·实践”教育学论丛：第二辑　立场［M］.桂林：广西师范大学出版社，2008：61.

③ 叶澜.“生命·实践”教育学论丛：第四辑　命脉［M］.桂林：广西师范大学出版社，2009：118-120.

验的推进，不断赋予其新内涵。

例如，从试验的性质和任务看，一开始它就具有整体综合意识，试验的目标策划、性质和任务定位，都力图体现和渗透整体综合。它尤其注重的是促进学校整体转型。又如，在发展性阶段，“新基础教育”将研究目标和性质定位于：“以创建‘新基础教育’理论和21世纪新型学校为显性目标，以改变师生在学校的生存方式为深层目标而展开的一项大型长时段的研究。其研究性质是世纪初中国义务教育阶段学校转型性变革问题的理论与实践研究。即它是以学校为基本单位的教育转型性变革研究，属于教育研究中的中观层面的整体综合性研究。”①

这也是“新基础教育”研究对理想思维方式的追求。“努力用整体关系的思维方式来解决这些看似难以调和的矛盾，即把矛盾的两极关联起来作为一个整体加以认识和思考，以实现超越两极对立关系的认识突破；用综合抽象的思维方式来形成教学理论的抽象，即改变用简单分析的眼光去认识复杂教学过程的思维方式，努力用复杂思维的方式来认识丰富复杂的、动态发展的教学过程，以实现超越静态和方面的认识突破。”②

其二，复杂思维方式。

叶澜对复杂思维的认识，首先来自其对教育的复杂性的理解。教育的复杂性在于生命这一异常复杂的对象，无论是作为类生命的存在还是个体性的存在，人的生命存在着复杂的内在交互作用和生成关系。因此，“无论是认识、研究人类还是个人，都是对复杂事物的认识和研究，即使是对生命中任何一个层面特性的把握，也是面对复杂事物的认识和研究”③。同理，以实现学校现代转型为宗旨的“新基础教育”，研究对象的复杂度远超于一

---

① 叶澜.“新基础教育”发展性研究报告集［G］.北京：中国轻工业出版社，2004：5.

② 叶澜，李政涛，等.“新基础教育”研究史［M］.北京：教育科学出版社，2010：217.

③ 叶澜.“生命·实践”教育学论丛：第四辑　命脉［M］.桂林：广西师范大学出版社，2009：38.

般对个别领域、个别方法的改革。它涉及社会变革与学校的关系、学校和教育行政部门的关系、大学和中小学的关系、学校内部各个部门和主体之间的关系等，各种影响和力量的汇聚交织，使得变革成为一个复杂莫测的过程。

研究对象的复杂，决定了思维方式的复杂。复杂思维成为思考和推进"新基础教育"，进而促其成为学派理论创生发展的"秘籍"。叶澜曾经回忆与复杂思想相遇的过程和体验："与'复杂'思想相遇，我是在1999年10月阅读美国米歇尔·沃尔德罗普著、陈玲译的名为《复杂：诞生于秩序与混沌边缘的科学》(以下简称《复杂》)一书时。在此之前，虽然也读过普里戈金的《从混沌到有序》等著作，同样深受启发，但并未像读《复杂》那样清晰地意识到一种可称为'复杂'的研究对象，以及用来研究'复杂'的思维方式已经诞生了。我被《复杂》深深地吸引和震撼了。从当年10月10日到11月7日，断断续续地写了近1.5万字的读书笔记，想把自己被书中精彩问题和思维闪电的震动梳理出来，理清自己阅读中的收获和思考。随后我在与当时就读的研究生一起举行的月末例会上，做了自己的读书报告，引起了使校门口小书店感到惊奇的购买《复杂》的小热潮。接下来的阅读围绕着法国作家埃德加·莫兰的著作进行，几乎见一本、买一本、读一本、写一篇读书笔记，一直延续到2004年。自感许久没有这样为一个主题的著作投入、兴奋但又冷静地着迷过了。"①

叶澜之所以被"复杂"系列深深地吸引，不只是因为她对方法论研究持续的兴趣，更因为她一直困惑于找不到用来研究、认识"教育"和"教育转型"这样复杂对象的思维方式。直到与《复杂》相遇，有了发现，进而感到有了开展教育研究和认识教育现象的新的思维方式，从而初步完成了认识上从系统思维向复杂思维的转型和推进。

① 叶澜，李政涛，等."新基础教育"研究史［M］.北京：教育科学出版社，2010：197-198.

对复杂思维的认识，早在“新基础教育”的发展性阶段就开始了，但真正在推进中运用和践行，则是在成型性阶段。

> 2004年是我基本完成了有关“复杂思维”主题的阅读和思考的一年，也是“新基础教育”研究进入成型性阶段的起始年，还是“生命·实践”教育学派创建的元年，三事相交为我提供了实践“复杂”思维的可能，是成型性研究的推进过程使自己对复杂思维的理解和运用向前走了一大步。①

这种复杂思维对于“新基础教育”变革实践的影响，逐渐为同行者所理解和感悟：原来横亘在教育学者和教育实践者之间的“心墙”，并不会随着教育学者走到实践中就能自然地化解。它还需要一直努力，需要双方在意识自觉的基础上，靠具体实践方式上的改变来尝试化解。这些思考，对于改变自我的教育学学术立场，具有非常珍贵的价值。正是通过这些相关的思考，我才更为真切地体会到，叶老师近年来之所以倡导以复杂性理论来思考和研究教育问题，或许很大程度上是在不断深入教育实践的过程中洞悉了实践生态的复杂性，内在地需要复杂性思想的介入，才能更好地透析其内蕴的事理。②

在叶澜看来，“新基础教育”努力实现的学校教育转型，是一个从旧系统向新系统的转型。而复杂性研究揭示的就是系统转化过程中从混沌到有序演化的基本模态，强调了演化中不可忽视偶然性因素对打破旧系统平衡状态的重要性，以及这种突破因素在允许条件下的自组织、自繁殖功能的自我催化，成为走向新系统的关键性转化力量。此外，复杂性还揭示了复杂系统平行发生作用（而非串联式）的网络式互动的特点。

---

①② 叶澜，李政涛，等.“新基础教育”研究史［M］. 北京：教育科学出版社，2010：198；343.

> 这就提醒我作为一个复杂系统中的作用者（不仅是个人，也包括我们课题组），不仅要根据自己的意愿，而且要对他人的作用做出相应的反馈，因为自己处于相互锁定之网中，尤其对直接关联的方面更是如此。但锁定之网并非不可解开、突破之网。作为一个改革者而言，要实现改革，不能只是期待偶然性的出现，而是要去创造系统中新的因素，并有意识地采取多种措施去强化，形成其自组织能力并扩大推进到整个系统中，最终完成系统意义上的转型。①

这种转型不只是实践意义上的转型，也是理论意义上的转型。通过思维方式的转型，叶澜不仅实现了对教育理论和理论研究方式的重建，而且也为理论与实践研究做出了自己的贡献。

叶澜从法国著名思想家、复杂思维范式的创立者莫兰的相关思想中，得到了三个方面的启示，并尝试“运用复杂思维认识教育改革和建构相关教育改革理论”。

第一是如何认识超级复杂系统。莫兰提出超级复杂系统的三个特征：一是等级和硬性的束缚减少；二是系统以协调与引导的方式进行控制；三是面对系统中存在的多种矛盾或危机，应通过寻求新的解决方式、通过组织和自我再生的方式，使系统达到更复杂和自觉的方式来实现。这为我们认识和处理教育这样的人为复杂系统中的结构、关系、矛盾、发展提供了新的思维方式和参照系。

第二是“这种认识原理的重建，需要回到知识和原点，回到被观念、原理、范式所排除的原始现实之中，回到更丰富、更复杂、更有生气的尚未被切割的‘元视点’中去”。对于教育学学科的重建及其路径来说，就是“要回到丰富、关联、变动不居却又呈现系统性的教育实践中去探索，对教育学

---

① 叶澜，李政涛，等.“新基础教育”研究史［M］. 北京：教育科学出版社，2010：200.

原点的重新寻找包括对确定参数的原则的改变”。①

第三是对于研究主体（人）的强调。即使在抽象如数学、元数学的理论中，也永远存在“不可简化的直观成分”，有主体的位置，在主体背后和内部，则还有“科学家的圈子、知识分子以及历史—社会—文化的复合体”。在元视点的形成中，“不仅要有观察者的对象方式的陈述，还要有经验陈述者的陈述，以及要有与这样的陈述者的具体人格有关的信息，来丰富这个元视点，使演绎和归纳两种似乎逆向的逻辑方式形成一个复杂的元视点”。②

其三，回到原点式思维方式。

作为研究教育学原理和教育基本理论出身的学者，叶澜拥有典型的基本理论式的思考教育的方式。从思维方式的角度看，“教育基本理论”不只是“理论思维”③，而且本身就蕴含了一种特殊的思维方式，即“回到原点的思考”④。例如，当我们以“人”的方式，研究教育与人的关系，并将教育本质研究以人学为视野，将教育功能研究转向发展人的本体功能之时，就是一种回到“人”这一原点的思考。如此思考教育的方式，就是典型的教育基本理论式的思考方式。在某种程度上，“原点”就是一种根，回到原点的思考方式，就是一种连根拔起的思考方式。

教育理论与实践的思考原点有三：一是问题性质；二是前提预设；三是概念内涵。

如前所述，有关“问题性质”的探究，是方法论意识的核心表现，也是已有的实践哲学研究普遍缺失的分析视野和研究对象。

有关“前提预设”的原点式思考，叶澜认为：“‘如何解决教育理论与教

---

① 叶澜.“生命·实践”教育学论丛：第二辑　立场［M］. 桂林：广西师范大学出版社，2008：36-38.

② 埃德加·莫兰. 方法：思想观念［M］. 秦海鹰，译. 北京：北京大学出版社，2002：224-225.

③ 周霖. 理论思维：教育基本理论的发展之钥［J］. 教育研究，2013，34（2）：39-41.

④ 李政涛. 什么是“教育基本理论”［J］. 高等教育研究，2020，41（3）：1-17.

育实践脱离问题'的提问方式，蕴含着一个前提性假设，那就是教育理论与教育实践是'可以'且'存在'着脱离状态的。所谓'可以'是一种认识上的结论，所谓'存在'则是指一种实在的现象。"①

她指出，这一前提性假设为我们勾勒出一幅图像："在教育理论与教育实践间有着一个巨大的裂口。它暗示着对问题答案的寻求，就是为了在断裂处架设起一座沟通两岸的'桥梁'。那么，'断裂'是真的存在，还是一种因认识的误区造成的假象？倘若真的存在，它究竟以何种方式存在？由何种原因造成？是不可避免的，还是可以控制的？这些问题需要我们面对被假设认定的'断裂处'做出思考、分析与判断。"

基于如上前提性假设的追问，叶澜对上述问题进行了再一次聚焦，进而转换了提问方式：是否存在与教育实践完全脱离的教育理论？是否存在与教育理论完全脱离的教育实践？这一新的提问方式，让我们再度回到了另一原点：教育理论与实践关系的性质，即它们本身是既独立又无法分离的存在。这同时也说明，原点与原点之间的内在联系。

有关"概念内涵"的原点式思考，意味着"回到概念本身"，厘清概念的内涵，以此作为实践行动的原点。"概念"是教育基本理论的理论方式，它总是表现为运用概念的活动，以概念的方式展开对教育的追问，进行智慧层面的教育沉思。"理论思维"也好，"以理论思维的方式把握世界"也罢，其实质都是"通过概念的运用而实现的"②，所以，"真正意义上的哲学家，其思想的创造性、独特性总是体现在其核心概念之中"③。不只是哲学家如此，教育学家同样如此。作为具有强烈教育基本理论情结的教育学家，叶澜习惯于以教育基本理论的方式，以回到概念原点的方式，透析教育理论与

① 叶澜. 思维在断裂处穿行——教育理论与教育实践关系的再寻找［J］. 中国教育学刊，2001（4）：1-6.

② 李政涛. 什么是"教育基本理论"［J］. 高等教育研究，2020，41（3）：1-17.

③ 杨国荣. 哲学的视域［M］. 北京：生活·读书·新知三联书店，2014：107.

实践这一老问题，就成为一件自然而然的事情了。

为此，她聚焦于三个概念：一是教育理论；二是教育实践；三是脱离。[①]

针对“教育理论”，叶澜首先将其界定为“泛指人们有关教育的理论性认识”，所谓理论性认识，是指一种认识的结果，它是理性思考的产物，以概括、抽象判断（程度可以不一）为其共同特征。这里，至少从三个方面展现了她对教育理论特性的理解。

一是理论的层级性。

理论既然是理性思考的产物，“概括、抽象的层级与类型的差异则构成其内部的层级与类型”。因此，叶澜提醒我们，当谈及理论时，一方面要注意其不同于个体陈述的具体的事实和体验、个体与群体进行着的教育实践；另一方面又不能忘记理论内部的层级差异和类型区别，不要把理论当作是由完全相同的“原子”组成的集合体。她同时指出，在现实中，理论有两种不同的存在形态：一种为群体所共有的普遍形态，它脱离于产生理论的主体，以文字、各种符号形式存在；另一种为个人或部分特殊群体所拥有的私我和局部形态，其中包括个体因学习而内化的个人理论，还包括尚未完全脱离理论产生主体的，以言说和一定范围内的共同经验的存在形态。后者即“个体内在理论”的存在及其价值，在叶澜看来，它在以往教育理论与实践的研究中被忽视了。它其实一直是“理论的原始态”，在没有文字记载的社会中就已然存在，并成为当时人们认识和进行各种生产、生活实践的重要工具。即使在今天的信息社会中，这种形态依然广泛存在。它的独特价值在于：与每个人的认识和工作、生活实践息息相关，并成为促进个人发展，形成新的共有普遍形态理论的、生生不息与丰富多彩的资源。叶澜特别强调，忽视这种理论形态的存在，不仅导致理论发展资源的缺失和个人发展的停滞，而且会

① 叶澜. 思维在断裂处穿行——教育理论与教育实践关系的再寻找［J］. 中国教育学刊，2001（4）：1-6.

造成理论僵化、单一化，并导致自以为掌握了理论的唯我独尊的霸权式理论权威的滋生。

二是理论的深刻性。

在对教育理论进行理解和界定时，除了关注教育理论的不同层级和类型，以及个体理论形态缺失的现象之外，叶澜还从“理论不能指导实践的原因”的角度，对当下的教育理论进行了诊断分析：“原因并不是因为教育理论太深奥，而是因为现有的教育理论尚未深入地研究教育实践，缺乏对教育活动规律的深刻揭示……现有的教育理论的组成中，一部分是以一般的哲学原理为前提，通过推理得出的结论。这里缺少的是中间环节，在没有对具体事物深入地剖析前，就把具体的东西直接列入抽象的行列中去，使结论显得苍白、贫乏而无力。另一部分是对心理学或其他科学研究成果的直接搬用，这里缺少的是教育学的加工与改建。还有一部分是对具体经验的总结，这很重要，但相当数量的总结概括度不够，或者是把有条件的结论说成普遍适用的规律，结果反而影响了结论的指导意义。除此以外，还有一些外国教育观点的评价。这样，给称得上真正的科学的教育理论留下的地盘实在是不大了。靠这样组成的理论，怎么能有效地发挥对实践的指导作用呢？要说当前教育理论存在的问题，并非太深奥、太超越于现实，恰恰是太空泛、太浅近、太贴近实际的表层，因而缺乏居高临下的气势。”①

究其根本，理论不能指导实践是因为理论没有展现应有的深刻性：或者是用直接演绎来自哲学的普遍理论的推理方式，替代了对具体事物的深入剖析，深不到具体中去；或者是对其他科学研究成果的直接搬用，深不到特殊中去；或者是满足于对已有具体经验的空泛、浅近的总结，深不到规律中去。“只有源于实践、又高于实践并能深刻揭示事物发展规律的理论，才是具有生命力的理论，才是对实践能产生积极而持久影响的理论。马克思主

① 叶澜. 关于加强教育科学“自我意识”的思考[J]. 华东师范大学学报(教育科学版), 1987(3): 23-30.

义就是这种理论的典范，谁会说《资本论》浅近好读？谁又会说《资本论》脱离资本主义社会的实际？”①

因此，她得出了如下结论：“只有深刻的理论才具有重要的指导意义，我国教育学理论目前还缺乏对实践产生重大影响的力量，原因是多方面的。就理论本身来说，并不是因为它太深奥，而是还不够深刻。所以为了贯彻理论联系实际的原则，我们还必须为提高教育学的学科理论水平而努力。”②这一结论在维护了理论的“深刻性”这一本质的同时，也将理论水平的提升作为发展的核心目标。

三是理论的抽象性。

叶澜从教育研究的角度，进一步确证了教育的实践性质，做出了教育研究是事理研究的判断，提出了教育理论的抽象是不同于“分析抽象”的“综合抽象”的新观点，进而专门探讨了教育理论与教育实践的相互关系：一方面，从人类认识总体的意义上，确认理论与实践是人类智慧与创造力的两种存在方式，它们是两个相对独立又统一和不可分的领域；另一方面，从人类认识全过程的角度看，它们又都是完整的认识过程中不可或缺的环节，缺了其中任何一个，认识的长链就会断裂，发展就会成为空话。所以，信守经验和崇尚玄想都不会带来认识的真正飞跃。与此同时，理论的形成过程恰恰是其与实践的感性对象分离的过程，没有这种分离，就不可能有理论的抽象。正是有了这样的分离与区别，理论才会具有指导实践的能力。叶澜不赞成来自实践界对理论的一种普遍诉求：理论一刻也不脱离实践，必须即时回答实践提出的每一个问题，因为理论与实践常常具有非同时性，很难一种新理论出来，随即就会同时有配套的新实践对策自动跟进。她也不赞成用应用理论的价值反对基本理论研究的价值，实际上，理论的抽象度越高（只要是对实践的正确抽象），对实践就越具有广泛和深刻的指导意义。相反，越是具体

①② 叶澜．全面理解和贯彻理论联系实际的原则——编写《新编教育学教程》的一点体会［J］．华东师范大学学报（教育科学版），1991（2）：15-18.

经验型的描述，其越不可能产生影响。

针对“教育实践”，叶澜将其界定为“是对人类所进行的教育活动的总称”，这与其眼中的教育内涵有关，与别的社会活动实践不同的是，教育是以有意识地影响人的身心发展为直接目的的独特实践。在她看来，与教育理论相似，教育实践同样内含许多种类和层级，并构成相应的系统。教育实践的存在形态是人的活动和行为，也有个体与群体之分，且总是以一定的时空、环境和资源作为必要条件，所以教育实践除共通性外，始终具有鲜明的历史性、地域性、生成性和综合特殊性。正是因为教育实践有诸多这样的复杂特性，所以构成了教育理论与实践关系的复杂性。

“脱离”是一个人们耳熟能详且是日常使用的高频词，但却罕有严格明确的界定。叶澜带着教育基本理论研究者特有的概念敏感，对它进行了概念分析：作为动词用的“脱离”，是指将原来相关联的事物分离开来的动作；作为形容词用的“脱离”，是描述原来相关联的事物分离开后的状态。无论将“脱离”当什么性质的词用，都暗含着一个信息：脱离的双方（或多方）原先的状态都是关联的。因此对有无完全相脱离的教育理论与教育实践的提问，还可以追问到教育理论与教育实践存在着怎样的关联上。倘若这种关联中有必然的、不可分割的方面，那么，“脱离”也许只是一种现象，或者说我们用“脱离”一词不足以说明教育理论与教育实践的全部关系。为了看清“脱离”，还要弄清“关联”。

在这里，叶澜不仅确定了“脱离”分别具有的动词内涵和形容词内涵，而且看出了“脱离”背后的“关联”预设，显现出和“前提预设”式原点分析的有机关联，进而再次展现出不同原点之间的互为关联性。

通过如上不同思维方式的转向，叶澜实质上推动了教育理论与实践关系的思维转向。将探究此问题的思维方式凸显出来，至少使原已板结的思维土壤有所松动，向她所希望的“连根拔起”迈进了一步。

小结

随着研究的深入，叶澜的阅读和思考的视角又转入中国文化特有的思维方式传统之中，并对其进行了系统梳理、凝练和创造性的转化。[1]

整体来看，叶澜在承接了实践哲学的部分思想传统的同时，也跳出了原有的认知框架和思维框架：通过建构教育理论与实践关系研究方法论，叶澜以探索教育研究方法论的方式，打破了弥漫于实践哲学界原有的“对立/统一假设”“等级/优先假设”“决定/起源假设”。与此同时，她又通过基于“新基础教育”的实践体验的方式，摆脱了实践哲学的根本性迷误，即总是以理论的方式，而不是以实践的方式探究理论与实践，真正做到了“在实践中展现和推动实践哲学”，把“关系理论”转化为“关系实践”。通过扭转思维方式，她还找到了适合教育领域的思考理论与实践关系的思维方式。正是借助这些方式，叶澜生成了独特的“理实观”，实现了双重超越：我向超越和他向超越。

① 具体内容可参见本书第四章。

第二章　教育理论—实践关系的核心观点

我们认为，“新基础教育”研究方法论的核心问题是怎样处理研究中理论研究与实践研究的关系及理论工作者与实践工作者的关系。①

——叶澜

如前所述，教育理论与实践的关系问题是教育学的基本问题。关于教育理论—实践关系（以下简称“理实关系”）及理论工作者和实践工作者的关系研究，则是叶澜首创的“新基础教育”研究方法论的核心问题。“教育活动和教育研究中理论与实践的关系，在‘新基础教育’研究里处于十分特殊的地位，它是‘新基础教育’研究任务和最终成果的两大载体，也是在研究过程中作为研究力量的主要构成。”②

在对理实关系的研究中，叶澜提出了五个具有突破性和创造性的核心观点，包括理论适度先行论、研究性变革实践论、贴地式深度介入论、交互生成论和主体双向互动论。在本章中，将尝试整体把握叶澜“理实观”中这五个核心观点的生成过程、核心思想，以彰显其独特价值。

---

① 叶澜，李政涛，等.“新基础教育”研究史［M］. 北京：教育科学出版社，2010：167.

② 叶澜.“新基础教育”论——关于当代中国学校变革的探究与认识［M］. 北京：教育科学出版社，2006：400.

一、理论适度先行论

1999年，叶澜在"新基础教育"探索性研究的结题报告中，首次提出了理论适度先行论。这一观点虽然是对"新基础教育"研究方式和研究性质的一种诠释，但显而易见，其理论背景和指导思想却是理论与实践关系研究。"我们的指导思想是解决好理论与实践的关系。这项研究不是纯理论研究，但必须要有理论，且理论研究要适度先行。"①她明确指出，这是其有关理实关系的第一个观点。"教育研究课题的形成来自实践，新假设的提出需要理论适度先行，这是我对教育改革实践研究之形成与教育理论关系认识的第一个观点。"②

（一）理论适度先行论的生成过程

对于这个观点的形成过程，叶澜专门做过简要回顾："理论适度领先在起点形成中，一方面表现为对时代变革与教育变革性质的研究，另一方面表现为对当代教育需要培养怎样的人以及为实现这样的培养目标，当前的教育需要在观念和实践上做出怎样的变革的探讨。"③

理论适度先行论首先来自叶澜的"实践体验"。"1994年9月，由我提出并主持的'新基础教育'探索性研究正式启动了。启动的标志有二：一是作为该项研究的第一篇论文，关于课题提出的时代依据的论文发表；二是作为'新基础教育'第一所试验学校——上海外高桥保税区实验学校正式投入研究。"④这种由理论先行的实践体验催生了叶澜的自我唤醒。"这样的理论研究，其价值不只是在于认识当代社会与教育世界，而且是一次作为项目提出

①③ 叶澜. 大学专业人员在协作开展学校研究中的作用［J］. 中国教育学刊，2009(9)：1-7.

② 叶澜. 变革中生成：叶澜教育报告集［M］. 北京：中国人民大学出版社，2019：455.

④ 叶澜，李政涛，等."新基础教育"研究史［M］. 北京：教育科学出版社，2010：143.

者的自我唤醒。没有这样的唤醒，就不会产生变革研究的需要。”[①]

如果再往前追溯，可以在叶澜个人的学术史和研究史中发现端倪：“自1982年起，我的专业定向集中在教育基本理论上，1987年后又增加了教育研究方法论这一方向，并开始了教育学科元研究……‘新基础教育’研究是以自己在这两个专业方向上的探究与积累，以及由对教育的重新认识和认识教育的思想方法的转换作为底蕴的。它的最早缘起是理论，没有提出课题前的十多年的理论积累和自己对教育问题的独立思考，我不可能做‘新基础教育’研究。”[②]在提出并确定“新基础教育”的研究问题和研究任务的过程中，叶澜发现了构建新理论的现实需要。“因为我们面对的是新形势下的新问题，研究的任务是想构建新观念体系和新学校模式，不可能在不做理论研究的情况下，完全依靠教师凭个人的经验与直觉去创造。这是本研究与一些西方‘行动研究’强调教师个体按自己的理论去实践的研究方式的一大区别。”[③]

也正是借助“新基础教育”的变革实践，以理论适度先行为起点，叶澜逐步生成了理论与实践关系研究的“中国经验”。相较于实践哲学传统的“先行预设”而言，这一观点是一种新的推进和生长。它并没有在起源的意义上，对理论与实践孰先孰后做出判断，而是在改变实践、推动实践变革的意义上提出了理论先行，而且是适度先行，显然，这是一个谨慎的判断。当然，更重要的还在于，这一观点的提出植根于其独特且长期的教育实践体验基础。

（二）理论适度先行论的核心思想

叶澜主张，理论之所以需要在实践之前先行，在根子上，与理论的独特价值有关。整个研究过程中，理论始终发挥着引领价值取向，促进新观念体

①③ 叶澜. 大学专业人员在协作开展学校研究中的作用［J］. 中国教育学刊，2009(9)：1-7.

② 叶澜，李政涛，等.“新基础教育”研究史［M］. 北京：教育科学出版社，2010：144-145.

系形成和对变化着的研究实践做出综合式的抽象，不断提出新问题和新任务，以及形成原则性的行动意见等方面的作用。

她发现，在中国的文化传统中，鄙薄理论与轻视实践两种弊病是并存且经常发生错位的，如希望理论工作者立即提出操作方案，要求实践工作者提交高水平论文，能够为自身实践找到理论依据，自圆其说，体现理论逻辑要求的严密性和严谨性。说到底，这些都没有认识到理论与实践的内在关联以及它们之间如何转换的问题。实际上，当理论面对变革实践时，首要的功能并不是提供具体对策方案，而是对实践的批判与透析，对实践发展可能与方向的探究与判断，找出问题和发现新的发展空间，提供新的观念、思维方法和逻辑的依据，以此来影响和改变实践。

由于理论对于实践具有这些无可替代的功能，所以理论变革往往需要先于教育实践变革，发挥其无可替代的作用。“教育观念与理论的变革是教育实践变革的先导，它产生于对现实社会发展变化性质的深度感受，对未来社会需要怎样的教育的理解，对教育现实中存在的问题和弊端的透视，以及由此而生的教育中一系列基本理论问题的重新思考，形成有关教育的一系列新的观念。”[①]实践变革对理论的需要，是在变革过程中逐渐深化和愈加强烈的。叶澜凭借“新基础教育”变革的实践体验，发现当实践变革愈加深入，对理论变革的需要也就愈发急迫。多年来的“新基础教育”变革实践表明，变革越触及教育的根本问题，越不拘泥于方法层面，越需要理论，就愈发感到理论介入的必要性。

当然，如果只是纯粹地倡导理论适度先行，那就违背了叶澜的关系式思维。她对理论适度先行的认识，从来没有脱离与实践的关系。“我们提出‘新基础教育’理论适度先行，但适度先行的理论同样要有实践基础和实践构成。作为理论工作者，面向实践、深入实践、理解实践，和实践工作者一

① 叶澜.“新基础教育”论——关于当代中国学校变革的探究与认识［M］.北京：教育科学出版社，2006：143-144.

起来创造新的实践和理论，这个意识在我身上是强烈的、自觉的。最主要是，意识到了今天的教育理论面临着从未有过的时代挑战，不研究当今时代的教育实践，就无法形成新的认识。”①

这样看来，理解理论适度先行论的关键还在于，这是有实践基础的理论适度先行，这是超越于大部分实践哲学的高明之处：充分认识到理论的实践根基。同时，它也是理论与实践共同创生的过程。“‘新基础教育’，无论是它的理论还是实践，都不是凝固不变，而是不断生成的。‘新基础教育’研究是共同体成员一起不断丰富、不断发展、不断创造的过程。对每个人来讲，都需要主动地参与这个过程，都需要不断地反思，都需要投入和重建，它是研究者不断地改变自己，同时发展‘新基础教育’的理论和实践的创生过程。”②这种基于理论适度先行原则的创生过程，不只是在“新基础教育”研究三个阶段的研究起始点有体现，还体现在整体研究过程中，表现为在不同的研究过程或研究阶段中的一些重要节点，生成新的理论认识：相对于理论形成之前的阶段而言，它是前一阶段研究实践的回望、总结、反思、透析与提升；相对于理论提出后的研究实践而言，则是一个新的实践发展的理想形态的理论初建。它是理论与实践相互转化中不可缺失的一环的具体表达。

这种过程中生成的创生的力量，是互动的力量，它来自理论与实践的互动。叶澜认为，要读懂理论与实践的关系，就要有致力于建构双方新型关系的探究自觉。针对“理论与实践历来被认为是割裂、有鸿沟”的旧识与痼疾，在基础教育改革中如何做到互动？叶澜提出了三个观点。

> 第一，教育改革不能无视教育理论的价值。教育改革的理论，不是社会变革或经济变革理论简单演绎的产物。③

①② 王建军，叶澜.“新基础教育”的内涵与追求——叶澜教授访谈录［J］.教育发展研究，2003(3)：7-11.

③ 叶澜.“新基础教育”内生力的深度解读［J］.人民教育，2016(Z1)：33-42.

理论既有普遍性，也有特殊性，不同类型、不同层次之间的理论不能相互推演，而应基于实践的特殊性，运用或生成不同的理论。这意味着，任何社会变革理论，包括经济变革理论、政治变革理论等，都不能以简单演绎的方式，更不能以简单替代的方式，直接变为教育改革的理论。然而，这种简单化的思考倾向，时常同时出现在实践哲学界和教育学界。前者以俯视的眼光看教育和教育学，认为自身的理论具有放之四海而皆准的效用，可以直接运用于其他各领域；后者则习惯于直接将实践哲学的理论搬运到教育学领域中，忽略或无视自身领域的独特性。

> 第二，怎样的教育理论才能对教育变革实践产生影响力？我们不断反思自己是如何一步步走出来的，我认为这样的理论才能对实践产生影响力：具有反思与批判针对性的理论；具有未来指向、内在开放性的理论；具有综合抽象、层级转化结构的理论；具有边界与尺度的理论；见真、见知、见诚、有温度的理论。①

由此回到了具有原点意义的问题：什么是好的理论？好理论的标准何在？叶澜实质上提出了一种基于理论与实践关系的理论标准：能够对实践和实践变革产生影响力的理论，就是好理论②。在她眼中，好理论应该是抽象程度高的理论，理论的抽象程度越高（只要是对实践的正确抽象），对实践就越具有广泛和深刻的指导意义；相反，越是具体经验型的描述，其可能产生影响的范围就越小，程度也越浅。因此，她不赞成要求理论一刻也不脱离实践，要求理论即时回答实践提出的每一个问题，而指出理论与实践发展的非同时性，更不赞成用应用理论的价值反对基本理论研究的价值。换言之，

① 叶澜.“新基础教育”内生力的深度解读［J］. 人民教育，2016（Z1）：33-42.

② 与此相应，具体表现为“入地扎根、读懂转化、主体融入”等特征，参见庞庆举. 论“新基础教育”理论的实践影响力［J］. 中国教育学刊，2017（6）：6-10.

她反对将应用性作为好理论的重要标准。

> 第三，共同参与变革实践，形成共生经验是“理论·实践”实现双向转化和渗透的基本保证。双方都要学会相互尊重与倾听，在碰撞与交流中逐渐形成共识；双方都要保持对自身缺失的敏感、学习、体验与完善；双方共同反思、总结、交流、分享，创生的新经验与新理论，才能实现交融。①

在这里出现的“共同”“共生”“共识”和“交融”等，都是叶澜对理论与实践的互动性质、互动过程和互动结果的理解与认识的关键词。通过这些性质，扭转了传统实践哲学理实观研究中普遍存在割裂和静态痼疾的局面。

（三）理论适度先行论的独特价值

理论适度先行创造了一种与西方“行动研究”相区别的独特研究方法。从方法论的视角看，它来源于研究中出现的新问题。“因为我们面对的是新形势下的新问题，研究的任务是想构建新观念体系和新学校模式，不可能在不做理论研究的情况下，完全依靠教师凭个人的经验与直觉去创造。这是本研究与一些西方‘行动研究’强调教师个体按自己的理论去实践的研究方式的一大区别。”②

这一理论的独特作用，首先体现了以理论为业的大学专业研究人员在理论与实践关系建构中，所应发挥的不可替代的作用：提供教育变革所必需的新理论参照系与思维方式。这也是成为专业理论研究者所应承担的责任。“关于教育变革的研究，无论是关于变革何以必须，还是关于变革指向何方、如何开展的回答，都需要进行理论探讨。作为主动提出项目的专业工作者，

---

① 叶澜.“新基础教育”内生力的深度解读［J］.人民教育，2016（Z1）：33-42.

② 叶澜.大学专业人员在协作开展学校研究中的作用［J］.中国教育学刊，2009（9）：1-7.

不可能推卸这个责任。没有这方面的理论研究，连研究问题、研究设计都不可能提出。可以说，相关的理论研究及其质量，是项目能否形成和具有意义的保证。”①

其次，由理论需要而来的理论先行，对新型教师具有特殊作用。从对教师队伍的要求看，“新基础教育”要求在研究中形成富有创造智慧的新型校长和教师，并通过他们培养新人。新型校长和教师的创造智慧，不仅需要实践智慧，也需要理论智慧。理论智慧可以为实践者提供强大的理性支撑，为其实践智慧提供理性依据。其一，理论研究先行，为教师认识当代世界和我国社会发展与教育改革之必要性和必然性，提供了坚实的理性依据，使教师对学校教育改革必要性的认识不再囿于经验的范围，增加并明晰教师对社会背景和发展趋势的认识，有助于提高参与改革的自觉性。其二，理论研究为教师提供了在日常工作实践中进行改革的基本原则与思路，通过理论出实践原则，出实践思路，进而推动实践智慧的生成。

叶澜指出，必须破除这样一种根深蒂固的观念：教育实践工作者的主要任务只是行动，只要照着领导的指示或者理论工作者的设计行动即可，似乎思考与他们无缘，他们的工作范围被限定于所谓“实操”。事实恰恰相反，教育实践家们不仅要行动，而且要掌握基本的教育理论，有自己的教育信念，更要研究教育行动的理论与哲学，这是与教育理论家研究领域很不相同的领域，然而却是在教育领域中“精神变物质”十分重要的一步，也是促使教师成长为成熟型、专家型教师最关键的一步。

所以，理论是教师自觉更新实践的认识基础。理论的可靠性，能够有效降低教师日常实践和变革实践的纠错成本。与此同时，教师对理论的学习将成为教师主动变革的动力。在叶澜看来，中国的教育变革之所以在实践层面遇到种种推进上的困难，并非理论无法带来真实的变化，而是因为中国缺乏

① 叶澜. 大学专业人员在协作开展学校研究中的作用［J］. 中国教育学刊，2009(9)：1-7.

适切的本土理论以及理论的深度不够。理论的引入能够帮助教师打破其在以往的教学中所依循的传统教学方式的束缚，产生和试验新的想法，形成教师主动变革的动力。

二、研究性变革实践论

如果采用一个概念来说明教育理论与实践的内在关联，那就是“研究性变革实践”。这一概念仍然来自“新基础教育”，显然，连接的桥梁在于研究。

（一）研究性变革实践论的生成过程

最初，研究性变革实践是作为学校变革的一条路径来定位的。“当代中国新型教师队伍的建设只有在学校变革的实践中才能最终完成。也只有学校实践，才能使上述教师的综合素养，转化为真实的教育力量，转化为教师新的行为能力、习惯与专业生存方式……‘新基础教育’研究将可能对教师转型产生积极效应的基本途径称为学校中的‘研究性变革实践’。”① 再如：从研究的基本路径看，“新基础教育”是通过“研究性变革实践”来实现新型学校的创建。“研究性变革实践”，是“新基础教育”研究中的一个专用名词，它区别于国外非常流行的“行动研究”。②

但实际上，“研究性变革实践”的意义不止于此，它同时也是教育理论与实践发生内在关联的基本路径。“25年的改革研究之路，不是一次性设定之路，而是不断探求，实现阶段式推进，在整体的意义上、从理论和实践两个方面持续深化和具体化的过程，是不断有发现、创造和欣喜的研究之

① 叶澜.“新基础教育”论——关于当代中国学校变革的探究与认识［M］. 北京：教育科学出版社，2006：365-366.

② 王建军，叶澜.“新基础教育”的内涵与追求——叶澜教授访谈录［J］. 教育发展研究，2003，（3）：7-11.

路。”[①]这条研究之路是由教育理论研究者和实践工作者共同走出来的，它因此将研究的责任和任务，从理论主体拓展到实践主体，使研究变成实践主体日常实践的一部分。

（二）研究性变革实践论的核心思想

就其内涵来看，叶澜提出的“研究性变革实践”，是一种内含着变革理论并将其贯穿全程的实践方式。它是始终渗透着研究意识、研究态度、研究能力、研究习惯和理论内涵，以实现教育变革和教师发展为内在指向的日常教育实践。同时它也连接了两类主体：在研究的过程中，研究人员与教师共同创造、持续进行、不断反思、尝试重建，参与到具有生成新型的实践和理论这种内生力的变革实践中。正因为如此，研究性变革实践实现了多重的沟通与转换：现实与理想、理论与实践、目标与结果、教育专业人员与实验教师，以及每个参与者作为个体的内在理论与个人实践的更新与转换。对不同参与者而言，这一更新与转换的过程，也是成事成人的过程。

“研究性变革实践”之所以成为在教育理论与实践之间沟通与转换的桥梁或中介，与其特质有关。“第一，研究性变革实践是内含变革理论的实践。第二，研究性变革实践是教师超越自己经验的、具有更新指向的实践。第三，研究性变革实践是创生性实践，它指向教师实践中对变革成败原因的分析，且要求在此基础上进行重建。第四，研究性变革实践是将研究的态度、意向和内容，贯穿到实践全过程和多方面的实践。”[②]

这表明，理论与实践通过“研究性变革实践”实现了具体关联。其中

① 叶澜．生命中难忘的25年——关于“新基础教育”研究独特性的感悟［EB/OL］.（2020-11-07）. https：//mp.weixin.qq.com/s/clNT0K9QNsF8CVn-wpubzw.

② 叶澜．“新基础教育”论——关于当代中国学校变革的探究与认识［M］. 北京：教育科学出版社，2006：368-370.

的“变革”具有双重内涵：其一，它以行动的方式连接了理论与实践，换言之，把理论与实践的关联建立在变革行动的过程之中；其二，它的变革指向具有三重性：既是对实践的变革，也是对理论的变革，还是对理论与实践关系的变革。三重教育领域内发生的变革，为理论与实践关系研究奠定了理论内涵。

（三）研究性变革实践论的独特价值

“研究性变革实践”具有成人价值，特别是对作为主体之一的教师来说，尤其如此。“从广义上讲，‘新基础教育’就是要把教师群体组织转化成学习化组织，把个人转变成一个自觉的终身学习者。实践既是学习的践行，又是理论向实践的创造性转化。”[①]这一创造性转化的过程，始于教师观念和认识的变化，再到教育教学的设计和策划的改变，而后到教学实施，最终进入反思和重建阶段，因而它关系教师教育实践的全过程。其中每一阶段都渗透研究性的因素，都有理论的滋养和支撑。“‘研究性变革实践’为变革中的教师发展提供了一种新的思路，教师在‘研究性变革实践’教育理论与教师实践的双向互动中既创造实践、发展理论，又滋养和提升了自身”[②]，且具体表现为价值取向、研究心态、研究方式、思维方式等的多重改变上[③]。

仅以“新基础教育”试验区之一上海闵行区为例，在参与“新基础教育”研究历程中，“一批行走在‘研究性变革’之路上，以‘学生立场’为创造源泉的创造型教师，涌现出来，并辐射引领更多新教师成长起来。‘新

① 叶澜.“新基础教育”论——关于当代中国学校变革的探究与认识［M］. 北京：教育科学出版社，2006：370.

② 岳欣云，董宏建.“研究性变革实践”：教师发展的新思路［J］. 教师教育研究，2011，23（2）：7-11.

③ 李政涛. 交互生成：教育理论与实践的转化之力［M］. 上海：华东师范大学出版社，2015.

基础教育’的精神、气质和智慧已深深扎根于闵行的土壤，融入学校的文化之中，转化为学校转型发展的内生力，这是区域性推进素质教育，实现区域基础教育优质、均衡发展‘生命力’的真实体现”①。

除了助推实践者的成长之外，“研究性变革实践”的成人价值，也表现在助力理论工作者的专业发展上。通过参与“研究性变革实践”活动，在理论与实践的交往互动及转化过程之中，这种实践对理论主体产生了不可低估的影响：“谁只要真实地经历这样的活动，它就会对谁的发展，尤其是自我意识和自主能力的发展产生不可磨灭的影响。”②

首要的提升和转变，是让理论工作者不再自认为高人一等，想当然地视实践为低层次低等类型的存在，而是体验到“实践内蕴的创造力和无比的丰富性，产生扎根实践的内在需要，逐渐养成从实践中提升、形成理论问题和理论能力与习惯，改变对实践缺乏兴趣与尊重，满足于寻找例证式的联系方式”③。更体会到实践之于自身的滋养：“实践对于教育理论研究者来说，具有滋养个人内在理论的价值，而不只是被指导、被改造的对象。”④

如同对实践者的改变一样，“研究性变革实践”对理论工作者的滋养也是全方位的：学术灵感、价值取向、思维方式、研究能力，甚至整体的精神生活，各种生命自觉由此产生——“在这一过程中，我对于中国基础教育改革的理解在深化，对于自己可以承担的社会责任有了新的理解，对于专业研究的力量有了切身的体会，对于自己的工作方式、研究方式，有了更清晰的

① 程丽芳，陆燕琴．在研究性变革实践中实现教师转型发展——基于闵行十三年“新基础教育”研究［J］．上海教育科研，2012（5）：70-72.

② 叶澜．教育概论［M］．北京：人民教育出版社，1991：234.

③ 叶澜．“新基础教育”论——关于当代中国学校变革的探究与认识［M］．北京：教育科学出版社，2006：401.

④ 吴黛舒．对教育理论与实践关系问题的本土反思［J］．教育研究，2004（5）：24-29.

自觉”[①]。诸多滋养都聚合为理论人的素养。“正是通过上述实践尝试，我进一步体会到参与实践研究的状态同自身的素养息息相关：一方面，自身的素养制约着实践研究的品质；另一方面，参与实践研究也给自身带来了成长和发展的效应。我现在更加关注的是参与实践研究对自身素养的提升价值。”[②]

无论是哪一方面的转变提升，都是在与实践人的具体的交互转化中实现的。所谓“具体”，就是有发展的“具象载体”，例如“在规划研制中与校长一起成长”“在机制探究中与实践互生共长”“在指导纲要的撰写中学会指导”等[③]。所有因价值创生而来的收获都是“研究性变革实践”带给理论主体的成长产物，是挑战旧我、改变旧我、生成新我的过程。“在参与‘新基础教育’十五年研究的过程中，其间有我人生经历中的许多‘第一次’。每个第一次对于我而言都是一个挑战自我和改变自我的过程，也是一个实践‘历练’中扎根和理论‘熬炼’中提升的过程，更是一个理论与实践之间双向转化和螺旋上升的成长过程。在一次次‘炼’的过程中形成自我意识，在一次次‘炼’的过程中开发自我潜能，在一次次‘炼’的过程中实现了自我发展的更新和超越。我以自身的成长体验，证明了‘生命·实践’教育学对教育实践改革与研究人员自身发展的价值及其内在关联的存在。如果没有这种扎根于实践的研究根基，就不可能有基于实践的新理论形态的探究与认识，也不可能有基于理论的新实践形态的形成与创造，更不可能有在‘成’转型变革研究之‘事’的过程中实现‘成人’的发展。”[④]

要让“成人”的发展可持续，最终都需转化为能力，这是一种基于“研究性变革实践”的转化能力，即理论与实践双向转化的能力，包括“诊断透析的能力”“重构再造的能力”“沟通对话的能力”“提炼生成的能力”等。[⑤]

①②③④ 叶澜，李政涛，等.“新基础教育”研究史［M］. 北京：教育科学出版社，2010：268；356；407-410；218.

⑤ 李政涛. 交互生成：教育理论与实践的转化之力［M］. 上海：华东师范大学出版社，2015.

这些清晰强烈的成人意识，在实践哲学的理实研究过程中，是普遍缺失的，研究者往往只是把其视为一种事情或对象来研究。

三、贴地式深度介入论

在与实践哲学的对举中，作为叶澜透析方式之一的实践体验式，承接了马克思提出的一系列有关理论与实践关系的方法论原则，例如，人应该在实践中证明自己思维的真理性，即自己思想的现实性和力量，亦即自己思维的此岸性，再如，环境的改变和人的活动的一致，只能被看作并合理地理解为革命的实践，以及广为人传诵的“哲学家们只是用不同的方式解释实践，而问题在于改变世界”。与此同时，又以教育学理论和教育实践的方式，进行了具体践行和特殊转化，从而实现了在教育学语境内的“接着讲”。所谓践行和转化，核心是找到改革世界，特别是改变（教育）实践世界的路径。

在我看来，叶澜通过“新基础教育”，以自下而上的方式，创造性地提出并实践了以“贴地深度介入式”为核心标识的理论与实践的关系实践方式，改变了以往由教育行政部门主导的自上而下的学校变革方式。在“新基础教育”研究推进中，“贴地深度介入式”亦称“深度介入”“主动深度介入”等，在“新基础教育”研究范畴内，等同于“贴地式深度介入”。

（一）贴地式深度介入论的生成过程

这种方式是在大中小学合作中生成的，最初是由合作的一方大学专业理论研究人员主动提出并创造出来的。因此，叶澜最初将其命名为“主动深度介入式合作研究”，并做了如下基本规定。

第一，合作研究的课题由专业人员提出并承担责任。课题的设计也由专业人员提出。这是合作研究专业性的一种体现。

第二，该课题的目标指向中包含教育实践的变革，因此必须与中小学实践者合作才能进行，且可能达成目标。双方合作建立在自愿的基础上。自愿既是大中小学合作的首要原则，也是理论与实践合作关系建构的基本原则。

第三，该课题关涉教育实践变革的目标形成，建立在理论研究的基础上，该目标向实践的转换需要专业人员与实践者在学校实践中的深度合作。

叶澜指出，所谓深度合作，不仅意味着专业人员进入现场，而且要以实践变革合作者的身份参与到实践变革之中，以实现整个研究期望的合作效果或合作目标：理论与实践、专业人员与实践者两个维度的交互创生与发展。她认为，没有专业人员深度介入实践，这一目标无法实现。

由于合作主体的多样性，因此这一目标的指向与内涵也是多重性的，包括形成理论、变革实践、发展主体（指合作双方）等，而且它们之间既相互关联，又存在着区别。可以说，如果没有三重目标的追求，就不需要主动、深度合作。叶澜强调："'新基础教育'研究之所以提出三重目标，又与这项改革研究的提出正值当代中国处于社会转型和教育转型的时期直接相关。改革有需要、有指向，但并无现成的理论，更无示范的'成品'形态，因而无论是理论形成还是实践转型，都只有在变革的实践中通过研究与创造才能实现。而这一变革的实践又要求变革者自身的发展与变化。正是上述三方面不可分割的内在联系，决定了三重目标的提出。所以在一定意义上可以说，正是当代中国社会和教育改革的独特需求，使'新基础教育'研究和'主动深度介入式'研究方式可能出现同步建构。它们同是当今中国变革时代的产物。"①

① 叶澜. 大学专业人员在协作开展学校研究中的作用［J］. 中国教育学刊，2009（9）：1-7.

（二）贴地式深度介入论的核心思想

贴地式深度介入是一种理论者和实践者相互介入，共同进行教育改革实践，共同创制教育理论的新方式。“在研究方式上，‘新基础教育’创造了‘贴地式深度介入研究’。它来自研究者研究态度的转变，把‘旁观式态度’转换为‘置身式态度’。前者把‘理论与实践’作为观察、言说和思考的对象，是站在门外或窗外的静观之思，间或运用已有的相关理论加以评说，显示‘理论逻辑’的力量和尊严。后者则努力将思想者、研究者的生命置于‘理论与实践’的关系现场之中，既有‘改变’的目的意向，更有‘改变’的行为：改变已有的理论与实践关系现状，在改变事务现状、改变他人中改变自身，在改变自身中改变他人、改变实事本身，这是对‘现象学态度’的进一步延伸：回到实事本身的同时，还要努力去改变实事。”①

介入式的研究方式，并非教育学独有，在人类学研究中早已存在。它的特征在于：研究者深入研究对象生存地的生活之中，着力于自身角色由他者式的观察、记录，逐渐转为与研究对象相同的“我”者，用深入体悟、观察等方式，达到对研究对象及其生活的某一或某些方面独特性的了解和深度解释。但这一切并不以改变对象及其生活方式为研究目的，甚至或多或少将这种改变作为一种研究禁忌。

同样是介入式研究，来自教育学领域的“贴地式深度介入研究”与之区别在于，理论者不是旁观实践，也不局限于介入实践，而是改变实践，并且改变研究者自身；其主体既有理论者，也有实践者，是两大主体之间的交互生成。因此，与人类学的介入式研究相区别的是：“我们不仅介入实践，而且与实践者一起为实现改革目标而改变实践和我们自己。我们坚信并自觉在教育研究的实践中践行马克思提出的一系列有关理论、实践关系的方法论原则。”②

① 李政涛．什么是“新基础教育”研究［J］．中国教育学刊，2017（6）：1-5.

② 叶澜．略论“新基础教育”研究之路的若干特征［J］．基础教育，2011，18（2）：5-14.

这种深度介入不是“自上而下”的，而是“自下而上”的，由教育理论工作者和教育实践工作者合作展开，它以“新基础教育”为代表，创造性地提出并实践了以“贴地式深度介入”为核心标识的大中小学合作研究方式，改变了以往由教育行政部门主导的“自上而下”的学校变革方式。这种研究方式，带来的不只是教育实践领域的变化，而且为教育研究带来新气象，从而形成了独特的贴地式深度介入的教育研究特征。其一，秉持坚定的教育学立场：努力揭示教育作为一种特殊社会实践活动过程的特殊性，始终坚持对学校教育的整体把握，始终坚持对人生命成长的关注。其二，体现两大特性：一是实践研究过程与实践变革过程的统一性；二是方法运用上的具体综合性。其三，突破三种关系：一是理论者与实践者两类主体间的关系有了新发展；二是强调教育理论与实践关系的交互生成；三是注重研究中“事”与“人”间的内在沟通。

无论是什么样的特征，“贴地式深度介入研究”都以理论适度先行为基础，强调理论者与实践者的合作研究，将理论与实践的融通贯穿于合作研究全过程。①

（三）贴地式深度介入论的独特价值

贴地式深度介入研究方式的提出，具有多重独特价值。

其一，意味着“态度”的转变，即研究者研究态度的转变，把“旁观式态度”转换为“置身式态度”。前者把理论与实践作为观察、言说和思考的对象，是站在门外或窗外的静观之思，间或运用已有的相关理论加以评说，显示理论逻辑的力量和尊严。后者则努力将思想者、研究者的生命置于理论与实践的关系现场之中，既有“改变”的目的意向，更有“改变”的行为：改变已有的理论与实践关系现状，在改变事务现状、改变他人中改变自身，

---

① 伍红林. 论“深度介入”式的教育研究［J］. 高等教育研究，2009，30（3）：68-73.

在改变自身中改变他人、改变实事本身，这是对“现象学态度”的进一步延伸：回到实事本身的同时，还要努力去改变实事。①

其二，意味着“主动”。即在合作过程中，代表理论的大学专业研究人员的“主动”。叶澜同时强调，专业人员在合作研究中的主动，并不必然造成实践者的被动。即使这种实践者被动状态在有些合作研究中是存在的，并不能由此就得出双方的关系只要有一方为主动，另一方必为被动的推论。探索、创造、研究的双方都可在主动意义上形成复合的主体式的合作研究关系。

这恰恰是“新基础教育”研究中的着力之处。因为“新基础教育”要在变革中形成的人是自觉的变革者，这是被动参与者不可能实现的目标。叶澜还特别强调，复合主体和自觉变革者的形成不是一蹴而就的，而是一个复杂的过程。过程中双方不可避免地会因原有的差异而产生分歧、摩擦甚至抱怨和对立。然而这是丰富过程的现实构成，是推进双方变化，并在变化了的双方的基础上，形成具有内在相通、互补、互生意义上的复合主体的重要实践力量。

其三，意味着“促进”。专业人员的深度介入，并不等于代替实践者。深度是指其对实践的介入程度、影响力达到的深度以及在变革过程中交互作用的深度。它与代替远非同一概念。与可能产生的误解恰恰相反，深度介入不仅不是代替实践者，而且是为了促进实践者成为智慧、自主的教育实践的创造者。②

其四，意味着“立场”，即“教育学立场”。叶澜一直倡导这一学科立场，其宗旨之一，在于努力揭示教育作为一种特殊社会实践活动过程的特殊性，其根本在于育人成人。它体现了“深度介入式”研究与人类学介入式研究的重要区别：不仅介入实践，而且与实践者一起为实现改革目标而改变实践和我们自己。

---

① 李政涛. 什么是“新基础教育”研究［J］. 中国教育学刊，2017(6)：1-5.

② 叶澜. 大学专业人员在协作开展学校研究中的作用［J］. 中国教育学刊，2009(9)：1-7.

其五，意味着“过程”。无论是介入之深度，还是“贴地”，都与过程有关，“深度介入式”教育研究以“理论适度先行”为依据，并在先行的基础上，通过“学习研究（形成新认识）—策划设计（新认识转化成新方案）—实践反思（新方案转化为新行动，发现新问题）—重建创生（形成新经验，产生新资源，达到新思考）”的持续循环，理论者与实践者合作开展实践研究（综合研究、专题研究等）、研讨（定期、中期评估与普查等）基本环节及进行学校日常化的研究性变革实践等方式来实现理论对实践的全程、持续、深入的渗透。①

四、交互生成论

无论对于叶澜还是对来自“新基础教育”的“生命·实践”教育学派而言，“交互生成”都是一个极其重要的概念与观点。它在教育理论与实践之间建立了交互的关系，进而赋予了两者以生成性。

（一）“交互生成”的基本内涵

“新基础教育”先后经历了探索期、发展期、成型期、扎根期与生态期等不同阶段。其中，发展期是交互生成论形成的起始环节。叶澜曾经回顾道：“自‘发展性’阶段2000年始，我们把当时‘新基础教育’研究分布在六地的团队联结起来，称其为‘共同体’。关注团队每个成员在研究中的自我超越与成长，关注研究中两大主体群之间理论、实践的双向互化与交互生成，逐渐成为“新基础教育”研究者在实现自我发展意义上的一个新传统。”②

在“新基础教育”的发展性阶段，交互生成的地位和作用是突出的，它

① 伍红林. 论“深度介入”式的教育研究［J］. 高等教育研究，2009，30（3）：68-73.

② 叶澜.“生命·实践”教育学派——在回归与突破中生成［J］. 教育学报，2013，9（5）：3-23.

通过推进教育教学领域研究内容的拓展和经验的扩充、丰富，用大量新的具体实践和鲜活的案例，促进理论的进一步发展，进而用丰富了的理论进一步提升经验，形成有改革实践支撑的新理论系统和有理论内涵的新实践形态。同时，以理论与实践双向互动的方式来实现研究本身和教育共同体成员的主动发展。可以说，这是“发展性阶段”之发展的实质，它将“深度介入式”研究推进到了以理论与实践积极互动、双向构建为重点的阶段。

交互生成的过程是理论与实践之间的相互转化，那么这种转化是否可能？何以可能？这是需要提前说明的问题。理论与实践的关系历来被认为是割裂的，在“新基础教育”改革过程中，叶澜看到了教育理论与教育实践之间相互转化的可能性，认为两者之间的关系是共通的。

之所以说两者的转化是可能的，就是因为其内在关系不可分割。从正面来说，教育理论与教育实践关系的内在性，首先是表现在相互依存和促进上，除冲突、差异外，还存在着内生的一致性：两者都是因满足人类社会的延续和个体的发展需要而生，教育实践专业性需求的提升，需要教育理论提高对实践的支持、建构等专业水平。而理论对实践问题的透析和批判，对影响人的发展之教育力量的深度揭示，对人类个体未来发展可能理想的有依据的理论建构，都能成为推进教育实践发展不可替代的理论力量，并且有可能有条件地逐渐转化为真实的实践。此外，两者的内在一致性，还表现在理论与实践在每个实践者、理论者主体自身的内在意义上的一致性。

既然理论与实践之间的交互生成是可能的，接下来的问题则是，如何建构起有利于交互生成的环境？交互生成是一种理论与实践的双向建构，所以在讨论交互生成的实现条件时：一方面是从总体上考虑其实现需要的共通条件；另一方面是从其内在的转化逻辑来看，理论转化为实践、实践生成为理论两个路径分别需要的条件。

以“交互生成”为基础，叶澜先后从不同角度诠释了理论与实践关系的特殊内涵。

1.“双向性”关系

即“双向关联性”，它与已有研究及其表述的单向性，或者说双向性的缺失，相对应。例如，“理论联系实践”这一常用话语方式或表述方式，潜藏着三种预设：其一，“已成预设”，理论与实践是分别的已存在之物，背后由不同的主体把持；二是“等级预设”，理论高于实践；三是“单一预设”，联系的指向是单一的，只是需要理论去联系实践。“交互生成”的提出，首先就是为了打破这些根深蒂固的前提预设：理论与实践不仅是已成之物，也是待成之物或将成之物，是需要不断在交互中生成之物；理论和实践是平等的，不存在谁高谁低的层次划分；相互或双向联系的理论和实践的关系，才是最理想的关系。

2.“互动性”关系

它试图打破原有理实关系的名词性或静态性特征，转而变成动词性或动态性的关系。这种互动性依然是双向性的，是一种双向互动。这一观念的提出，是一种对马克思主义实践哲学的继承与发展。马克思主义把哲学的任务定为不只是说明世界，而且是改变世界，更深入地说明了理论的实践价值，并对怎样的理论才能具有实践价值做了限定，指出应把“改变世界”作为马克思主义哲学理论观的特质来理解。同时，“实践是检验一切真理的标准”的定论，又在探讨真理的意义上，突出了实践对于理论的重要意义，但似乎尚未深入到双向互动的层面。交互生成论的提出，则是对双向互动的进一步凸显与强化。

3.“转化性”关系

这是一种对于双向性、互动性的具体方式的表达：以转化的方式，实现理论与实践的双向关联和双向互动。叶澜从人类认识发展历程的角度，描述了这种双向转化的方式。她发现，就人类认识发展的历程来看，实践的确是源泉。实践的积累生成经验，从不同角度与层次，以不同的分析单位与尺度，在不同抽象水平上对经验做出的分析、概括与提升，不同层次与水平的理论与学科知识，就是在这样的基础上形成和发展的。这些理论、知识通过各种方式的传播，又反过来影响人的实践内容、范围、方式、方法，反向改变人的实践、经验。理论与实践的相互转换依此循环往复，且因转换而实现人类社会实践的变化与发展以及人类认识、知识和科学的变化与发展。

4.“层级性”关系

清晰强烈的层级意识，是叶澜“理实观”的明显特征之一，也是区别于已有研究者的特色标识。既然理论与实践的关系是双向性和互动性的关系，那就必然存在着过程性，包括理论与实践是如何双向作用的、理论与实践是如何双向转化的。两者结合起来，关系到理论与实践关系实践的全过程，而这个发展过程具有鲜明的层级性。

就第一个问题而言，叶澜主张，必须先弄清理论怎样反映实践。并不是所有的理论都在同样的水平上反映实践，大致可以分为三个水平。第一级水平是正确描述实践本身。描述使实践状态转化为符号状态，并以与实践主体相脱离的方式存在。描述的对象可以是实践的过程，也可以是具体的方法、手段等。它对于理论的作用是为之提供“凝固”且“符号式”的事实依据。第二级水平是对实践的解释与说明，以揭示实践中的因果关系为主要任务。尽管它已进入理论形态，但还是对具体实践因果关系的说明与解释。第三级水平是对某类实践规律的揭示。它使理论呈基本原理或基本理论的形态。理论的抽象度越高，而且只要是对实践的正确抽象，对实践就越具有广泛和深刻的指导意义。相反，越是具体经验型的描述，其可能产生影响的范围就越小，程度也越低。

理论反映实践的三个水平层次表明，我们不能用一种标准来要求理论对实践的指导作用，更不能用某一层次理论对实践的价值来否定另一层次理论的指导价值。例如，有的批评者认为，教育的一般原理不能直接指导学校实践，进而指责原理研究脱离实践，没有意义。这实际上犯了用应用理论的价值反对基本理论价值的错误。反之，也同样不正确。

反过来，实践对理论的作用同样可分为几种不同的水平。第一级水平是例证式的，即实践为理论提供例证，加强理论的可靠性和说服力。这在理论尚处于假设状态时，具有特别重要的作用。第二级水平是为理论的形成和发展提供基础。如实践提出新的、重要的、迫切需要解决的问题，提供新的事实与相关的经验等，经过一段时间的积累，理论就有可能在较为丰富和全面的实践基础上经过分析、抽象与概括而产生、发展。在此，实践扮演着推动理论发展的角色。第三级水平指实践起诱发灵感和启智的作用，是思想火花、新思路的引爆机制。由此带来的结果是理论的突破性进展。

就第二个问题，即“理论与实践如何双向转化”来看，叶澜重点探讨了转化需要哪些条件。她着重以“理论怎样转化为实践”为例，认为理论转化为实践，至少需要符合两个基本条件。一是主体一致或沟通。理论向实践转化，必须以两类主体的一致或沟通为条件。只有双方都做出努力，转换才成为可能。二是理论必须形成通向实践的中介层次，目的是要转化为可应用、可操作的状态，要形成能直接作用于实践的物化工具、手段与程序等载体。叶澜特别提醒：“对原理类理论来说，这种转化特别重要。一种新的教育思想，要转化为切实的教育实践，就必须转化为学校设施、结构、管理原则与组织结构、教学计划与课程、教学及其他一切学校教育的实践行为，不然，就始终只是理论，与学校实践可以不相干。”[①]

叶澜的如上分析，充分说明了理论与实践关系问题的复杂性，同时以此方式改变了以往相关研究要么责怪或要求一方依附于另一方，要么不分层次、不讲条件、不加区分、笼统地强调统一等思维惯习。

---

① 叶澜. 教育研究方法论初探［M］. 上海：上海教育出版社，2014：160-164.

除此之外，就理论与实践的沟通与转化本身而言，叶澜围绕着“教育理论与教育实践的接触、转化的深度”，对两者之间的沟通也进行了创造性的层级划分。

一级：通过聆听、观察等实现沟通。沟通的方式多种多样：随机或有意识组织、直接面对面或间接对话等。这一阶段的作用是为两类主体的沟通增进相互了解，进而建立信任与合作的基础。

二级：主动而有意识的沟通，能合作，但双方出于不同的内在需要而目标不同。或者其中一方的内在需要强度不足，形成结构与结果非对称性的变化与收效。

三级：双方具有共同目标的合作研究，合作者共同参与变革研究实践全程。到了这个阶段，两类主体开始具有共同话语，形成共生经验，产生交互生成、双赢共长的深度、持续效应。

叶澜指出，三个级别的区分是为了说明，两者内在的关联只表明交互作用产生的可能性；但交互作用的真实发生，是研究者双方出于内在目的或需要，即以教育实践和教育理论的改进、发展为目的，而非以工具性的外在目的为基础，通过真实进行的交往、沟通与合作才可能实现。双方合作目的的一致性程度、交往沟通的深度、有无共生经验和共生经验的质量，以及在推进理论与实践发展中的双向生成效应，是理论与实践合作质量与效益的决定性因素，也是可衡量的指标。教育理论与教育实践的结合，不是通过理论说明、行政命令或外在刺激等所能完成的，它只有在合作的过程中，才能呈现其价值，创造出唯有深度合作才能达成的效果。

（二）“交互生成”的基本条件

1. 共通条件

要想在理论与实践的互相建构中实现转化生成，无论是理论主体还是实践主体，都要在互相转化之前达成一些共识，以创造交互生成所需的环境。叶澜就此提出，在当前的中国，正在经历一场在深刻社会转型背景下，充满着不确定性甚至风险性的教育变革，它对研究提出了双重要求：既要求理论工作进行理论研究与学术自我更新，也要求学术研究为改革实践提供必要的支持，提供实践主体新的参照系，剖析实践行为背后隐藏的诸多观念误区，改变原有的观念和行为习惯；通过理论因素的渗透，改变实践主体的思维方式和促进自我发展的需要等。其目的和结果是："形成教育理论与教育实践之间关联互动、相互生成的制度与机制，做出政策支持，促进双赢的积极关系的建立。"① 当然，达成此结果并不能一蹴而就，需要多方面的条件作为支撑。

条件一：理论和实践双方要有主体意识和转化意识。

在现实中，难以实现理论与实践的交互生成的原因之一，在于理论主体与实践主体的关系是冷漠的、割裂的、各取所需的、互不相关的。"最简单、但并不能产生合力的方式是各做各的、各取所需，关系只是在认识的意义上成立，并不体现在改革的现实之中，也难以成为推进改革的真实力量。现实中较普遍的寻求合力和互济的方式是：实践者运用或希求理论提供模仿的范例或指导行为的操作模式，理论者期望实践中提供可支持其理论的案例或可观察、可分析的现象、活动，作为研究对象。"②

这种关系下的理论与实践双方就不能够实现相互交融、相互创生。这就要求双方要有强烈的主体意识和转化意识。"在一个高速变化的时代，谁还抱残守缺，不思对现状的变革，不思未来发展的需求和趋势，不思自身对变化适应性的提高，那就必然被时代淘汰。变化要求人能用发展的眼光、用明天的要求来看今天，促进今天的变化，而不是用停滞的、昨天的眼光来看今天，满足于已有的一切。这必然要求人发挥自己的主体性，以适应时代变革

① 叶澜. 千舟险过万重山——改革开放30年中国基础教育发展研究概述［J］. 基础教育，2009，6（1）：3-6.

② 叶澜. 略论"新基础教育"研究之路的若干特征［J］. 基础教育，2011，8（2）：5-14.

的需要。”①

条件二：共同参与变革实践，形成双方共通的内在经验。

叶澜不止一次强调了理论主体与实践主体共同参与创造性变革实践的重要性。她认为，外部强加的目的和经验是不能够被内化的，只有双方进行了碰撞和交流，才能够达成共识，明确共同的内在目的，形成共同的内在经验。这种基于共同参与的变革实践所形成的共生经验，是理论与实践实现双向转化和渗透的基本保证。它需要双方都学会相互尊重与聆听，在碰撞与交流中逐渐形成共识，同时，双方都要保持对自身缺失的敏感、学习、体验与完善，共同反思、总结、交流、分享，创生的新经验与新理论才能实现交融。

同时，在“新基础教育”研究的过程中，叶澜也强调了共同合作的内在关系的重要性。“要使理论与实践能够交互生成、相互转化，就一定要有共同合作的创造性、研究性实践。只有在这样的实践中，才会形成双方的共有经验，才有可能建立起两类主体相互依存、相互滋养发展的新型的内在合作关系。没有这样的内在关系，再好的理论、理想都难以转化为真切的现实。素质教育也不例外。”②

条件三：建立起理论与实践沟通的机制。

叶澜认为，在实际的交互生成过程中，理论主体与实践主体会面临诸多问题，需要通过交流来达成共识，即理论与实践之间的转化是以沟通作为基本途径的，只有进行沟通，才能实现理论与实践的共生，形成一个坚固的共同体。“在教育理论与教育实践间有着一个巨大的裂口。它暗示着对问题答案的寻求，就是为了在断裂处架设起一座沟通两岸的‘桥梁’。”③

① 叶澜.“新基础教育”论——关于当代中国学校变革的探究与认识［M］. 北京：教育科学出版社，2006：201.

② 叶澜. 略论“新基础教育”研究之路的若干特征［J］. 基础教育，2011，18(2)：5-14.

③ 叶澜. 思维在断裂处穿行——教育理论与教育实践关系的再寻找［J］. 中国教育学刊，2001(4)：1-6.

在叶澜看来，理论研究主体与实践主体沟通或一致，对于两类主体都有重要的成人价值。对实践工作者来说，这是一个学习的过程，也是对原有的实践方式和理论进行自我改造的过程。这种改造有时涉及的不只是认识与观点，还包括教育信念与思想方法，实在不是容易的事情。对于理论工作者来说，这是一个宣传自己观点，使之普及到相关人员头脑中去的过程，这同样并非易事。

条件四：构建多方合作的协同机制。

在具体的实践过程中，落实到学校改革，单单依靠一方是行不通的，许多问题不能只依靠学校或理论工作者来解决，还要多方形成一股合力，由多个主体共同参与到变革中来，形成一种多方合作的协同保障机制。它表明，实践性的试验能否成功，不仅取决于研究人员提出的方案、方法、理论的合理性和完整性，而且取决于学校领导对试验的具体支持和投入程度，更取决于参与试验人员的自觉性、动机、积极思考和学习的愿望，以及思维方式和行为方式的可改变性、创造意识和能力等。同时，它还受制于学校所处社区领导的关心与支持、家长的支持和家庭文化背景等。

2. 理论转化为实践的条件

在“新基础教育”的实践过程中，叶澜梳理与分析了理论转化为实践至少要具备的两个基本条件：“第一是理论主体与实践主体沟通或一致；第二是理论必须形成通向实践的中介层次。”①

在“新基础教育”的研究总报告中，她进一步概括出促进转换生成的四个条件：“教育改革试验需要研究人员持久努力；创造中国特色的面向21世纪的新教育需要探索性研究；大型探索性研究需要多方合作；试验的复杂性和综合性需要在研究方法上创新等。这些已经基本包含了理论作用于实践所

① 叶澜，李政涛，等.“新基础教育”研究史［M］.北京：教育科学出版社，2010：63.

需要的基本条件。"①

条件一：理论主体的创造性与时代眼光。

叶澜主张，理论要适度先行，要有一定的前瞻性与创造性，要在时代的浪潮下看到社会的、学校的、教师的、学生的需求。其本人的生命实践历程，就是一个具有时代前瞻性的体现。"如果要问，充满'虫蛹'之'真菌丝体'破蛹而出的最后冲力来自哪里？我的回答是，它来自对实践智慧的真切体悟，来自对时代精神的强烈感受，来自对教育中生命价值的猛然觉醒。"②

她认为，理论研究者应该有自己的创造性眼光，形成贴地式的真切实践经验与理论创生。真正的创新和原创，要求研究者真正用自己的眼光去看、头脑去想、心灵去感受和体验真实发生着的教育世界的变化，用自己的智慧和实践去探索教育实践和教育理论的发展。

在"新基础教育"改革的过程中，叶澜还提出了研究团队的转身，认为不能让实践工作者形成对理论工作者的依赖，影响实践工作者自身创造性的发挥。

> 正式揭牌的华东师范大学"新基础教育"研究中心开始运作。我们进入了以基地学校校本独立推进、深化"新基础教育"的扎根研究阶段。华东师大研究中心的成员不再以原课题组的合作方式进入学校，而是以支持者的方式，当学校有"求"之时再介入。目的是提升学校自主、自动开展变革研究的能力，将"新基础教育"的变革精神与理念、思维方式与改革策略等系列成果之根，真正扎到学校每一天的日常生活之中，扎到教师的心中，扎到学生的成长之中。这也算是一次"转身"，但它不华丽，而是重心的转移，是再一次更为有力的"主体转身"。③

① 叶澜."新基础教育"探索性研究报告集［G］.上海：上海三联书店，1999：2-43.
② 叶澜.方圆内论道：叶澜教育论文选［M］.北京：中国人民大学出版社，2019：19.
③ 叶澜，李政涛，等."新基础教育"研究史［M］.北京：教育科学出版社，2010：84.

条件二：理论研究主体与实践主体沟通或一致。

关于理论与实践相互转化的问题，叶澜着重分析了理论怎样转化为实践这一方面。她时常感受到，教育理论研究总是受到这样的批评：理论虽好，但不解决实际问题，因此理论研究并无价值，或者说意义不大。在她看来，这种论断反映了批评者对理论转化为实践的必要条件缺乏认识，只是简单地认为，只要是好的理论，就应该能自然地解决实际问题。

在“新基础教育”的探索性阶段结束后，她发现，理论可以转化为实践，但理论不会自然转化为实践；教师可以学理论，进而提高自身的理论水平，但不是仅靠读书和记背来提升。作为研究者的教师，只有让理论介入自己的实践中，并用新的理论框架对实践进行反思，反思之后要做出重建，重建以后教师再实践，逐渐形成自己的观点，且会有新的创造，才可能真正体会到理论的价值，也才会真正提升自身的理论水平。

因此，要想实现理论到实践的转化，还是要在理论主体与实践主体之间架起一座沟通的桥梁。

条件三：理论必须形成通向实践的中介层次。

如前所述，在持续探索的过程中，叶澜发现了理论与实践关系中的中介层次的缺失。从整体上看，她认为，要想实现理论到实践的转化，就要形成理论通向实践的中介层次。一种新的教育思想，要转化为切实的教育实践，就必须转化为学校设施与结构、管理原则与组织结构、教学计划与课程、教学及其他一切学校教育的实践行为。这一维度的出现，与“新基础教育”改革实践的广泛开展紧密相关。

这种中介层次在不同的学科中可能表现为不同的形态。“如在生产实践中，可能表现为技术，技术可以物化在生产工具中，又可以转化为一系列的新工艺、新程序；在管理实践中，可能表现为一系列新的制度、法律、法规，新组织构建的原则和新运行机制的设定，也可能表现为一系列有关人际交往的技能、技巧的规定。总之，理论要转化为可应用、可操作的状态，还要形成能直接作用于实践的物化工具、手段与程序等载体。对原理类理论来说，这种转化特别重要。一种新的教育思想，要转化为切实的教育实践，就必须转化为学校设施与结构、管理原则与组织结构、教学计划与课程、教学及其他一切学校教育的实践行为，不然，知识理论就始终与学校实践可以不相干。一种好的或者说有价值的新理论形成后，并不会自然转化为社会实践，要通过有意识的努力才能做到。这不但告诫了理论工作者，也告诫了批评家。理论与实践之间的中介层可以由理论工作者来构建，但未必一定要理论工作者承担此任务。与这个中介层对应，需要有一批专门从事这类转化工作的研究人员。所以，对我国来说，要真正做到教育理论与实践相结合，建设应用学科和应用研究人员队伍也成了一个必需的条件。”①

在探索理实转化的中介过程中，叶澜特别将个体加入研究对象中。她认为，理论在现实中有两种不同的存在形态：一种为群体所共有的普遍形态，它脱离于产生理论的主体，以文字、各种符号形式存在；另一种为个人或部分特殊群体所拥有的私我和局部形态，其中包括个体因学习而内化的个人理论。个体内在理论的后一种状态，虽然是理论的一种原始形态，它在没有文字记载的社会中已经存在，但即使在今天的信息社会中，这种形态依然广泛存在。个体内在理论与每个人的认识和工作、生活实践息息相关，并成为促进个人发展，形成新的共有普遍形态理论的生生不息与丰富多彩的资源。忽视后一种形态理论的存在，不仅导致理论发展资源的缺失和个人发展的停滞，而且会造成理论僵化、单一化，并导致自以为掌握理论的、唯我独尊的、霸权式理论权威的滋生。

从个体的视角看，在与大量教师和研究人员的直接接触中，叶澜体会到：“个体内在的理论与实践行为之间的关系，是不可分割和互为依据的，它不同于个体的言与行的关系。言与行可脱节，言可违心，行可掩饰，言行关

① 叶澜．回归突破：“生命·实践”教育学论纲［M］．上海：华东师范大学出版社，2015：142-143.

系的表现态和造成某种表现态的原因十分复杂。但个人内在理论与实践的自然态、持续态、日常态则是内在统一的。”①

正是在这个意义上，个体层面上内在理论与实践的关系，是作为外部存在的理论与实践两大领域之间沟通、转化必不可少的中介。她因此呼吁，教育改革的理论不进入到教师个体层面，不实现教师个体内在理论的重建与实践行为的更新，就不可能产生真实、持久的效应。

条件四：需要一支专业研究团队的持久努力。

专业研究团队的研究人员在理论对实践的作用上发挥着至关重要的作用，没有专业人员深度介入实践，交互生成就无法实现。叶澜强调，专业人员有两个不可替代的作用：提供教育变革所必需的新理论参照系与思维方式；推进研究过程中理论与实践的相互转换与交互生成。“在‘新基础教育’研究中，我们尝试的专业人员深度介入的合作研究，在打破实证主义研究传统的局限、重新认识教育研究及教育研究中理论与实践的相互关系上，具有积极意义……专业人员的选择首先表现为专业人员对所从事的教育研究性质的认识，它是主体决定研究意向的重要依据。如果认为自己从事的研究应该且只能是理论的，进入教育实践、试图用研究去改变实践是‘不务正业’，显然不可能与中小学教师开展合作研究，实践最多成为研究中被遥望或批判的对象。研究者承认合作研究中两类主体沟通的可能与必要，在理论与实践关系的认识上较之前者向前迈进了一步，但若将研究性质定位于解释或描述，就难以进入以教育改革为目标的合作研究中。”②

有了一支专业的团队只是第一步，真正的考验在于多年如一日的坚持与努力。“回顾、反思、提炼4年多试验的全部实践，我最深切的感受是：学校可以成为孕育人精神生命的‘宝地’，也可以成为扼杀人精神活力的‘屠宰场’。我们的试验就是探索如何使学校教育真正成为创造人的精神生命的

① 叶澜．“新基础教育”研究引发的若干思考［J］．人民教育，2006(7)：4-7.

② 叶澜．大学专业人员在协作开展学校研究中的作用［J］．中国教育学刊，2009(9)：1-7.

实践，而这项改革必将涉及学校文化最普遍又最深入的层面，即学校里师生的基本生存方式，所以十分艰难，只有持久努力才会见效。”①

条件五：基于采用复杂性与综合性的研究方法上的反思与重建。

研究方法本身是复杂的、综合的，我们不能也不应该完全采用某种简单的方法，包括近年来开始盛行的实证研究方法。叶澜着重指出，对实证方法的崇拜本身已表现出方法论上的偏差，任何研究的价值从来不纯粹由方法决定，即使是实证方法的运用也不能离开思辨，连实证方法本身也是思辨的产物。

在“新基础教育”的实践中，叶澜及其团队逐渐形成了一套综合性研究的方法，即“事先设计、创新实践、整体观察、及时反馈、补充修正、概括提炼、交流推广、学习研讨”等与学校教育实践密切结合的方式方法。

3. 实践生成为理论的条件

与理论转化为实践相比，这一反向转化过程所需要的条件，也有其特殊性。

条件一：理论需要实践基础和实践构成。

通过已持续近30年的“新基础教育”实践，叶澜深切感悟到，无论是它的理论还是实践，都不是凝固不变的，而是不断生成的。“新基础教育”研究是共同体成员一起不断丰富、不断发展、不断创造的过程。对每个人来说，都需要主动地参与这个过程，都需要持续不断地反思，都需要投入和重建，它是研究者不断地改变自己，同时发展“新基础教育”的理论和实践的持续创生过程。

条件二：实践到理论需要自我更新与重建。

在逐渐经历新的教育认识和理论的形成过程中，叶澜日益意识到，不仅

① 叶澜.“新基础教育”探索性研究报告集［G］. 上海：上海三联书店，1999：2-43.

从理论到实践需要自我更新，而且从改变了的实践中汲取真源，形成新的观念、概念、命题，或改变、充实、丰富原有的观念，构建理论体系，同样需要自我更新。其中包括诸多极具挑战性的能力，例如，提升抽绎能力、建设性反思能力，以及在理论水平上呈现复杂变革实践的综合、动态变化之内在逻辑的能力等。

这样的自我更新，需要落实到课堂中。“我们意识到，要改变课堂、影响教师，与教师一起创造新的课堂形态，首先需要改变的是我们自己过去认识课堂所遵循的思路、原则与方式。这一改变要从教师职业理想、学生观和教学观的初步重建做起，而这一重建过程，也是我们调整和形成新的课堂教育研究方式的过程。随后，再在研究中用新观念指导实践，再不断地从实践中发现新的问题与经验，生成新的理论，以此形成新理论、新实践和新型教师三方面的创生性互动。”①

与实践哲学语境内的“新理论—新实践”的二维相比，叶澜增添了“新人”，即新教师，从而将两维意义的理实研究推进到了三维层面的理实人研究，这是一个全新的思考框架。

条件三：理论人需要具有对实践的创生转化能力。

这一能力形成的前提：一是打破有关理论与实践的传统预设，如等级预设，不再鄙视实践，不局限于理论的小圈子里自娱自乐；二是真诚投入实践研究中，逐渐养成“实践依赖”“实践意向”和“实践责任”。“愿意并善于与教育实践人员沟通和开展创生性的合作，且能在研究实践中把这样的创生转化为理论形态，再将新的理论形态扎到实践中做出新的创造。他们的专业生命不再因‘理论的灰色’而灰色，却恰因‘实践之树常青’而常青。”②对于理论工作者而言，这种“常青”不仅意味着具有了创生转化能力，也意味着拥有了来自实践变革的持续内生力。

---

① 叶澜.“新基础教育”研究引发的若干思考［J］.人民教育，2006(7)：4-7.

② 叶澜.略论“新基础教育”研究之路的若干特征［J］.基础教育，2011，8(2)：5-14.

（三）“交互生成”的依据与影响因素

1.“交互生成”的依据

没有一种理论观点是无缘无故提出来的。叶澜提出理论与实践应交互生成的观点，其主要依据如下。

其一，教育学研究中教育理论与教育实践的关系是内在关系，不是两个独立领域间的外在关系，如此才有构建的可能。所谓内在，不是从外面硬把两者结合起来。看不到它们内在的关联性，就不能确立教育理论与教育实践具有可以结合的可能性，而且确认只有两者相结合，双方才能发展得更好，即“合则两利”。

其二，教育理论与实践相互转化的可能性。之所以说两者的转化是可能的，就是因为其具有不可分割的内在关系。但叶澜指出，理论与实践两者关系的内在性，只是强调两者之间内在的不可分割性，而不是完全的一致性。理论与实践之间的一致性，是关系内在性的一种表达，但不是唯一的表现形式。不同性质和程度的冲突、矛盾、不一致，是理论与实践发展过程中必然会出现和存在的现象。两者的差异甚至对立的存在，并不是否定两者关系内在性的依据。

叶澜进一步提出，教育理论与教育实践关系的内在性，首先表现在相互依存和促进上，除冲突、差异外，还存在着内生的一致性：两者都是因满足人类社会的延续和个体的发展需要而生，教育实践专业性需求的提升，要求提高教育理论对实践的支持、构建等专业水平。此外，两者的内在一致性，还表现在理论与实践在每个实践者、理论者主体自身的内在意义上的一致性。

其三，理论和实践的双向转化是一个过程，不可能一蹴而就。这个过程既需要双方都改变自己原来的参照系，通过反思发现各自存在的问题，也需要围绕核心问题积极互动，双方都要学会聆听，学会言说，学会辩论，学会沟通，同时，还需要从每天有变化到时常有提升。最后，一定要自觉地再实践。在叶澜看来，这是转化成效持续发展的保证，不能浅尝辄止。一“止”就完，要不断地、持续地寻找新的生长点。

其四，教育理论与教育实践内在关系的存在，需要主体间在不同层级上积极沟通与转化。但无论处于哪个层级，都以两类群体或个体的相互接触、了解的内在需要为前提条件。

其五，理论和实践之间需要深度的关联、互动、生成。叶澜特别指出，“关联”不等于相互代替，尤其是理论工作者不能替代教师上课。两类主体各有其使命与责任，两者的合作是互补关系，更是双向滋养、双向建构的关系，而不是相互替代的关系。

2.“交互生成”的影响因素

影响理论与实践之间交互生成的因素有很多，按整体与个体、外部与内部的标准可以大致分为两种类型：一类是教育学科的成熟程度与社会环境的因素；另一类是理论与实践中个体的不确定性因素。前者属于外部因素，后者多属于内部因素。

> 教育学建构选择基因式理论内核的重大差异，在总体上受时代哲学与科学发展水平、精神思想领域的开放程度和活跃状态影响，同时也与个体研究者在进入教育研究前的学术背景、对时代精神的敏感与把握、本人学术思想的中心问题、基本观念与思维方式、切入教育学研究的驱动力与视角，以及对教育实践本身的接触、了解程度相关。自然，前者是大局、前提性因素，研究者个体对时代性可以认识、把握和阐述，但难以在总体上对其产生影响。①

① 叶澜.方圆内论道：叶澜教育论文选［M］.北京：中国人民大学出版社，2019：25.

叶澜强调，时代的因素不可能直接变成教育学理论，转化要通过研究者本身及其研究实践来实现。因而在同一时代与社会中，研究者对于教育学及其基因的构建，对于教育学发展来说具有直接决定作用。

除了时代因素之外，学科发展与社会环境也是重要的外部因素。叶澜特别提醒，这说明了问题的复杂性。人们对待现实中存在的问题时要持冷静、科学的态度，用辩证分析的眼光，而不是简单地责怪或要求一方依附于另一方，不是不分层次、不讲条件、不加区分、笼统地强调统一。教育理论与教育实践的交互生成，除与教育学研究本身的质量相关外，还受已形成的学术传统、社会学术环境与风气、行政权力对教育研究的干预和控制程度等多方面影响。这时，教育理论与教育实践的关系都会出现人为的、背离其内在本真关系性质的状态。

就内部因素而言，专业人员的个体因素是关键。不同学科、不同教师个体之间在对理论进行实践转化的过程中是存在着很大的时间差的，其主要原因是：研究者和实践者作为个体在自己实践中的投入态度、思考深度、日常化程度和反思力度、重建高度以及与上述一切相关的自觉程度等诸个体因素存在很大差异。

此外，专业人员自身的素质与态度，对其在合作研究中的角色与作用的影响是显而易见的。人们在讨论合作研究中理论与实践的关系时，主张理论对于实践具有指导意义，即“理论指导实践”的人，常常会简单、抽象地将专业人员都定位于高高在上的指导者角色。有一些专业人员也习惯于把自己当作能够用理论指导实践的人，因而以指导者自居进入实践。事实上，叶澜指出，专业人员群体内拥有的理论，不但具有领域和层次的差别，个体掌握深浅也有不同，更有理论性质的区别，包括时代性、可靠度与适用面等，都存在很大差异。专业人员与实践者的交往沟通能力，解读实践、从实践中捕捉资料和形成判断、观点、观念等理论透析能力，形成研究策略以及对研究过程设计的思考等能力，也千差万别，这些都会影响专业人员在合作研究中最终的角色定位及其作用的发挥。因此，只有根据专业人员掌握理论的具体状态，才有可能判断其在研究中可能承担的角色和能够完成的任务。

五、主体双向互动论

叶澜关于教育理论与实践关系的研究在前人的基础上更进一步，不仅关注理论与实践的关联，更关注认识和实践的主体，将不同主体间理论与实践的转换与统一作为研究教育理论和实践交互作用的生长点和深化点。叶澜敏锐地发现了教育理论和实践关系研究对“人”这一主体的忽视。“在以往的讨论中，我们偏重于对理论与实践的关联状态分析，忽视的恰恰是对作为认识与实践主体的人的状态与关系研究。而正是他们在从事着教育理论研究与教育实践活动，是他们的活动方式和关系状态，决定着教育理论与实践的发展水平与关系状态。所以，我们应该把研究的重心集中到更为根本的主体身上。”①

她进而强调了主体努力实现理论与实践的自我转换与统一对于研究教育理论与实践交互作用的意义。“研究实践表明：没有不同主体在研究中努力实现不同意义上的‘理论’与‘实践’的自我转换与统一，就难有不同主体间的理论与实践的转换与统一；没有不同主体间的理论与实践的转换与统一，就无法实现研究任务和研究中理论与实践的交互作用，相互生成。因此，几个转换与统一是交织和胶着在一起的，具有内在的沟通性和可转换性。”②

① 叶澜．思维在断裂处穿行——教育理论与教育实践关系的再寻找［J］．中国教育学刊，2001(4)：1-6.

② 叶澜．“新基础教育”论——关于当代中国学校变革的探究与认识［M］．北京：教育科学出版社，2006：400.

叶澜的这一核心观点，实际上是表明一个久被忽视的常识：在教育理论与教育实践的互动生成中，包括理论主体与实践主体两方面的活动，所有的活动都与这两个主体相关，教育理论与实践的互动本质上是“人”的互动。

（一）“理论主体”“实践主体”的角色定位及其互动

要想厘清教育理论与教育实践的关系问题，明确“理论主体”与“实践主体”的角色定位是非常重要的，这被叶澜视为“新基础教育”研究方法论的核心问题，即怎样处理研究中理论与实践的关系，如何处理理论研究者与实践工作者的关系。

当前教育实践中，对“理论主体”与“实践主体”的角色定位还存在着或大或小的误解。这种误解一方面是由于对理论研究者与实践工作者一贯的传统定位，另一方面是由于理论研究者与实践工作者对自身角色认知的不清晰。偏重学科理论研究的专业人员往往小看或不熟悉实践问题的研究；在实践中开展研究的一线人员，或认为理论没什么用，实践问题的解决主要是操作问题，因而不重视甚至排斥理论，或因缺乏理论而不知从何研究。

另外，专业人员的角色选择或角色定位，首先表现为专业人员对所从事的教育研究性质的认识，它是主体决定研究意向的重要依据。如果认定自身从事的研究应该且只能是理论的，进入教育实践、试图用研究去改变实践，就是“不务正业”，那么显然不可能与中小学教师开展合作研究，实践最多成为其遥望或指摘、批判的对象。如果研究者承认合作研究中两类主体沟通的可能与必要，那么在对理论与实践关系的认识上较之前者向前进了一步，但若将研究性质定位于解释或描述，依然难以进入以教育改革为目标的合作研究中。

以如上角色认识为基础，叶澜将主体分为两大类。[①]

一是教育理论研究者。这一类主体又可按两个维度，即理论与应用的纵向维度和学科的横向维度，将其分属两个层次：学科基本理论（简称“基本理论”）研究群体层次和学科应用理论（简称“应用理论”）研究群体层次。叶澜认为，这种定位式的划分，既明确了不同所属人员的不同研究领域，使各自的专业化程度有可能实现，同时，也出现了两种无形的屏障，它设在两个层次间和不同的学科间，成为个人的局限和偏见产生的实践根源之一。被众人认为与实践离得最远的是处在基本理论层的成员。她特别强调，就基本理论研究人员而言，只有突破层次和学科范围两大屏障，只有把时代生动的实践纳入自己的研究视野，并培养新的研究能力，才有可能实现专业化水平新的提升，才有可能对理论与实践做出新的贡献。就应用理论研究者来说，叶澜发现，对应用理论研究人员也存在诸多误解。其中最主要和最常见的有两点。

其一，是认为应用研究是较基本理论研究低一级的研究，把理论的分层看作是研究人员水平的分层，这类似于把研究课题内容的重要性，当作评定研究人员水平和最终结果的标准，虽然荒唐可笑，但现实中确实存在。这一方面表现为一些应用研究者的自叹不如，另一方面也表现在一些基本理论研究人员对应用研究的轻视甚至蔑视。叶澜强调，需要明确的是，这是两类相关却具有不同价值和分属不同层次类型的研究领域，各自应有不同的评价标准，相互之间不存在用同一标准评价的可能，更没有做高低比较的必要。双方成员间更需要的是相互合作和相互学习，而不是相互贬低或否定。

其二，是认为应用研究不需要太多的理论，因而对作为应用研究支撑的理论背景或不清晰，或缺乏区分，以及缺乏对理论变化的敏锐感受。这

① 叶澜.思维在断裂处穿行——教育理论与教育实践关系的再寻找［J］.中国教育学刊，2001（4）：1-6.

表现在应用研究人员在个人学习实践中，总是习惯性地忽视或略过理论学习的部分。这带来应用理论研究人员的个人内在理论中相应理论背景的缺乏和基本理论的相对滞后，其可能造成的后果是，用由旧基本理论做支撑而得的应用理论，来直接指导和规范生动的甚至还可能具有创新意义的实践。所以，不要以为应用研究人员因更贴近实践而无脱离实践的可能。和基本理论研究人员相同，陈旧的个人内在理论，同样能导致应用研究人员脱离当代教育实践。这并不是要求应用研究人员要直接从事基本理论研究，而是说他们应具有这方面的修养和敏感性。在这个问题解决后，应用研究人员需要有两种不同于基本理论研究人员的修养，才能建立个人内在理论与社会实践间的积极关联。

第一种修养，是善于把偏重于认识的基本理论，转化为对实践具有行为指导意义的应用性理论，而不是局限于操作性的策略、方法、工具等。这种理论是有模式的，但又不是唯一的、不可变更的。面对实践的不同类型，它应提供多种不同情况下的不同选择模块，且富有弹性，为实践工作者在应用时提供灵活的和可创造、可丰富的空间。

第二种修养，则是善于从实践工作者那里汲取实践的智慧，并把个别性典型性案例与经验，上升到类结构的层面，进而丰富应用研究的理论。在这里，实践对应用研究人员来说，同样具有滋养个人内在理论的价值，而不只是使应用研究人员成为被指导、被改造的对象。

二是教育实践工作者。叶澜指出，在改革开放的当代中国，释放教育实践工作者的潜能是当务之急，其中重要的一个方面，是破除实践工作者头脑中长期存在的对理论与实践关系认识的偏差，最突出的是对个人实践中内含个人内在理论的忽视。这种忽视，首先表现为把个人实践的改变寄托在他人提供具体的操作性指导上。在教师培训中，在科研合作中，经常能听到教师这样的要求，且仅把这方面看作是应完成的任务，而对理论的分析缺乏应有的理解、兴趣和能力。其可能造成的后果是，不知道个人实践的改变是要通过个人认识，包括个人内在理论的改造来实现的。教师没有意识到自己头脑中存在着对教育行为起作用的“缄默的知识”，也不善于通过对自己教育行为的分析反观积淀在头脑中的理性观念。所以，在行为上即使有所变革，也会陷入简单执行他人指令或模仿他人的新做法的境地，不能成为教育改革能动的、自觉的创造者，并在创造性的实践中实现自身的发展。上述忽视还表现为教师通常不把自己当作一个研究者，而一旦谈到教师要参加教育研究时，又通常不以为自身的教育实践（包括个体的和群体的）的改革性研究是十分重要且有多重意义的研究。这种把研究与实践分离的认识，常常是由于基层的研究脱离基层实践且无助于教师的发展，科研的价值被异化为获奖、发表文章、出书和评职称。

上述两类不同主体在理论与实践关系方面的内在转换和统一过程，是充满矛盾的新旧关系的更替过程。没有这种更替，两类主体的合作和研究就不可能顺利进行，或者只有表层的合作、单向的作用，缺乏真正的互动，缺乏相互生成的可能和由此带来的丰富性。

那么，“理论主体”与“实践主体”的理想角色状态应该是什么样的呢？叶澜在“新基础教育”研究推进的过程中，提出“理论主体”应该是引领者、策划者、先行者；“实践主体”应该是合作者、支持者与参与者。[1]她同时提出，两大主体其实都既是创造者，又是学习者；既是教育者，又是研究者；既改变旧的教育模式，也改变自己。

两大主体之间的相互转化过程从宏观上来讲，是一个从理论到实践再到理论的过程。叶澜对“新基础教育”过程中“理论主体”与“实践主体”相互转化历程的梳理，是分别从理论人和实践人两个方面展开的。

从理论人的角度看，其转化过程分为以下几步：“在三年的研究过程中，我在实现一种新的教育理论真实作用于实践的全过程中，一步步走出来一条

① 叶澜.“新基础教育”发展性研究报告集［G］.北京：中国轻工业出版社，2004：2-43.

路。其中，最重要的有这样几步：（1）有自愿组成的合作队伍；（2）做出研究方案的总体设计；（3）课题组与学校主要领导形成共识，建立合作研究的关系；（4）形成研究活动的常规制度；（5）进行理论概括与提升。”①

从实践人的角度看，其转化过程主要是对理论的吸收、内化、重建、提升，转化为新的实践：具体而言，起关键作用的并不是脱离其实践的理论说教、各种形式的培训和大小报告，而是实践研究者大胆、自主、积极地开展变革实践，针对其变革实践的外部（包括来自理论研究者和实践研究同伴的）评点分析，以及教师本人所进行的反思与重建，对自身内在变化过程的体悟。这种体悟会使实践研究人员感受到理论的价值，体验实践变革对自己成长的价值；发现自己在理论与实践转换中的独特作用，由尝试性变革走向创造性变革，在创造性变革中提升自己的价值和智慧；同时也为理论研究提供经验和资源，乃至自觉提炼新的经验与理论。

理论人与实践人的互动转化，需要机制来保障。这是理论与实践关系的研究——从理论性的关系变为实践性的关系（即关系实践），从天花板上的关系变为地板上的关系——至关重要的实践保障。

叶澜及其带领的团队，既创造了坚持不懈采用理论与实践双重探索、交互生成的实践机制，全体研究人员和实验人员走出了学习、批判、实践、反思、重建、再学习的创造革新之路，还形成了多主体的评价调控机制以及法制保障机制等。②

（二）主体互动产生的作用

理论人与实践人的互动转化，产生了成事成人的双重效果。

在成事上，两大主体的互动转化，触及教育学科的深层发展，促进了教育学的重新建构。它不仅通过人—人关系的重构，重构了教育理论与实

① 叶澜，李政涛，等.“新基础教育”研究史［M］. 北京：教育科学出版社，2010：39.

② 叶澜. 21世纪社会发展与中国基础教育改革［J］. 中国教育学刊，2005(1)：2-7.

践的关系，而且也重建了教育学。一方面，它将实践主体纳入教育学理论的生产过程，使其成为理论生产链条中不可缺失的主体，丰富并拓展了教育学理论的主体内涵及结构；另一方面，它通过同时赋予两大主体以双向转化的能力，从而促进了教育学的理论更新与重建，让教育学因此拥有了持续生长发展的内动力。这说明，包括教育学在内，所有学科的更新与发展，在根本上，都是学科主体的自我更新与发展。正是在两类主体的互动性动态性的变化实践中，双方共同创造出具体教育、教学领域内的应用性变革理论，同时对一系列教育基本问题逐渐形成新的认识。也就是说，在此过程中，同一个专业人员从理论研究的角度，获得了基本理论和应用理论两方面的发展。

在成人上，毫无疑问，这种高密度、高频次的互动转化，首先，有利于培养一批专业研究人员。在叶澜看来，这一过程是专业人员对教育、教师、学校教育过程及教育改革的认识具体化和深化的过程，是专业人员在改革实践中形成认识实践、从实践中生成理论的能力，以及与实践者互动能力和水平提升的过程。它不同于从书本到书本的理论形成与发展的过程，但却是十分重要的，特别是原创式理论、综合抽象式理论诞生所不可缺少的过程，也是离开了研究性变革实践不可能得到锻炼和提升能力的过程。其次，有利于作为重要实践主体的新型教师的发展。叶澜曾经阐明，学校“研究性变革实践”，为何能和如何促进教师转型发展。

> 坚持在学校日常教育、教学实践中实现在职教师发展，这是我们在探索性和发展性研究中坚持的共同原则。所谓“日常实践”，是相对于为评优、检查、评职称等需要而举行的，甚至还是相对于被揭发出来有作假的“公开课”“示范课”而言的。这些课为了非教学价值的目标而进行，往往是精心、突击准备的课，不是真实为学生发展而进行的课，

也是不能反映教师和学生真实水平的课。[①]

在更广泛的意义上，叶澜强调“日常实践”作为教师发展的基本途径，针对的是一种相当普遍存在的现象：即把在职教师实现发展的主要途径定位在脱产或不脱产的、为实现学历提升而进行的进修，校内组织或参加校外各式名家报告会；观摩其他人的课，参观其他学校；在报纸、杂志上发表研究论文；等等。虽然，这些活动都可能从不同角度对不同教师的发展产生作用，但是，在学历达标的任务已基本实现的情况下，对于大多数教师来说，实现自身多方面、多层次的发展，应在自己所从事的“日常实践”中，它们才是促进教师生长与发展的“家常饭菜”，这是由日常实践的持续性、亲历性和可改变性决定的。依据这一基本判断和基本观点，“新基础教育”研究为促进教师学习、反思、重建的意识与能力发展，提升教师对教育、教学工作意义的认识和相关工作的整体把握，投入了大量时间进入教育、教学一线，开展面对面、跟踪式、针对问题和改革目标的现场研讨。各校领导更是做了大量工作，为教师发展创造条件，提供平台，加强交流和及时指导。这使“新基础教育”基地学校教师的学校生活，从内容到质量等都发生了全方位的重要变化，使“研究性变革实践”成为广大教师职业生命质量提高的重要途径。与以往教师主要按照教学参考书统一备课、上课、批改作业，做大量无须创造和研究的操作性劳动的生存状态相比，由于研究性新质和日常研讨频率的增大，教师产生了重要且深刻的变化，也加深了对自我更新式发展的体验，促进了新型教师的生成与发展。

（三）主体双向互动论的贡献

在实践哲学已有的理论与实践关系思想体系的汪洋大海中，我们看到了

① 叶澜.“新基础教育”探索性研究报告集［G］.上海：上海三联书店，1999：21-57.

各种概念、观点、流派，但很少看到“人”这个理论与实践的创造者。人的形象在实践哲学的世界中，主要是作为观念的提出者和解释者出现的。但人本身似乎在理论与实践关系的世界中并无位置，被遮蔽或被淹没在思想的海洋之中。相比而言，教育学界的“人味”更加浓烈，根本原因与“教育是培养人的事业”有关。“人”在教育中的天然地位，使其在教育理论与实践关系研究中打上了鲜明的烙印，这也是自然而然的。

然而，长期以来，如何看待“人”在教育理论与实践关系研究与实践中的地位，如何具体理解与认识教育理论与实践关系中的“人”，在教育学界并没有形成清晰的认知逻辑。似乎“人”只是作为认识中的前提预设，被一笔带过，结果是：有关人的研究，这一本该属于教育学最应进行探索和做出贡献的领域，被有意无意地忽视了。

叶澜的出现，扭转了这一局面，填补了这一空白。在理实关系和人的意义上，她做出了两大贡献。

1. 贡献一：凸显理论与实践关系的“主体意识”

叶澜的核心观点是：“教育中理论与实践关联的性质，从本质上看是人的认识与实践的关系问题，都与作为认识主体和实践主体的人相关。在以往的讨论中，我们偏重于对理论与实践的关联状态分析，忽视的恰恰是对作为认识与实践主体的人的状态与关系研究。而正是他们在从事着教育理论研究与教育实践活动，是他们的活动方式和关系状态，决定着教育理论与实践的发展水平与关系状态。所以，我们应该把研究的重心集中到更为根本的主体身上。”①

教育理论与实践关系领域中的主体分为两大类。一类是教育理论研究人员，其中又可大致区分为从事学科基本理论研究和应用理论研究的两部分人

① 叶澜.思维在断裂处穿行——教育理论与教育实践关系的再寻找［J］.中国教育学刊，2001（4）：1-6.

员；另一类是主要由教育行政人员和教师组成的直接从事教育实践的人员。两大类人群中的每个人，既分属不同的群体，又是独立的个体。

聚焦这两类主体，叶澜通过透析不同群体的相关状态及展开式探究，提出了以下几个观点。

其一，教育理论与实践研究方法论的核心问题，是处理理论工作者与实践工作者的关系。这一观点的提出，依然来自“新基础教育”研究带给叶澜的实践体验，所以，她才会认定，“新基础教育”研究方法论的核心问题是怎样处理理论研究与实践研究的关系，如何处理理论工作者与实践工作者的关系。

其二，教育理论与实践的关系，是不同主体之间的关系，其实质是“统一和转换”。她始终相信，没有不同主体在研究中努力实现不同意义上的理论与实践的自我转换与统一，就难有不同主体间的理论与实践的转换与统一。

其三，主体是理论向实践转化的基本条件。“转化”是叶澜理解教育理论与实践关系，以及把名词性的关系变为动词性的关系，把理论上的理实关系真正变为实践中的理实关系的关键词之一。这其实就是所谓“关系性实践”的核心要义：关系性实践，其实就是转化性实践；转化行为，就是理论与实践关系中的基本行为。

因此，叶澜尤其关注理论如何向实践转化的问题，她曾经回忆道：“这一关注点的形成显然与我当时的研究实践有关……这一转化至少要符合两个基本条件。‘第一是主体一致或沟通，“一致”指承担理论研究与实践研究的主体同一；“沟通”指主体分别是理论工作者和实践工作者。第二个条件是理论必须形成通向实践的中介层次。这种中介层次在不同的学科中可能表现为不同的形态，诸如技术、工艺、物化工具、手段与程序等，在教育研究中，与这个中介层次相应，需要有一批专门从事这类转化工作的研究人员。’上述论述表明，《初探》写作时期的我，在‘理论’与‘实践’关系认识方面开始出现与理论、实践生产相关的主体意识。”

带着这种独特且日渐清晰的主体意识，叶澜眼里的理论与实践，时时处处都与主体有关。例如，基于理论与实践关系的大中小学合作过程中存在的诸多问题，在根子上，就是两类主体之间的关系出了问题。

说“真问题”是因为合作研究的关系上还存在一些不尽如人意的现象：第一种可以叫作“貌合神离”。看起来好像是合在一起了，实际上并没有真正的沟通。我称它为貌合神离，不叫同床异梦。貌合神离不同于同床异梦，利益交换是同床异梦。第二种叫“少合多离”。就是蜻蜓点水式地合一下，大量的时间是不在一起的，这种方式很难有深度的合作。第三种从效果的意义上说，即不管合也好离也好，它原来是这样，现在还这样，就是说合作并没有产生真实的效果。老师没有多大变，学校也没有多大变，我们的教授依然沾沾自喜。这可以叫作“合离无异”。合作没有发挥出应有的作用，弄得不好最后还有矛盾；或者就是相互看不起：学校觉得大学教师没有什么了不起，觉得你就是会说而已，大学一方也觉得你们就是不肯学习，所以不长进。合作合作就不开心了，最后只有分道扬镳。我说这些就是提醒大家不要以为只要有了共同体，合作研究就有生命力。共同体不是通过加法做出来的，也不是通过乘法做出来的，它通过化学反应还不够，化学反应不过是两个物质通过反应变成新的物质。它应该是生命态，是生物态，是通过合作促进双方的发展和成长。上述现象表明，理论和实践的关系，是合作研究中存在的“真问题”。①

只有解决了主体之间关系的问题，才可能真正解决教育理论与实践关系

① 叶澜. 方圆内论道：叶澜教育论文选［M］. 北京：中国人民大学出版社，2019：294-296.

的瓶颈难题。主体关系问题的解决，“改变”是根本，但要改变的不只是实践者，也包括理论研究者。

> 尽管现在有不少理论工作者，我们的大学老师兼科研人员都下去了，可是理论与实践的问题是不是就已经解决好了呢？我想，这二者之间存在着区别，就需要去研究。再有，从我自己的体会来讲，要解决好理论与实践的关系，不仅实践工作者要改变，包括理论工作者也必须改变。我经常在想，是不是所有的高校教授或者在大学里工作的老师都有“资格”到实践中去指导？我觉得这里涉及一个“资格”问题，还要思考，到实践中后自己要不要、能不能发展和变化的问题……大中小学要合作，就必须解决这个问题。[①]

很多时候，这种改革常常是双向的，当代我国的教育理论研究人员不要满足于现成理论的应用和传播，不要以为自己拥有理论，就天然地具有指导教育实践的能力。同样，教师等实践工作人员也不要满足于已有的经验，或以为改变实践只需外界提供新的操作模式就行，忽视对个人实践中内含的个人理论的批判与反思，这样会使自己陷入模仿者、执行者的境地。

2. 贡献二：彰显理论与实践关系主体中的“个体意识”

叶澜曾将“新基础教育”研究的探索性阶段称为自我超越的阶段：“探索性研究的结题过程和随之而来的发展性研究的逐步开展，使我对教育理论与教育实践关系的认识和体悟，又实现了一次超越。即从对教育研究中理论与实践工作者两类主体间沟通的角度，思考理论与实践的关系与转化，从而深入到相关人员作为个体的内在理论与自身实践行为的关系问题研究，即增

① 叶澜．大中小学合作研究中绕不过的真问题——理论与实践多重关系的体验与再认识［J］．教育发展研究，2014，33（20）：1-5.

加了研究理论与实践关系的个体维度。”①

这一维度在叶澜思想中的出现，与“新基础教育”改革实践的广泛开展相关。这使得她有机会直接接触大量教师和许多研究人员，他们在言说和行为中呈现十分丰富的个体差异，使其深受触动。

一方面是试验学校校长和教师的个体差异。在与试验学校领导与教师持续的共同研究、沟通过程中，叶澜最初着力的是研究教师在实践中表现出来的教育、教学行为的问题，继而又发现这些行为背后都有他们头脑中已经形成的观念、理论和经验积淀的习惯所支撑。找出背后的东西，指出其问题，叶澜把这个过程称为“捉虫”，“捉”实践工作者头脑中内在的“虫”。当教师对新的观念，尤其是对这些新的观念可形成怎样的新教学方式和行为方式突然有所领悟时，他就会欣喜地发出“喔”声，我们将此种现象称为“喔效应”。“捉虫”与“喔效应”实际上反映了作为个体的人之理论与行为变化的相关性。经过一段时间的实践，我们又发现教师在字面上接受和口头上说出一些新的观念和理论，尽管离真正的内化式接受还有相当距离，但还是远远快于行为上的变化，更不要说自觉地在自己身上实现新理论向实践的转化。这种时间差在不同的学科教师、不同的教师个体身上存在着很大乃至惊人的差异。

另一方面是理论研究者的个体差异。他们同样存在着对实践的认识经验，对教师的认识、理解与沟通能力上的区别与差异，同样存在叶澜所言的“个人内在理论”。叶澜发现，这些差异与研究者和实践者作为个体在自己实践中的投入态度、思考深度、日常化程度和反思的力度、重建的高度以及与上述一切相关的自觉程度等诸个体因素相关。

正是“新基础教育”研究过程中这一系列现象与问题的不断呈现，使叶澜悟出了在理论与实践关系认识上有关“主体”分析单位中“个体人”的重

① 叶澜，李政涛，等.“新基础教育”研究史［M］. 北京：教育科学出版社，2010：180.

要缺失。她的一篇重要的自我超越的论文——《思维在断裂处穿行——教育理论与教育实践关系的再寻找》，填补了其在理论与实践关系认识上的“个体人”单位的缺失，也弥补了理论与实践关系研究领域的普遍缺失。

从此，她愈加关注个体状态的变化，进而发现和体会到，个体内在的理论与实践行为之间的关系是不可分割和互为依据的，它不同于个体的言与行的关系。言与行可脱节，言可违心，行可掩饰，言行关系的表现态和造成某种表现态的原因十分复杂。但个人内在理论与实践的自然态、持续态、日常态则是内在统一的。因此，个体层面内在理论与实践的关系，是作为外部存在的理论与实践两大领域之间沟通、转化的必不可少的中介。

叶澜的观点非常明确，教育改革的理论不进入教师个体层面的内在理论的重建与实践行为的更新，就不可能产生真实、持久的效应。上述认识构成了叶澜研究教育理论与实践相互关系的一个新的层面——微观的个体内在研究的层面。

对这个层面的研究，使叶澜看到了通常在把教育理论与教育实践当作两大领域时不易看到的断裂之处：个体的缺失，导致两者之间的断裂。她也因此把这样一个自我认识深化的过程称为“思维在断裂处穿行”。这种思考的深化点，就是着重区别了理论与实践的两种存在形式：类存在与个体存在。叶澜着重分析了个体存在形态的特殊性：“个体内在理论不局限于个人实践，它可能与人类知识和实践的一切领域相沟通，而这个沟通的实现，又不能离开个人的对象性实践和学习性实践。”[①]叶澜指出，两者在个体身上不仅不能分割，而且相互影响、构成与创生。因此，宏观上教育理论与教育实践的发展，不能没有个人内在的理论与实践行为的变革做支撑。

通过“主体”和“个体”这两大核心关键词，叶澜“理实观”在教育学和实践哲学两大领域，均贡献了新的分析单位和思考维度，自此形成了一种

① 叶澜．思维在断裂处穿行——教育理论与教育实践关系的再寻找［J］．中国教育学刊，2001（4）：1-6.

新的研究传统：在论及理论与实践关系的过程中，有必要对相关主体和作为主体的个体进行分析和探究。这一研究传统实际上建构了三种预设：

一是在主体的意义上，不存在没有主体的理论与实践关系研究；

二是在个体的意义上，不存在没有个体的理论与实践主体研究；

三是在关联的意义上，不存在彼此分离的个人理论与个人实践。

这一点尤其为叶澜所看重，她特别指出，任何个人所具有的理论都包含着个人对自身实践的相关认识，即个人所具有的相关经验性认识和理论认识。所以，从个体实践的意义上，完全可以说，不存在脱离个人内在理论的实践，反之，也不存在与个人实践无关的内在理论。只是后者提到的个人实践包括两种。一种是与个人内在理论所涉对象直接相关的实践，通过它，个人能积累经验、形成基于个人实践的内在理论，个人能发现实践中面临的新问题，在解决问题的过程中创造新理论。这种“新”不仅对个人而言，它还可能成为人类认识史上的“新”，任何一个创新的理论无不是从个体的大脑中产生的。另一种是个人的学习实践，可分为对现成知识的学习、对他人经验的学习和通过对自己实践的反思和重建实现的学习。由此，可以再次彰显“个人”在理实关系中的重要意义。在相当程度上，这也是叶澜为理论与实践关系研究刻下的鲜明的个人印记。

小结

关于教育理论与实践关系的核心观点，叶澜从“理论适度先行”“研究性变革实践”“贴地式深度介入”“交互生成”“主体双向互动”五个方面展开论述。这是教育学自身的反思及理论建设，也是教育对实践哲学的一次具体改造。

在具体的人类教育活动尤其是学校教育中，常常听到“理论脱离实践”，或者“理论不能指导实践”的质疑与批评。无疑，这种“脱离”和

“不能指导”的状况是确实存在的。

但是，究竟是什么原因造成了这种状况呢？叶澜的看法很明确，原因并不是教育理论太深奥，而是现有的教育理论尚未深入地研究教育实践，缺乏对教育活动规律的深刻揭示。现有的教育理论的组成中，一部分是以一般的哲学原理为前提，通过推理得出的结论，这里缺少的是中间环节，在没有对具体事物深入地剖析前，就把具体的东西直接列入抽象的行列中去，使结论显得苍白、贫乏而无力；另一部分是对心理学或其他科学研究成果的直接搬用，这里缺少的是教育学的加工与改造；还有一部分是对具体经验的总结，这很重要，但相当数量的总结概括度不够，或者是把有条件的结论说成普遍适用的规律，结果反而影响了结论的指导意义。

在叶澜眼中，教育是一项独特的人类实践活动，这是因为教育直接点化人之生命。首先，教育的直接对象是人，教育活动是以直接影响人的身心活动为目的，并且通过人和人的直接沟通来实现。其次，人的生命整体地参与到教育实践中，不论是教育者还是受教育者，他们都是完整的、具体的个人。[①]叶澜将此概括为“直接性”和“整体性”两个方面。

基于主持并亲历近30年的“新基础教育”研究，叶澜认为，任何作为一种活动的人类实践，都包含着目的、价值、计划、手段、方法和结果，包括期望的成功和失败的教训。理论与实践的相互作用是全程性的。它表现为理论对实践的指导、对实践过程的策划，也包括对实践后的反思与总结，这是理论与实践交互生成的重要环节。针对理论与实践在“新基础教育”研究中生成的新型关系，叶澜采用了形象贴切的词语来表达，那就是“魂体相融”。正是这种相融的生命力，带来了“新基础教育”常研常新、生生不息的内生命力，带来了每个真诚参与者生存状态的深刻变化。

---

① 叶澜. 回归突破：“生命·实践”教育学论纲［M］. 上海：华东师范大学出版社，2015：237.

第三章　教育理论—实践关系研究的实践变革基础

> 教育转型性变革的实践本性，决定了中国当代的教育改革必须深入到学校每天进行着的日常教学实践之中。只有通过变革学校日常教学实践，才能实现新人的培养，实现师生在校生存方式的变化。舍此，别无他路。[1]
>
> ——叶澜

中国近现代以来，基础教育改革的发展趋势和发展转型的时代要求，对激活基础教育的改革动力、探索基础教育的整体变革、实现基础教育的实质转型提出了理论诉求与实践期待，同时也为基础教育的实践变革提供了历史契机与生成基础。

面对转型时代基础教育改革与发展的复杂性和丰富性[2]，叶澜立足现代中国社会中人的生境剧变之现实，分析

① 叶澜."新基础教育"论——关于当代中国学校变革的探究与认识［M］. 北京：教育科学出版社，2006：239.

② 叶澜.学校变革的中国问题与研究经验［C］//教育部人文社会科学重点研究基地华东师范大学基础教育改革与发展研究所"学校变革与教师发展：历史、理论与方法"国际学术研讨会会议论文集，2009：156-160.

时代发展、社会变革与教育改革的内在关联[①]，始终对教育作为特殊的人类社会活动的内在规定性保持清醒，在自觉把握时代精神与明晰未来新人特质的同时，以一种“舍我其谁”的担当意识和责任气魄，持续将“成事”（显性目标，即创建“新基础教育”理论和现代新型学校）与“成人”（深层目标，即改变师生在学校的生存方式）作为永恒的追求，并不断地转化为一种内在动力与生命自觉，形成了为创建21世纪新型学校而开展的整体转型性变革的教育思想与行动——“新基础教育”研究。

正是在不断扎根实践变革沃土与持续遥望理论建构星空的过程中，作为“新基础教育”研究持续推动者和引领者的叶澜，其“理实观”在经历了一个自我反思、突破与重建的漫长过程后，伴随着实践变革的自然律动而形成了一种破蛹之力，最终实现了叶澜学术生命发展中一次次重要的、研究路径的转换[②]，并渗透于教师个体性发展、学校转型性变革与区域生态性辐射的每个环节之中。

可以说，叶澜“理实观”的形成、发展与成型是持续直面基础教育实践变革，通过基础教育实践变革和为了基础教育实践变革的。与此同时，中国基础教育实践变革也为叶澜在教育理论与实践研究中探寻教育理论与实践的双向转化与建构，最终形成系统的教育理论与实践思想提供了生成基础、思路导引和基本逻辑。

一、作为生成基础的“新基础教育”实践变革研究

作为叶澜“理实观”生成基础的“新基础教育”实践变革研究，是改革

① 叶澜.学校变革的中国问题与研究经验［C］//教育部人文社会科学重点研究基地华东师范大学基础教育改革与发展研究所“学校变革与教师发展：历史、理论与方法”国际学术研讨会会议论文集，2009：156-160.

② 叶澜.方圆内论道：叶澜教育论文选［M］.北京：中国人民大学出版社，2019：23-26.

开放以来，贴地式地介入中小学课堂教学变革的典型案例。

1994年，“新基础教育”研究诞生于上海，一直开展至今，且仍在持续发展。从诞生之初，一个核心问题始终伴随着它：什么是“新基础教育”？两个具体问题不断追随着它：“新基础教育”究竟“新”在哪里？“好”在哪里？①

“新”意味着“独特”“与众不同”和“不可替代”，“好”意味着“质量”“成效”和“改变”。无论“新”与“好”，都与其发展历程、研究性质、基本结构、核心问题、研究范式、主体单位与价值旨向等有关，为此需要多方面的梳理、概括与总结，以此明晰“新基础教育”的内在架构、整体面貌及其与叶澜“理实观”的内在关联。

（一）发展历程：时代转型浪潮中的“新基础教育”研究

世纪之交的当代中国社会正处于转型时期，“全球化”“信息化”“后现代”是对当代社会格局显著特征与时代变迁中现代人的生境的总体性概括。自1994年始，时任华东师范大学副校长的叶澜，作为“新基础教育”的首倡者、推动者与引领者，自觉筹建课题研究团队，与不同时期参与试验的学校教师与校长，以及相关地区教育部门的领导携手合作，相互支撑，将中国教育变革和学校转型置于当代社会变革的大背景中去认识，探索中国学校教育转型性变革的最重要和具有根本性、前瞻性的社会依据，在寻找时代精神与教育改革本质契合点的同时，有针对性地提出了反映21世纪中国社会发展对新人及其培养新人的教育新要求。

作为一条基于当代中国现实的现代新型学校创生之路，截至目前，“新基础教育”研究的发展历程大致经历了以下五个阶段。

① 李政涛.什么是“新基础教育”研究［J］.中国教育学刊，2017（6）：1-5.

1.“两条腿走路”的探索性研究阶段（1994—1999年）

为了推进承担九年义务教育任务的学校教育改革的深化，从理论和实践两个方面以及在两者结合的意义上，探索、构建面向21世纪的基础教育的新观念和学校内部教育的新样态，由华东师范大学教育科学与技术学院部分教师和华东师范大学普教研究中心部分成员组成的课题组承担“新基础教育”的研究任务。1995年9月，本着自愿参与的原则，华东师大一附中、华东师大二附中、华东师大三附中、华东师大附属云岭实验中学、华东师大附属小学各有一班参与“新基础教育”试验。虽然办学水平、师资条件、生源及试验班学生情况不尽相同，各有特点，但试验校均意愿强烈。

在研究开展的过程中，作为常规活动，指导组每周到试验校一天，上午随堂听课、说课与评课，下午研讨班级活动，与教师讨论下一阶段的研究任务；学期期中时，组织举行研究课，向全校或更大范围开放，出现“捉虫”与“喔效应”；学期期末时，组织集中研讨，总结学期研究工作，交流研究经验和体会，安排下一学期的工作，研究参与人员相互学习，共同切磋。

在这个过程中，“新基础教育”研究提供了三层创造空间：第一层主要是理论的系统研究；第二层主要是学校活动模式与改革试验每一学科、班级建设的整体新模式的研究；第三层是学校内每天进行的课堂教学和班级生活的创造研究。其中，在理论研究方面，建构了“新基础教育观”，具体包括：把握时代精神，设计未来新人形象；提出转型时期学校教育的文化使命；“新基础教育”观念系统的构建——“三观十性”[①]；未来教师“新形象”

① “三观十性”中的“三观”是指教育的“价值观”“学生观”和“学校教育活动观”，“十性”是指教育具有“未来性”“生命性”“社会性”“主动性”“潜在性”“差异性”“双边共时性”“灵活结构性”“动态生成性”及“综合渗透性”。参见叶澜.“新基础教育”论——关于当代中国学校变革的探究与认识［M］. 北京：教育科学出版社，2006：216-230.

的探讨[①]；以焕发生命活力为基础的新课堂教学理论的形成[②]。在实践研究方面，构建了课堂教学的新模式，如为学生提供课堂主动学习的条件（时间、空间等），帮助学生掌握主动学习的工具，培养学生的质疑能力和要求教师学会倾听，加强"书本世界"与学生"生活世界"的沟通，丰富课堂师生的互动关系；营造富有人文气息的教学氛围等。此外，还构架了班级建设新模式，如增设班级岗位，把主人的地位还给每个学生；建立小干部轮换制，把管理的权利还给每个学生；丰富班内评价，把评价的责任还给每个学生；建设班级文化，把创造群体个性的任务还给学生。

经过5年的探索性研究，"新基础教育"试验整体取得了显著的研究成果。

在文字成果方面，具体包括：系列论文、方案设计、理论纲要与结题总结报告，试验学校领导与教师的论文集及其论文、体会、经验总结性文章；各试验校研究总结报告、教师小结性研究论文、研究课教案、学生作品选；学科改革大纲与研究报告、班级建设研究报告、学生学习用补充材料等。

在学生变化方面，试验不但没有影响学生的学业成绩，而且与原来的水平比，学生学业成绩都有不同程度的提高；学生心理发展较积极健康，自我意识和自我管理能力发展显著；班集体特征显明。

在学校变革方面，校长及参与试验的教师在教育观念和行为上已发生较为明显的变化；试验学校在校内开展了推广性研究，采用滚动的方式扩大试点班，使试验在校内更广泛的范围内得到认同与实践。

---

① 叶澜.新世纪教师专业素养初探［G］//叶澜."新基础教育"探索性研究报告集.上海：上海三联书店，1999：233-244.

② 叶澜.让课堂焕发出生命活力［G］//叶澜."新基础教育"探索性研究报告集.上海：上海三联书店，1999：219-232.

2.“借中期评估促整体转型”的发展性研究阶段（1999—2004年）

为了改变师生在学校的生存方式，创建“新基础教育”理念和21世纪新型学校，“新基础教育”将发展性研究阶段的性质定位为“世纪初中国义务教育阶段学校转型性变革问题的理论与实践研究”。在理论研究方面，主要包括：中国教育变革中的学校转型的理论研究；“新基础教育”关涉的教育基本理论研究；学校基础性学科教学改革理论与实践的系统、深入研究；教育理论与教育实践多重关系研究。在实践研究方面，主要包括：如何推广和丰富“新基础教育”探索性研究成果的研究；学校管理层面上的改革研究；在学校变革中教师转型与成长、发展过程研究。

在具体推进的过程中，“新基础教育”研究采用了“一所”（上海市“新基础教育”研究所）、“一体”（“新基础教育”研究共同体）、“一站”（“新基础教育”网站）、“一制”（“新基础教育”研究过程中逐渐形成的一套研究制度）的组织方式，重点关注世纪初中国学校转型性变革理论提出的依据与内涵研究，以及学校转型性变革中基本理论与实践的更新。

叶澜认为，“新基础教育”理论研究要坚持与一线的实践结合开展，使其具有独特的综合抽象和在研究过程中动态生成的事理研究的特征，并与变革实践形成了相互构成、共同成长、相互推进的独特内在关系。在理论探究与实践推进的过程中，“新基础教育”研究在不确定性中生成确定性，在推广性研究中生成发展性因素，在多元主体的合作共事中提升不同主体的独立性和主动创造性，持续聚焦教育理论与实践的交互生成，更新学校转型性变革中的基本理论与实践，分别体现在培养目标①、课堂教学②、班级建设③、教师发展④与学校管理⑤五个方面，尝试实现方法论的突破。

---

① 叶澜，李政涛，等．“新基础教育”研究史［M］．北京：教育科学出版社，2010：63-66.

② 叶澜．重建课堂教学价值观［J］．教育研究，2002（5）：3-7.

③④⑤ 叶澜．“新基础教育”发展性研究报告集［G］．北京：中国轻工业出版社，2004.

3.“以精品课促内生长”的成型性研究阶段（2004—2009年）

在“新基础教育”成型性研究阶段，基地学校在做到改革“全、实、深”的基础上，基本达到学校转型性变革初见成效和呈现出新型学校的整体框架，逐渐走向“精、特、美”。这一阶段的“成型”，既包括实践层的新型学校之成型，也包括变革理论与路线研究的整体成型，还包括“生命·实践”教育学派建设的实践基础成型。

“新基础教育”的成型性研究，大致可划分为以下四个阶段：2004年5月至2005年1月，是准备与整体策划阶段，形成了《“新基础教育”基地学校建设项目设计总策划书》；2005年1月至2007年1月，是形态初步建设阶段，主要进行了学校组织的调整与学校制度的重建，组织启动了“新基础教育”指导纲要研究，并按照“全、实、深”的要求，对基地校开展中期评估；2007年1月至2008年12月，是打造精品阶段，主要进行阶段性反思与调整，开展实地普查与诊断性调研，并组织精品课现场研讨；2008年12月至2009年5月，是全面总结阶段，形成了《“新基础教育”成型性研究报告集》。

至此，“新基础教育”研究提出了“一套教育理论”，引领了“一批转型学校”，走出了“一条改革之路”，在研究方式上实现了新的探索与创生，具体体现为：在中国当代现实中开展的学校转型性研究；采用复杂思维的方法论；采用整体综合和多元多层互动的思维方式；教育理论与实践双向作用、交互生成。

4.“成果之根深扎学校日常生活”的扎根式研究阶段（2009—2012年）

在叶澜教育理论—实践思想指导下，“新基础教育”在大中小学合作研究中，走出了一条区域行政、高校力量与基层学校之间深度合作、推进教育改革的路径，积累了一套在现实环境中领导、推进学校转型发展的经验，涌现出一批具有内涵发展品质的新型学校。新理念系统和变革智慧已逐渐成为学校、教师自觉发展的内动力。

2009年5月，华东师范大学“新基础教育”研究中心正式挂牌运作。为了发挥前期改革的示范与辐射效应，“新基础教育”研究进入以基地学校校本深化的扎根式研究阶段。研究中心的成员不再以课题组的合作方式进入学校，而是转换为支持者的角色，在基地学校主动提出需求时再介入，主要目的是提升基地学校主动策划和开展变革研究的能力，实现“新基础教育”在基地学校的深扎根和内生长，把“新基础教育”的价值取向、思维方式、改革策略和行为方式等系列成果之根深扎到学校的日常生活中，深扎到教师的心里和学生的成长中，引领更多愿意改革的学校一起开展改革研究，推动区域教育的内涵式均衡发展。

5.“内生长与内涵均衡”的生态式推进阶段（2012年至今）

为了在区域内扩大参与学校面，发挥基地学校在改革中的引领、辐射作用，2011年，上海市闵行区率先组建“生态区”，推进研究成果扎根，开启了“新基础教育”研究生态式推进的序幕。2012年10月24日，“新基础教育”研究团队在华东师范大学举行了主题为“生态式推进学校变革”的专题研讨，标志着“新基础教育”生态式推进阶段正式开始。

遵循着自愿参加、自主选择的原则，秉持着“培育生命自觉”“成事成人”“学生立场”的核心价值观念，“新基础教育”研究陆续组建了以基地学校、组长学校为核心学校，面上学校为参与学校的中小学生态区，以关系式思维、整体综合式思维、动态生成式思维和复杂思维为主要变革思维，致力于辐射和提升“新基础教育”研究成果，以价值追求集结丰富多样的学校，变差异为资源，引导团队学习，促进更多学校梯队联动式地实现了整体变革。截至目前，“新基础教育”研究已经组建了系列生态区，涉及百余所学校，数以万计的教师和数以十万计的学生，组建了“新基础教育”生态式推进全国共生体，创造了区域教育内涵式均衡发展的重要经验。

“新基础教育”研究历经近30年教育理论与实践交互创生的过程，至今已经形成了一套有关当代中国学校教育改革的基本理论与实践范式，并催生出“生命·实践”教育学派的创建。

在基本理论层面，“新基础教育”研究形成了对中国教育变革的宏观、中观、微观相关的“通观”式理论，构建了新的教育变革主体论，提出了当代中国学校内涵发展的理论，并揭示了学校教育变革过程的多重转换、互化、生成的创新本质。在应用理论研究方面，“新基础教育”研究形成了一系列贴近学校改革“地面”的应用性理论著作，它们以对各领域国内外主要研究状态和实践中基本状态的分析与判断为出发点，寻找研究的新视角、新切入点、新的深化层次，并追求一定意义的补充与突破，实现“新基础教育”变革理论在本领域研究中的具体化与特质化，呈现创造力，最终形成了各自研究领域中独特的变革实践发展演变过程与综合结构系统。

（二）研究性质：作为基本理论和事理研究的“新基础教育”

在“新基础教育”伊始，叶澜就赋予其两大性质：一是基本理论或基础理论性质；二是事理研究性质。

1. 作为“基本理论”的“新基础教育”

当“以创建‘新基础教育’理论和21世纪新型学校”作为“显性目标”的“新基础教育”呈现于眼前之时，其“理论气质”“理论自觉”和“理论追求”就呼之欲出了。将“新基础教育”理论与“新型学校”并列，表明两者之间是交互生成的关系：理论创生与学校转型的双向交融；将“理论”置于“学校”之前，则彰显了理论的优先与统领地位：这是一种理论先行、理论深度介入下的新型学校创建过程。它确信没有理论支撑的实践形态及其变革，往往不能持久，生命力也不会长久。

进一步的问题在于：在无数种与学校变革研究相关的理论森林里，“新基础教育”依据并追求的理论，是一种什么样的理论？通过学校整体转型变革，“新基础教育”所期冀的是何种层面和意义上的理论更新和理论重建？它开辟了一种什么样的理论疆域？

“新基础教育”意义上的理论，是一种基本理论或基础理论性质的变革理论。①变革理论层次多样，纷繁复杂，有资格称为“基本”或“基础”层次的理论，是对教育及其变革问题最核心、最具有根基性的看法。

所谓“基本理论”：（1）是具有“前提性质”的理论。例如，如果不理解“什么是教育和好教育”或者传统意义上的“何谓教育的本质”，就难以构建“课程论”“教学论”“教育社会学”等；不理解“什么是学校和好学校”，就无从建构“学校管理学”理论。（2）是具有“原点性质”的理论。“基本”之“本”，有“本原”之意；“本原”之“原”，又有“原点”之意。具有“原点性质”的理论，意味着无论何种对学校教育变革的思考，都必须以此理论为起点，是从此理论处开始的思考。“原点”之理，也意味着，理论创生与实践变革无论走出多远，都必须不断回到“什么是教育和好教育”“什么是学校和好学校”等最原初的问题上，并且基于这个原点，重新出发。（3）是具有“恒常性质”的理论。这个理论中的概念、问题、方法、观点，不会轻易随时代、时尚的变迁而变迁，例如，无论哪个时代，“什么是教育”“教育与人的关系”“教育与社会的关系”等都是教育者绕不过去的基本概念、基本问题。在这个意义上，“基本理论”就是常理、常道，是可以恒常的理论。

据此可以看出，基于学校变革研究而生成的“新基础教育”理论，是一种基本理论。在推动学校转型变革伊始，叶澜就提出了对“什么是教育”的理解：教育就是“教天地人事，育生命自觉”；并且表达了对“新型学校”的认知，提出具有整体、综合、多层次、内在关联与相通的当代中国学校内

① 李政涛.什么是“新基础教育”研究［J］.中国教育学刊，2017（6）：1-5.

涵发展理论，对学校教育转型及新型学校的整体特征首次做了系统和全面论述，揭示了学校教育变革过程的多重转换、互化、生成的创新本质；进而以学校为研究变革的基本单位，形成了对中国教育变革的宏观、中观、微观相关的“通观”式理论，同时以生态学的观点探讨了当代中国教育与社会的关系，阐明了教育在社会变革中作为“社会系统更新性再生产”的独特、重要功能和育人的本真价值，首倡了教育与社会关系中的“教育尺度”；等等。这些对于教育基本概念、基本问题的重建式的理论构建，成为“新基础教育”学校整体转型变革，成为学校领导与管理、课堂教学、班级建设、教师发展、学生成长等具体领域相关理论的理论前提、理论原点或理论起点。

“基本理论”同时就是“基础理论”。无论是“前提”“原点”，还是“恒常”，都具有“基础性”，因而是根基性的存在。不论是教育理论还是实践变革，没有前提，或者前提有谬误，丧失“原点”，或者“原点”有偏差，失却“恒常”，不断漂移流变等，都会导致基础不牢，地动山摇。“新基础教育”的研究始终坚守着三种基础建设：一是价值观基础；二是思维方式基础；三是研究方式基础。

例如，就价值观而言，以往的学校改革常常直接聚焦在策略、方式和方法等操作层面上，如力图改变“管理策略”“教学方法”等，“新基础教育”却直接探入种种策略、方法背后的价值观，其信念在于：“价值观是所有策略方法的起点和原点、源头和根基。”学校转型首先必须回到价值观这一原点上，重新审视并建构学校教育的价值观。在“新基础教育”的视野内，“生命观”是学校价值观的核心。教育就是直面人的生命、通过人的生命、为了人的生命质量的提高而进行的社会实践活动，是以人为本的社会中最体现生命关怀的一种事业。这种生命关怀，具体体现并渗透在如下一些基本问题上：“什么是好教育”“什么是好学校”“什么是好学生”“什么是好教师”“什么是好教学”。在这些方面，“新基础教育”都建构了自己层次化、体系化的价值观，成为课堂教学、班级建设、学校领导与管理等具体领域和方面的转型目标、策略和方法以及评价标准的基础。这些来自实践变革的价值观，反过来也通过对基本概念的再认识，丰富和深化了教育基本理论本身。

2. 作为“事理研究”的“新基础教育”

在叶澜看来，“新基础教育”也是一种“事理研究”，它既不同于以研究外在之“它”的自然科学，也不同于以研究内在之“我”的精神科学，而是以教育主体所创造、从事的教育活动为研究对象，是一种“探究人所做事情的行事依据和有效性、合理性的研究”①。通过对“事理研究”内涵与外延的梳理（见表3-1），可以看出，“事理研究”关注的重心在于“人为之事”与“事中之理”，既关注教育之事的存在状态，也关注教育之事的发展过程，更会对教育主体“行事”的合理性与有效性进行审视；既关注教育之事本身蕴含的理，又要探究教育主体“做事”过程的理，更要探寻如何以“理”与依“理”来做教育之事，从而促使教育朝向更合情合理的方向发展。可见，“事理研究”是以一种“事件化”而非“事物化”的眼光来思考教育和研究教育，其本身是基于对现实教育与可能教育之事理的认识，是关于如何实现可能教育与现实教育之间积极转化之理的研究。因此，叶澜认为，作为“事理研究”的“新基础教育”更是一种研究教育之人、教育之事、教育之理与教育之情相互转化的理论。

表3-1 “事理研究”的内涵与外延

内涵与外延	“事理研究”
基本构成	1. 探究行事依据的理论：考察教育的事由与事态、结构与过程、目标与解构
	2. 探究合理有效的理论：提高教育活动的合理性、效率、质量与水平
基本特征	综合性、动态性、关联性、创生性、融通性

① 叶澜.“生命·实践”教育学论丛：第一辑 回望［M］. 桂林：广西师范大学出版社，2007：98.

续表

内涵与外延	“事理研究”
基本维度	教育主体间交往互动中的“人—事—理—情”
目的指向	1. 使教育活动更富理性
	2. 通过教育活动更好地满足教育主体从事教育活动的需求
理实关系	从对象到目的的直接关联性
关涉内容	1. 涉及教育价值、教育事实与教育行为三大方面
	2. 包括过去、现在和未来三大时空
	3. 关涉教育活动主体与对象、工具与方法等多方面错综复杂的关系
	4. 关注教育主体作用下教育事务之间、教育主体与事务交互作用中多形态、多时态、多事态、多主体的多重多次转化

作为一种独特的“事理研究”的学问，叶澜认为，“新基础教育”研究的建构既是在对“事”的研究与思考中解析其内在之“理”的过程，也是在对教育之“理”的提炼与梳理中对“成事”的谋划、审度和价值考量的过程，其不仅是对教育世界的说明与描述，更是对教育世界的解释与改变。在“事理研究”中，教育价值、教育主体与教育关系是其不可忽视的必然构成，需要凭借教育行动者的反思与主体间的理解来判断教育之基本事态，探究教育之发展事由，结合纵向教育历史线索与横向教育相关因素进行综合分析，在对教育之事进行整体把握的基础上，从可见的事态中看到背后的事由，从对事态、事由的综合式透析中提炼梳理出“事理”，最终实现教育主体“德行实践与知性行为的统一”。因此，在叶澜看来，“事理研究”基本性质的定位，促使“新基础教育”研究能够带着教育问题意识，走进真实发生着的教育现实生活，在观察、体验、感受与欣赏中实现教育理论（者）与教育实践（者）的沟通交往，形成一种具有“综合抽象”与“具体形象”双重属性的“生命·实践”教育（学）理论，并在理论建构与实践变革中形成一种互相推进、共生共长的转化关系。

（三）基本结构：“上天工程”与“入地工程”

叶澜曾将“新基础教育”研究概括为两个工程，即“上天工程”与“入地工程”。其中，“上天工程”指的是进行抽象的教育理论研究与构建，而“入地工程”则是到中小学课堂中做研究，进行教育实践探索。这两项“转化工程”主要是由一整套教育理论、一批转型学校与一条改革之路构成。根据前文对教育理论基本结构的分析与理论分类框架的建构，可以将“新基础教育”研究的理论文本分为三种不同的类型：价值性的教育理论、事实性的教育理论、行动性的教育理论，它们分别指向对“应该如何”“是什么与为什么”“如何做”等问题的回应。

众多合作学校的校长与教师是通过学术著作、期刊论文或学术讲座，逐渐走进“新基础教育”研究的。“价值性的教育理论”与“解释性的教育理论”作为“上天工程”的理论结晶，主要是在教育信仰、价值观念与精神意义层面进行论述。叶澜提出“生命·实践”教育学的12则教育信条，分别从教育、学校教育与教育学研究三个维度论述“生命·实践”教育学派的教育主张、教育思想、教育观念和教育原则，尝试回答“教育应该向何处去”的问题。而《“新基础教育”探索性研究报告集》《“新基础教育”发展性研究报告集》《“新基础教育”成型性研究报告集》则是对不同研究阶段的教育经验与教学成果进行理性提升的结果，回应不同阶段面对的不同教育问题。“事实性的教育理论”与“行动性的教育理论”作为“入地工程”的理论结晶，主要是在经验总结、教育规律、教学规范与行动指南等层面进行论述，旨在从方法论意义上回答“教育应该如何做”以及“为何这样做”的问题。如《“新基础教育”研究手册》和各学科的教学指导纲要，作为系统概述“新基础教育”研究过程及其具体如何做的经验总结与提升，是“生命·实践”教育学的行动性理论文本，是对“新基础教育”观念变革、路径指导和关键节点的剖析，可作为合作学校校长与教师走近与走进“新基础教育”的

“地图”与“导航仪”[①]。

（四）核心问题：教育理论与实践的双向转化

在叶澜的教育思想中，教育理论与实践的关系及其转化问题，被视为“新基础教育”研究任务与“生命·实践”教育学理论成果的核心问题，是贯穿实践研究与理论建构的一条主线，也是她对于“新基础教育”研究独特性质的基本定位：“它是理论与实践紧密结合、相互依存、相互构成的，极具复杂性和创生性的研究。”[②]如前所述，这一双向转化性质的研究，具体落脚在“如何在同一主体和不同主体间实现统一和转换上”[③]。

叶澜的“理实观”，追求的是有关理论与实践的真理与方法，即“不能停留于纯粹‘真理知识’的思辨研讨之中，还应在‘实践方法论’的层面上进行‘转化型’的‘关系实践’”[④]。因此，对于教育理论与实践的关系，叶澜将“教育理论与实践的关系是什么”的概念性问题转化为“什么样的教育理论与实践关系最有助于成事成人”的价值性问题，进而把教育理论与实践之间的“名词性关系”转化为“动词性关系”，“静态关系”转化为“动态关系”，“关系研究”转化为“关系实践”，最终将教育理论与实践的转化问题引入现实的教育行动之中。这是叶澜对实践哲学的传统弊端做出的最大改变。

叶澜认为，理论研究者要介入、影响和改变实践，理论必须适度先行，实践是理论重建与发展、理论创生的根基，二者之间的双向转化包括具体的转化目标、转化过程、转化策略和转化能力等综合性的结构，其转化过程是一种预设目的向现实存在转化的过程，且发生在两大主体之间，即“教者”

---

① 张向众，叶澜．“新基础教育”研究手册［M］．福州：福建教育出版社，2015.

② 叶澜，李政涛，等．“新基础教育”研究史［M］．北京：教育科学出版社，2010：41.

③ 李政涛．“新基础教育”研究传统［M］．福州：福建教育出版社，2015：26.

④ 叶澜．思维在断裂处穿行——教育理论与教育实践关系的再寻找［J］．中国教育学刊，2001（4）：1-6.

是教的目的的设定者，“学者”则是活动结果的体现者。可见，在叶澜看来，教育理论与实践的关系不再是一个与“人”无关的问题，而是由主体的行动意向和具体实践所造成的，即从一种“旁观者认识论”的单向思维框架中走了出来，以“行动者关系论”的立场和姿态重新建构教育理论与实践之间的转化关系。

在叶澜的“理实观”中，教育理论与实践的关系作为一种内含教育理论的创生性教育实践，是一种“理论介入实践”与“实践创生理论”的双向滋养机制①，具体表现为教育主体“在新理念的学习、实践与体悟中，主动、富有创造性地进行实践变革探索，同时又在自身亲历的、创生性的日常实践中进行经验总结、理论提升的过程”②，其实质是“把外在的知识、价值观念和规范等文化转化为个人的内在精神”③。作为教育理论者与教育实践者共有的转化逻辑，其本身是一种教育理论与实践双向转化的逻辑，是一种动态过程性的复杂逻辑，更是一种内含教育反思与教育评价的逻辑。因此，叶澜“理实观”中的教育理论与实践的关系，不再是一种无主体的关系，也不是一种以“人”为中介的关系，而是双重行动者之间的“关系实践”，是一种本体性、基础性的存在。

叶澜的如上观点，既是生成于“新基础教育”变革实践之中，也具体表现在“新基础教育”推进发展的过程之中。

教育活动和教育研究中理论与实践的关系，在“新基础教育”研究里处于特殊地位。在叶澜看来，理论与实践的关系是当代中国教育学发展和教育实践发展不可回避的一个重要问题，是教育研究自身的反思性问题，属教育研究方法论范畴，也是“新基础教育”作为一项研究项目的方法论研究。

① 叶澜.“生命·实践”教育学论丛：第三辑 基因［M］. 桂林：广西师范大学出版社，2009：70.

② 张向众，叶澜.“新基础教育”研究手册［M］. 福州：福建教育出版社，2015：39.

③ 叶澜.教育研究方法论初探［M］. 上海：上海教育出版社，1999：330.

与之前的理论与实践关系研究方法论相比，“新基础教育”将研究重点特别放在两个层面。

一是主体间的转换。即理论主体与实践主体的关系。叶澜认为，这种两类不同主体在理论与实践关系方面的内在转换和统一过程，是充满矛盾的新旧关系的更替过程。没有这种更替，两类主体的合作和研究就不可能顺利进行，或者只有表层的合作、单向的作用，缺乏真正的互动，缺乏相互生成的可能和由此带来的丰富性。通过将“主体间的理论与实践的转换与统一”，确立为“新基础教育”研究方法论的核心问题，为理论与实践的双向转化确立了来自“新基础教育”研究的新的方法论基础。

二是理论与实践的双向转化机制。已有的针对教育理论与实践关系的研究，大多是单向式思考：“理论如何影响实践，如何发挥理论的价值。”这种单向度的思考方式，关注的是“从理论到实践”，即理论的实践价值，却忽视了另一条路径“从实践到理论”，即实践的理论价值：“实践如何丰富、改变和提升为理论。”

无论是哪一条路径，都涉及“转化”：如何在合作中把教育理论者的理论转化为教育实践者的行为（如转化为策划、方案、制度、工具等），又如何把教育实践者的经验，包括教育理论者在参与实践中的经验，转化为新的教育理论。

“新基础教育”中的教育理论与实践的关系，是双向式的转化关系，它依循的不是单纯的“理论逻辑”，或者纯粹的“实践逻辑”，而是“转化逻辑”：它是教育理论者与教育实践者在交往互动中发生的，以理论与实践平等为预设，以促进主体间的交互生成、双向转化、双向建构与发展为目的，以价值观、思维方式和语言方式等为转化对象，并在此过程中共同分享和遵守的前提认识、基本条件、过程形式和方式、结构或内在法则。[①]

① 李政涛.“新基础教育”研究传统［M］. 福州：福建教育出版社，2015：217.

“转化逻辑”的核心特质在于，它是双向式的逻辑。“双向”意味着不再是“要么‘理论以实践为基础’，要么‘实践以理论为基础’”，而是“互为基础”。当理论需要实践变革来实现自我更新之时，实践是理论的基础。当实践变革需要理论的支撑和表达之时，理论是实践的基础。要实现“互为基础”的目的，就必须实现“双向转化”。“以一种‘双螺旋’的结构紧紧缠绕在一起，共生共长……理论从中创生，创生中的理论不断地汇入生成着的实践；实践在理论的渗入中又不断调整。在理论的参与中，实践的动力性因素处在不间断的累积与调适中，这些动力因素有的作为促动力量汇入了实践之‘流’中，并转化进实践的作品中，有的则反作用于实践主体，引起主体力量的增强和意识的敏感化，还有的则返归于研究者，对理论的创生产生新的挑战或需求，于是又促进了理论的不断丰富与更新，而后再返回实践……由此，展现出教育理论与实践之间持续不断地循环互动、相互建构、互动生成的关系图景。”①

对教育理论而言，所谓“实践”，就是完成对理论自身的一系列转化，例如，转化为学校设施、结构、管理原则与组织结构、教学计划与课程、教学及其他一切学校教育的实践行为等。这一转化过程就是教育理论实践化的过程，是“新基础教育”研究过程中，理论人与实践人在合作研究中合力推进的过程。

对于教育实践而言，在实践人那里，既要研究自身实践，将实践经验向理论化、科学化转化，也需对自身已有理论加以重构。实践者为此要去探索实践理论化的路径和规则。

“转化逻辑”以转化机制为核心，具体涉及转化的目的和意义（为什么转化）、转化的对象和范围（转化什么）、转化的类型和层面（不同理论类型层面和不同实践类型层面之间如何在对应中转化）、转化的过程（经历哪

① 叶澜.“生命·实践”教育学论丛：第二辑　立场［M］. 桂林：广西师范大学出版社，2008：116.

些必要的阶段和环节）、转化的条件（需要满足或具备什么条件，转化才能顺利发生）、转化的方式（需要何种策略、技术和方法，推进并实现转化）等，这些问题都可以汇聚为转化的机制，成为“新基础教育”理解理论与实践关系问题的枢纽。

“新基础教育”提出的转化逻辑，不是理论思辨的产物，而是“新基础教育”研究直面教育实践，在鲜活的教育实践变革现场中感悟、建构中创生而成的。它的形成和运用的过程，是摆脱拘泥于理论逻辑的痼疾，转而化入活生生的具体教育实践逻辑的过程，更是基于鲜活但“散漫”的教育实践逻辑，以理论逻辑的方式重新建构和表达，并促使原有理论更新再生的过程。归根到底，这是一种交互生成的过程。

这就是叶澜创建的“新基础教育”视野下的理论与实践：理论深度介入实践，理论深度滋养理论，理论具有实践底蕴，实践富有理论品位，理论与实践共同变化，交互生成。

（五）研究范式：“研究性变革实践”

“研究性变革实践”在叶澜形成“理实观”的过程中，发挥了核心研究范式的作用，具有丰富的内涵与特质。如前所述，它是一种内含着变革理论并将其贯穿全程的变革实践，是在研究的过程中，研究人员与教师共同创造、持续进行、不断反思、尝试重建，从而具有生成新型的实践和理论这种内生力的变革实践。这一具有鲜明教育理论与实践关系性质的研究范式，诞生于“新基础教育”变革实践之中。叶澜就此特别阐明，“贯穿全程”意味着：“包括教师认识的变化到教育教学的设计和策划的改变，再到教学实施，最终进入反思和重建阶段。”[①]

这表明，在实现教育变革与教师发展的日常教育实践的每一个阶段都渗

① 叶澜.“新基础教育”论——关于当代中国学校变革的探究与认识［M］. 北京：教育科学出版社，2006：370.

透着研究性的因素。在叶澜看来，“研究性变革实践”并不仅是教育理论者的研究范式，更是教育实践者的日常研究方式，即教育理论者不仅要进行基本理论的构建，更要在介入教育实践中构建理论，而教育实践者不仅仅要做教育理论的学习者与践行者，更要成为自身教育实践的研究者，努力达成自身观念与行为的统一。

“研究性变革实践”既是将教育变革的理念转化为教学实践的主要路径，也是教师对自我教育理念进行实践化的关键渠道。“研究性变革实践”作为一种内含教育变革理论的实践①，需要教师通过对新教育理论的学习、理解与领悟，建立新的教育“坐标系”和“参照物”，进而引发与传统教育理论的冲突，产生变革自身行为与观念的需求、愿望与行动。“研究性变革实践”作为一种创生性的教育实践②，既要剖析教师成败行为背后的教育思想观念，还要“提出改进、重建教学观念与行为的具体建议”③，促使教师对自身教育观念与教育行为之间的关系有所体悟。此外，“研究性变革实践”作为一种将研究的态度、意向和内容贯穿到实践全过程和多方面的实践④，需要将教育主体的思想情感、价值观念与教育情境的地方性、文化性纳入理论建构与实践探索的视野之中。

在叶澜的“理实观”中，“研究性变革实践”是一种“内含理论、指向创新和自我超越”的实践，其在追求整体、动态、生成意义上的求真与创新的同时，强调对“新逻辑”或“新机制”的探索与发现，而不仅仅是对具体教育结论的推广与应用，这是一种在方法论意义上关注方向性、原则性、适切性认识的研究范式。在这种研究范式中，教育理论提出关于理想教育模型的设想，对教师而言，这既是一种方向性指引，也是一种价值观引领，而不是具体的教学步骤或固定教学模式，是“行动前的探究指向和行动设计中的

①②③④ 叶澜.“新基础教育”论——关于当代中国学校变革的探究与认识［M］.北京：教育科学出版社，2006：366；368；369；369.

理论渗透”[①]，其自身强调教师对日常教学的反思和本身内含的变革自觉，以及“教师反思参照系因新理念的介入而更新，因参照系的更新而带来反思的新质量和重建的可能”[②]。因此，作为“新基础教育”研究范式的“研究性变革实践”，既是教育主体自觉学习的践行，也是教育理论向实践的创造性转化，其最终目的是实现教师教学、研究与发展在“研究性变革实践”中的统一。

（六）主体单位：以实现“学校转型性变革”为目标的共生体

在叶澜看来，“新基础教育”研究的主要参与者，是以实现“学校转型性变革”为目标的共生体。这一共生体，实质上既是建构教育理论与实践关系的共生体，也是一种独特的组织载体。作为一种整体的学校转型性变革，“新基础教育”研究需要介入学校转型的具体过程（见图3-1），其目标是“学校教育的整体形态、内在机制和日常的教育实践要完成由‘近代型’向‘现代型’的转换”[③]，这便涉及教育主体的“价值取向、构成学校系统的要素之基质、相互关系、结构整体框架、管理体制和运作机制等关涉系统整体性

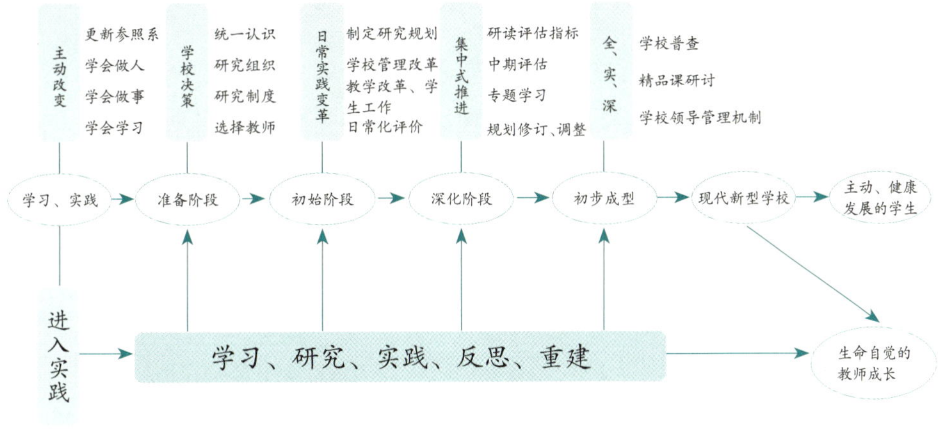

图3-1 “新基础教育”研究与学校转型过程图[④]

①② 叶澜.“新基础教育”论——关于当代中国学校变革的探究与认识［M］.北京：教育科学出版社，2006：368.

③④ 张向众，叶澜.“新基础教育”研究手册［M］.福州：福建教育出版社，2015：6；30.

变化的各方面”[①]。具体而言，这一学校的转型性变革过程，具体涉及学校管理、教研组建设、课堂教学设计、课堂教学实施过程、课堂教学反思、主体班队会、班级建设、学生发展工作与学校整体状况等各个方面。

叶澜“理实观”中的学校转型性变革不是仅仅停留在对教育事实的描述、说明与分析层面，而是要形成新的教育理论并使其参与变革学校教育现实的关键环节，其实质是“一条由专业人员负责、理论与实践工作者合作、自下而上的开展教育研究之路”[②]。而参与学校转型性变革的主体主要包括两类，一类是由中小学一线教师、校长、教育行政人员、家长等组成的教育实践主体，另一类则是由来自高校和研究机构的教学与科研人员构成的，从事教育基本理论、教育政策及相关研究的教育理论主体。“新基础教育”研究的项目开展和教师发展结构（见图3–2）并不是按照以上分类而划分的，这种

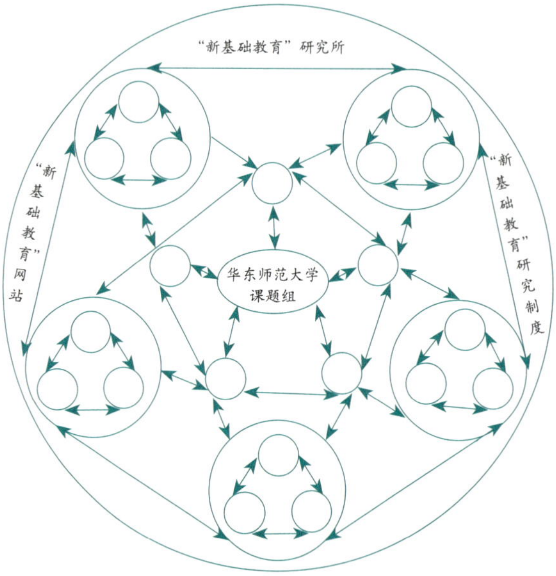

图3–2 “新基础教育”发展性研究的组织方式结构图[③]

① 张向众，叶澜.“新基础教育”研究手册［M］.福州：福建教育出版社，2015：6.
② 叶澜.“新基础教育”论——关于当代中国学校变革的探究与认识［M］.北京：教育科学出版社，2006：401.
③ 叶澜.“新基础教育”发展性研究报告集［G］.北京：中国轻工业出版社，2004：7.

新的合作结构是一种交互网络，是一种由实施变革系统、促进变革系统和支持变革系统三大系统相互“咬合”、相互影响和协力推进的交互式教学管理网络。可见，两类主体之间会发生过渡与转换，教育实践主体与教育理论主体均是作为双重行动者往返于教育理论与教育实践的转化之中。

（七）价值旨向：成事成人与生命自觉

叶澜认为，“新基础教育”研究具有两层价值指向：其一是显性目标，即“成事”，创建现代新型学校；其二是深层目标，即“成人”，改变教师和学生的生存方式与精神状态。

在“成人”方面，“新基础教育”研究关注每一个学生的生命成长，将学生的“主动性”“潜在性”“差异性”聚集到“具体个人”的概念上，也就是把每一个学生当作“具体个人”去认识和研究，并且“承认人的生命是在具体个人中存活、生长、发展的”[①]，最终提出了总体的育人目标，即培养“主动、健康发展”的时代理想新人，主要涉及外部世界、内部世界、思维方式在认知方面、道德品质、精神风貌三个维度的要求（见表3–2）。其中，让学生学会在不确定性中，通过主动选择和积极实践，把握和创造新的确定性，是“新基础教育”提出的学校教育的培养目标中最富有当代价值和个体生命价值的选择。

表3–2 “新基础教育”的育人目标：面向21世纪的“主动、健康发展”的时代新人[②]

	关于外部世界	关于内部世界	思维方式
认知方面	善于捕捉、组织和判断各种信息的能力，善于发现问题，综合运用知识、解决新问题的能力，即创造能力。	认识自己的反思能力，自觉进行自我调控的能力。	立体、多维、动态的思维方式，直觉、领悟的思维方式。

① 叶澜. 教育创新呼唤“具体个人”意识［J］. 素质教育大参考，2003(4)：6-7.

② 张向众，叶澜. “新基础教育”研究手册［M］. 福州：福建教育出版社，2015：5.

续表

	关于外部世界	关于内部世界	思维方式
道德品质	自觉遵守社会公德（含法律、制度与纪律等具有社会公律意义的公德）和履行职业道德。	独立选择、综合、形成积极的价值观，形成责任感、义务感，自尊与尊重他人相结合，在保持独立人格的同时善于与他人协调、对话。	发展个性与促进社会发展道德价值取向的统一。
精神风貌	在身处不利环境中具有奋斗精神，有迎接挑战的冲动与勇气。	自信，不怕挫折，敢冒风险，有开拓、创造精神，能实现对自身的超越与完善。	在有缺憾的人生中追求完美，在改造外部世界的同时改造主观世界。

在“成事”方面，“新基础教育”研究将21世纪中国社会的教育改革界定为整体的“转型性变革”①，即将社会变革既作为一种外部环境存在，也作为一种推动教育变革的力量，并将其渗透与体现在教育变革的内部框架之中，以此作为教育变革趋势和学校发展走向的内在规定，并逐步明晰“学校转型性变革”的基本内涵与基本特质（见表3-3），其实质是在学校变革实践所提供的基础上进行的理性抽象的反映结果，旨在实现学校教育的整体形态、内在基质②与日常教育实践由“近代型”向“现代型”的转换——创建现代新型学校。

表3-3 “新基础教育”视域下现代新型学校的基本特质③

基本特质	主要体现
价值提升	受教育者：由知识的承受者转变为自我发展的承担者； 从以传递知识为本转向以培养人的健康、主动发展的意识与能力为本。

① 叶澜．实现转型：新世纪初中国学校变革的走向［J］．探索与争鸣，2002（7）：10-14.

② 内在基质是指构成学校作为教育机构的基本要素的特质，主要包括学校物质因素（含校内建筑布局、内在设施、校园环境）和教师、管理人员的素质等。具体可参见张向众，叶澜．“新基础教育”研究手册［M］．福州：福建教育出版社，2015：6.

③ 张向众，叶澜．“新基础教育”研究手册［M］．福州：福建教育出版社，2015：8-10.

续表

基本特质	主要体现
重心下移	教育对象与目标：教育观念与行动中每一个“具体个人”的发展； 教学内容：学科与生活、社会、职业世界的多向交互作用； 教育管理：学校自主权的回归，包括课程开发、师资培养、教研等。
结构开放	向外：对网络、传媒的开放；对社区、社会的开放；学校间、相关教育机构的相互交流开放； 向内：在管理上向师生的开放，教育教学活动中向学生发展的可能世界开放。
过程互动	呈现多元、多层、多向、多群的状态，由潜在可能向现实的发展转化。
动力内化	学校形成自己内在的发展需求、动机和动力机制； 由贯彻上级行政要求式的执行机制转向以校本研究为动力的学校发展机制； 把教育中具体人的健康、主动的发展作为目标、过程与动力。

这两层价值取向并不是相互割裂的两件事，而是一件事情的两个方面，要将“人”与“事”统一起来研究。这是因为教育理想与教育目标是形而上的价值追求，需要通过“成事”来实现，而教育理论与实践变革之“事”终究要决定于“人”的作为，于是“成人”与“成事”是“新基础教育”价值指向的“一体两面”，即在“成事”中“成人”，以“成人”来促“成事”。

在叶澜的“理实观”中，成事成人和生命自觉的价值旨向，将指引教师对自我精神、外在环境与其他主体自觉地进行体察，在充分学习、理解与吸收各种资源的基础上，实现对资源的创造性占有，把别人的资源变成自身精神重建和实践创生的内在资源，不断完善自我、创造自我和实现自我生命价值的提升，最终把教育过程转化为培育学生生命自觉与自我生命自觉的相互滋养的过程。

这种价值旨向，既为教育学语境内的理实研究提供了价值导向，也为实践哲学语境内的理实研究提供了有益的借鉴和启示：价值问题是理论与实践关系中的前提性、基石性问题，从而在实践论和价值论之间建立起了内在联结。

二、学校转型性变革中教育理论与实践的融通转化

“新基础教育”研究作为一项以学校转型性变革为核心任务而开展的研究，不仅反映了中国社会转型时期对教育的时代要求，而且呈现了中国学校教育的实践状态，更是蕴含着其本身对时代和教育实践的基本理解。其中，贯穿于课堂教学变革、班级建设变革、学校领导与管理变革、不同领域层次的多向沟通中的一条或隐或显的主线——叶澜的“理实观”——无不潜移默化地渗透在了“新基础教育”研究的每一次变革行动之中。

（一）课堂教学变革

课堂教学既是师生日常活动的基本构成部分，也是学校实现转型性变革的“全息点”“突破点”和“落脚点”，更是“新基础教育”理论与实践变革的“试炼场”“转化场”与“创生场”。“新基础教育”研究不是事先发明的一套完备的、全新的教学理论，然后将其应用和推广到课堂教学实践之中，而是为了改进教学实践和提升教学质量，在课堂教学中诊断问题、分析原因，并寻找新的可能性而创生的理论与实践多次螺旋上升的研究过程。

1. 教学主体的转换：从“抽象的人”到“具体个人”

叶澜将课堂教学视为师生共同参与的整体性实践活动，是师生交互作用并生成智慧的过程。师生作为教学主体，使其从“抽象的人”转向“具体个人”，是“新基础教育”研究将人的生命纳入教育理论与实践关系视野中，并将其置于内在核心位置的逻辑起点和关键标识。

这种对教学主体的认知转换，是一种对教育言说、思考与行动之事的反思与批判。“在以往的讨论中，我们偏重于对理论与实践的关联状态分析，忽视的恰恰是对作为认识与实践主体的人的状态与关系研究。而正是他们在从事着教育理论研究与教育实践活动，是他们的活动方式和关系状态，决定着教育理论与实践的发展水平与关系状态。所以，我们应该把重心集中到更为根本的主体身上。”①

在认识论层面对课堂教学主体的认知转换，促使叶澜在教育理论与实践关系研究上找到了新的深化点，并把转化的过程及其结果的评价尺度设定为“人的生命发展”，改变了以往审思视角或偏向于教育理论或偏向于教学实践的钟摆状态，从而使两类主体的相互沟通、理论与实践在不同层面上的交互影响和转换成为认识的新深化点。

对于课堂教学主体的认知转换，叶澜没有选择哲学式的思辨推理，也没有选择书斋式的想象假设，而是将教学主体置于长期的课堂教学的研究性变革实践之中，旨在从生命的高度，以动态生成的观点来认识课堂教学中蕴含的多重丰富的“实践关系”与“关系实践”，促使教学主体在课堂上“活起来”，“让课堂焕发出生命活力”。

> 课堂教学应该被看作师生人生中一段重要的生命经历，是他们生命的有意义的构成部分。对于学生而言，课堂教学是其学校生活的最基本构成部分，它的质量，直接影响学生当前及今后的多方面发展和成长；对于教师而言，课堂教学是其职业生活的最基本的构成部分，它的质量，直接影响教师对职业的感受、态度和专业水平的发展、生命价值的体现。总之，课堂教学对于参与者具有个体生命价值。课堂教学蕴含着巨大的生命活力，只有师生的生命活力在课堂教学中得到有效发挥，才

① 叶澜.思维在断裂处穿行——教育理论与教育实践关系的再寻找［J］.中国教育学刊，2001(4)：1-6.

能真正有助于新人的培养和教师的成长，课堂上才有真正的生活。①

可以看出，“新基础教育”研究在直面教育理论与实践的关系时，首先将其转化为“人的问题”或“人的生命实践问题”，继而转化为一种“关系实践”。这种深层次转化的背后是对课堂教学主体的认知转换，即从“抽象的人”转向“具体的人”，从“静态既定之人”转向“动态生成之人”，从“单向度的人”转向“生命实践之人”。

2. 教学逻辑的重建：从“理实割裂”到“理实相生”

在叶澜看来，认识教育理论与实践的关系内涵与转化逻辑并非一件容易的事情，需要将其转化为一种基于课堂教学变革中的“关系实践”来呈现其本真面貌。在为实现学校整体转型性变革而开展的理论与实践交互建构的研究中，叶澜将目光聚焦到了课堂教学变革领域。

教育转型性变革的实践本性，决定了中国当代的教育改革必须深入到学校每天进行着的日常教学实践之中。只有通过变革学校日常教学实践，才能实现新人的培养，实现师生在校生存方式的变化。舍此，别无他路。以班级为单位的学校教育活动，是学校日常教育实践中最为基础性的构成，是师生学校生活的最基本的组成，因而也是传统教育思想和行为积淀最深，且已达到普遍化和习惯化状态的部分，是学校日常教育实践变革的重点与难点。②

① 叶澜.让课堂焕发出生命活力——论中小学教学改革的深化［J］.教育研究，1997(9)：3-8.

② 叶澜.“新基础教育”论——关于当代中国学校变革的探究与认识［M］.北京：教育科学出版社，2006：239.

课堂教学作为学校基础性活动的日常表达，具有久远的历史沿革，并深受传统认识论框架的束缚。“把丰富复杂、变动不居的课堂教学过程简括为特殊的认识活动，把它从整体的生命活动中抽象、隔离出来，是传统课堂教学观的最根本缺陷。它既忽视了作为独立个体、处于不同状态的教师与学生在课堂教学过程中的多种需要与潜在能力，又忽视了作为共同活动体的师生群体在课堂教学活动中多边多重、多种形式的交互作用和创造能力。这是忽视课堂教学过程中人的因素的突出表现。它使课堂教学变得机械、沉闷和程式化，缺乏生气与乐趣，缺乏对智慧的挑战和对好奇心的刺激，使师生的生命力在课堂中得不到充分发挥，进而使教学本身也成为导致学生厌学、教师厌教的因素，连传统课堂教学视为最主要的认识性任务也不可能得到完全和有效的实现。”①

面对课堂教学变革的传统束缚与现实挑战，叶澜以教育理论与实践的“关系实践”为抓手，开展课堂教学的重建研究②，涉及课堂教学价值观、过程观与评价观的变革。与此同时，其背后更关涉课堂教学主体头脑中的观念变革和行为变革，以及教学主体课堂生存状态的变化。

“新基础教育”研究对课堂教学价值观的重建直面的现实问题，是课堂

① 叶澜．让课堂焕发出生命活力——论中小学教学改革的深化［J］．教育研究，1997(9)：3-8.

② 叶澜认为，“重建”是相对于长期形成的、在传统教学论中被确立稳固地位的观念；是在学校课堂教学实践中至今还相当普遍甚至相当顽固的现实存在。“重建”不只满足于理论的批判、观念的更新，还力图在改革中探讨和创建新的实践形态。“重建”具有理论与实践的双重追求和任务，也是理论与实践双重探索和交互作用的产物。具体可参见叶澜．“新基础教育”论——关于当代中国学校变革的探究与认识［M］．北京：教育科学出版社，2006：259.

教学实践中生命价值的缺失[①]，主要包括教学共通价值观、学科教学价值观、课堂教学设计中价值观的具体综合等三重结构。教学共通价值观遵循从单一地传递教科书上呈现的现成知识转为培养能在当代社会中实现主动、健康发展的一代新人的基本理念，协调“教书”（资源手段）与“育人”（根本目的）二者之间的关系，目的是重新认识教学在育人中的价值，以及为培养怎样的人服务的问题。学科教学价值观关系到每个教师如何认识自己任教的本学科的具体价值，是教学价值观落实到教学设计活动和教学行为活动中的前提条件。“新基础教育”研究深入探究和开发具体学科的丰富育人价值[②]，深入研究学生成长需要与具体学科教学的关系。课堂教学设计中价值观的具体综合主要关注对学科教学内容整体性的重组与加工。[③]如将知识按结构关系进行重组，把学科的书本知识按其内在的逻辑组成由简单到复杂的结构链，基本上以结构为大单元策划教学内容的组织，使贯穿教学的认知主线呈现出结构的逐步复杂化。然后，将结构化后的以符号为主要载体的书本知识重新“激活”，实现书本知识与人类生活世界的沟通，与学生经验世界、成长需要的沟通，与发现、发展知识的人和历史的沟通。

“新基础教育”研究对课堂教学过程观的重建是一种课堂教学理论与实

① 叶澜认为：“在课堂上，认真负责的教师往往把力气花在讲清知识、落实练习，使学生能牢固掌握知识，考试时不出差错上。大多数情况是，学生在教师备课时，只是被当作一定年级段的抽象群体来认识，即使研究学生，其重点还是以教材为中心，思考的是学生能否掌握教材，如何突破难点，等等。总之，在现实的课堂教学中呈现出的价值观与教师抽象地谈论着的教学价值观相差甚远。”具体可参见叶澜.“新基础教育”论——关于当代中国学校变革的探究与认识［M］. 北京：教育科学出版社，2006：247.

② 叶澜认为：唯有如此，学生的精神世界才能从不同学科教学中获得多方面的滋养，在发展对外部世界的感受、体验、认识、欣赏、改变和创造等能力的同时，不断丰富和完善自己的生命世界，体验丰富的学习内容，满足生命的成长需要和形成认识自我、发展自我的意识与能力；唯有如此，学科教师才能完成从学科专业人员向学科教学专业人员意义的基础性转化。具体可参见叶澜.“新基础教育”论——关于当代中国学校变革的探究与认识［M］. 北京：教育科学出版社，2006：255.

③ 叶澜. 重建课堂教学价值观［J］. 教育研究，2002（5）：3-7.

践的双重意义上的重建过程。在教育理论重建方面，主要包括以下三个层次：首先，是教学过程分析单位的重建，即将教学看作是不可分割的、具有内在关联的，一旦割裂就不构成教学活动的基本分析单位，旨在从“分析”走向“综合”，从“元素”走向“关系”；其次，是教学过程中学生、教师角色与任务的重建，即促使学生成为发现者、参与者、提问者、讨论者、策划者、践行者、自控互控和自评互评者，教师成为捕捉者、发现者、合作者、组织者、策划者、重组者，并且教师要树立学生是教学的重要资源（原始性资源、基础性资源、互动性资源、生成性资源、方案性资源、研究性资源等）的观点；最后，“互动生成”式教学过程内在逻辑的确定，具体包括确定“资源生成性”“过程生成性”与“拓展生成性”的分析单位。在课堂教学实践重建方面：要降低课堂教学重心，把课堂还给学生，如还学生主动学习的“时间”“空间”“工具”“提问权”与“评议权”等；促进师生间积极、有效和高质量的多向互动，加强课前教学设计的研究力度，形成结构意识和弹性化方案，形成师生、生生多向交互的作用，重新认知教师角色（呈现者、提问者、指导者、评价者、管理者、重组者等），以及加强课后的反思与研究（以积极、有效、高质量为标准）；促使教师的改革行为逐渐走向日常化和系统化，通过开展“类典型案例”[①]的系列建设，开展“学科教学改革指导纲要”的研究，帮助教师理解和实施课堂教学过程的新结构，形成整体逻辑、自觉意识和重建能力。

“新基础教育”研究对课堂教学评价观的重建主要包括三个阶段、六种评价类型。第一阶段主要是诊断性评价和常规性评价，如研究人员随堂听

① 叶澜认为，所谓“类典型案例”，是建立在教学内容结构化基础上的典型案例。这类案例不同于“公开课”的示范案例，它是整体中的一个典型节点，不是唯一，也不是全部，而是局部、环节中的结构性典型。“类典型案例”要呈现的是教师课堂教学的全过程，从教学方案设计到教学过程实录，以及执教教师课后的反思、重建笔记和讨论。具体可参见叶澜．“新基础教育”论——关于当代中国学校变革的探究与认识［M］．北京：教育科学出版社，2006：281.

课，课后教师做自我评价，研究人员与教师讨论并做出评价，以及学校内举行的阶段性的期中与期末测评测验，区域举行统测等。第二阶段主要是原则性评价和比较性评价。其中，原则性评价以定性为主，定量为辅，有两份“听课记录表”（一份记录课堂教学过程的空间分布和活动形态变换状态，另一份记录时间分配、过程行进及其内容的状态等），旨在促进教师对内含新质的实践形态的理解、追求与创造；比较性评价包括试验班自身的纵向发展比较和试验班与非试验班的横向发展比较。第三阶段主要是全程整体性评价和阶段系统性评价。全程整体性评价包括对教学设计、教学过程和教学反思三个部分的评价，旨在评价项目之间、指标之间的内在关联性；阶段系统性评价包含自评与他评、过程与效果相结合。

可以看出，叶澜对课堂教学逻辑的重建采取的是一种双向式、参与性的介入方式。教育理论工作者需要进入课堂教学实践现场，通过参与实践者的教学设计、教学过程与教学反思来介入，而教育实践工作者则可以通过参与教育理论工作者的课题研究，或者邀请教育理论工作者参与自身的研究课题，以研讨、诉说与写作的方式介入理论创制。这种双向式、参与性的介入方式是以促进发展为目的，促使双方参与到各自的价值观、思维方式、语言方式和行为方式的改变进程之中，最终实现由“理实割裂”向“理实相生”的转化。

3. 心路历程的素描：从“局部突破”到“复杂生成”

在课堂教学变革的过程中，叶澜认为，教育理论与实践的转化作为一种双向性的过程，对于教育理论工作者和教育实践工作者的意义和价值是存在差异的。对实践工作者来说，教育理论与实践的转化既是学习，也是对自己的原有实践方式和与此相关的理论进行改造的过程。这种改造涉及方方面面，包括认识与观点、教育信念与思想方法等。对于理论工作者来说，教育理论与实践的转化则是一个宣传自己的观点，使之普及到相关人员头脑中去的过程。

在叶澜看来，对于教育理论工作者而言，从“旁观者”向“介入者”身份的转化，是一种置身其中而冷暖自知的体悟状态，不仅是一种“体知之学”，更是一种对教育理论与实践关系的“生命·实践”之学。

> 就我本人而言，“新基础教育”的15年历程，让我策划和亲历了一个以前研究生涯中从未有过的复杂式研究的全过程，锻炼了自己的意志、智慧和情感，体验了它的全部丰富性：机遇与挑战、退出与进入；发现与捕捉、批判与重建；挫折与成功、继往与开来。这些亲历和体验有时是无法言表的，它凝聚在我生命的深处，成为我精神世界独具的富有与力量；它很难被处在另一种生活世界和思维方式中的人理解，但可以和共同走过的人和愿意同行的人分享；我从未希求过所有人为“新基础教育”鼓掌，但我庆幸自己从事了“新基础教育”。“新基础教育”让我存有的学术能量有了一次绽放，又孕育出我新的学术能量和生长出指向未来的学术生命。①

对于教育实践者而言，叶澜认为，其体验到的碰撞与冲击、触动与感悟、成长与飞跃会更多。这是因为，当教育理论工作者与教育实践工作者在真实的课堂教学变革过程中的各种心理和行为反应交织在一起时，会呈现更为复杂的状态。有的会感觉“很容易”，有的会感觉“很艰难”，甚至有的会被“焦虑”“害怕”与“恐惧”所缠绕。这种局部的碰撞既有“新理论”与“旧理论”的碰撞，也有“新理论”与“旧实践”的碰撞，还有“新实践”与“旧实践”的碰撞，更蕴含着“旧我”与“新我”的矛盾与冲突。

---

① 叶澜，李政涛，等.“新基础教育”研究史［M］. 北京：教育科学出版社，2010：171.

带着这样的理念和自信，与“新基础教育”课题组老师有了第一次的“碰撞”。还清晰地记得那次我所教的是四年级的“平均数”。整个教学设计，落实的是“一环紧扣一环”，“教师为主导”的教学理念。课堂中表现的“学生主动”，是通过“原有的知识点教学的框架+学生主动活动形式”来实现。自己对能上好这堂课充满信心。但评课时“新基础教育”数学组老师在逐步解剖这节课的过程中，我的心慢慢地变凉了。一个又一个尖锐的问题排山倒海地向我涌来：

“你所安排的小组讨论，有几次是有价值的？”

“你知道这堂课真正要让学生掌握的是什么？”

“你所提的问题是课前设计好的，还是根据学生课上的疑惑所提？”

“你是否关注到了班内每一位学生？”

……一系列问题使我无言。课竟会评得遍体鳞伤、体无完肤。我当时蒙了，脑中一片空白，迷茫、烦闷的情绪充彻胸怀，有种喘不过气来的感觉。①

艰辛尝试后的豁然领悟是“新基础教育”研究在课堂教学环节中“捉虫”之后所产生的“喔效应”。叶澜认为，这种建立在课堂教学实践变革基础上的自省领悟映射出新理论内含的新视角、新思维和新眼光，展现了新的发展道路和新的成长空间。

实践的付出让我清晰地意识到自身存在的问题。课题组的老师来了，我知道如何展开递进式的长程设计，课题组老师走了，换了别的教学内容我又犯糊涂了。面临的困惑让我意识到是自身学科素养的匮乏让我难以形成对教学的内容结构化的认识。因为“心中没有学生”，所以

① 叶澜，李政涛，等.“新基础教育”研究史［M］.北京：教育科学出版社，2010：535.

不能准确地把握开放的度，课堂中没有根据学生状态来调整教学的意识。因为缺乏“整体综合的思维品质”，所以不能在结构中把握具体教学内容的准确定位。①

对叶澜而言，这种局部突破后的自省领悟，不仅深化了对教育理论与实践关系的认知，更重要的是强化了两类教育主体对课堂教学变革中交往互动关系的认识，至少体现为以下三点：其一，意识到变革的过程，是“将理论具体转化”的过程，是“理论与实践沟通”的过程，更是“将新的理论与每一天的日常教学实现对接”的过程，它意味着理论与实践的转化，必须是日常性的，而不是偶尔为之的；其二，领悟到即使是实践者的理论学习，也需要实践铺底，学到的理论不只是为了语言更新，而是为了回到实践、丰富实践和改造实践，最终改变和发展自我；其三，体会到理论与实践的转化沟通需要与理论人的对话互动，感受到理论人的存在之于自身发展的价值。

如果说反思、自省和领悟都是思维意识层面的活动，体现出的是一种变革的思维价值，那么，二度重建后的实践行动，则是一种基于问题、直面问题与解决问题的重构性实践，体现的则是一种行动价值，即将“问题的研究性发现”转化为“问题的创造性解决”。

找到了问题就找到了努力的方向。“儿童立场”的确立从改变备课方式开始，运用“新基础教育”所倡导的备课方式。首先，在教学预案的设计环节增加对教材文本以及学生状态的分析。在每一个教学内容的设计前，系统地解读教学内容，剖析教学内容的教育价值，从已有经验、个性差异、可能状态、学习困难等方面剖析学生的现实状态。这样的分析使我进一步明晰了教学目标与教学内容、学生的基础状态具有内

① 叶澜，李政涛，等.“新基础教育”研究史［M］. 北京：教育科学出版社，2010：521.

在的逻辑关联性。其次，将单向的教学过程描述，变为师生双边互动的状态呈现。每一个教学环节的设计，有意识地思考：教师的“做”是否为全体学生的主动学习创造了条件，每一个活动的展开，学生做什么、学生会怎样做、学生的可能状态是怎样的、活动中学生感悟了什么、明确了什么、提升了什么。预案中有了学生，并不表示课堂上有了学生，但是，当它成为有意识，你就能渐渐地拥有。①

从局部突破到多点创生，从复杂生成到共生共长，教育理论工作者与教育实践工作者基于不同的身份与角色，分别实现了生命能量、价值观念、思维方式、语言方式与行为方式的转化创生，呈现出一种“相互扎根”“相互滋养”“相互创生”的生存样态。

两类主体在成事成人中感受到了交往的价值和转化的力量，都对对方的知识、能力、品性和人格有了较为全面客观的认识，彼此的信任感已经建立。进入此阶段后，双方交往与转化的频度日趋紧密，交往共同体趋于稳定并实现内在的联合，理论人对实践人及其实践活动的解读和导读趋于准确和丰富，对如何将自己的思想观点化为对方的行动，又从对方的实践之中吸取资源，以修正、完善和发展已有的教育观念等，形成了一套行之有效的策略体系。同样，实践人已经学会如何把理论人的理论化为生产力，化为自己具体细致的行动，同时，对自身的教育行为的反思性解读，不仅趋于全面准确，而且具有了理念支撑和学理深度。更为重要的是，在此阶段，真正意义上的双向滋养已经为双方所共同感受，两类主体的彼此需要已经趋于内化，双方交往和转化成为各自的内在需要。

---

① 叶澜，李政涛，等.“新基础教育”研究史［M］. 北京：教育科学出版社，2010：521.

叶澜认为，通过对教育理论工作者与教育实践工作者在课堂教学变革中交往互动的心路历程的素描可以看出，教育理论与实践的关系作为一条隐匿的主线深藏其中，其转化所跨越的阶段或步骤也表现出丰富性和复杂性：其一，阶段的交互性，即几个阶段交互缠绕在一起——尝试中有反思，重建中有摸索，共生中也有重建；其二，阶段的共通性，即理论人与实践人的互动贯穿其中，各种挑战、碰撞、触动和领悟贯穿其中，诸多焦虑、迷茫、清醒、喜悦贯穿其中，创造和生成贯穿其中；其三，阶段的差异性，即不同主体已有的基础、投入程度和思维品质等方面的差异，导致其在不同阶段停留的时间、进入不同阶段的方式方法、不同阶段可能存在的困难和障碍以及转化生成的结果等都存在差异。

（二）班级建设变革

在“新基础教育”学校变革实践中，有两种相辅相成、互相创生意义上的变革实践，即课堂教学变革与班级建设变革。[①]两大变革实践都在深入地探究和思考“新基础教育”改革能够为新时代中国教育变革中的师生生命成长做些什么，即提高什么、转变什么、发展什么，乃至引领什么。因此，它们的落脚点都饱含着叶澜所带领的“生命·实践”学派的生命视角、生命关怀和生命意义。班级建设同样承担着理论与实践交织变革的基本使命，也孕育着中国新时代师生生命成长的无限希望。在叶澜的“理实观”中，班级建设的意蕴和内容是丰富多彩的，其理论与实践的重建过程更是因肩负着丰富师生生命成长与改变师生生存方式的教育使命而任重道远。

---

① 叶澜认为，如果说课堂教学是学生与教师在学校中合作进行，为实现学和教的目的而开展的学校实践，是学生在校课程性学习生活的重要组成；那么，班级建设则是学生与教师在学校合作进行，为促进学生社会性和个性健康、主动发展而开展的学校实践，是学生在校社会性学习生活的重要组成。具体可参见叶澜．“新基础教育”论——关于当代中国学校变革的探究与认识［M］．北京：教育科学出版社，2006：295.

1. 核心概念的重建：“班级建设”概念的重新界说

叶澜对班级建设变革的研究源于在实践中发现学生班级生活和教师班级管理普遍存在的问题，并逐渐看到了教育学中有关这一问题研究的薄弱，以及有关“班级”概念认识上存在的大量分歧。

叶澜通过分析“班级”概念演变的过程，比较评析不同学科、不同立场与不同观点，来呈现“班级”概念的内涵演变与多位解读。“‘班级’概念的诞生是与近代学校教育的规模扩展和教学内容的增加、丰富直接相关的，它是教育从古代形态向近代形态转换中的一个重要变化……第一，它是属于学校中大量学生如何进行组织的制度规定，是与学校实践的需要密切相关的一个概念；第二，班、级是作为两个相关但不同维度区分的组织方式；第三，‘班’与‘级’都是与学校教学相关的组织制度，服务于大规模教学的有序和高效（少量教师教大量学生）进行；第四，班主任一职，起作用主要是管理……”①

随后，叶澜通过概要地论述将近一个世纪以来苏联教育思想及实践中有关集体教育的主要演化过程，来呈现苏联教育理论是如何一步步地认识到班级在学生道德和精神成长中的意义，以及逐渐走向有关学生在集体中相互教育与自我教育的研究的。此外，叶澜通过对教育社会学中关于班级的微观研究，梳理出社会学关于班级研究的立场及主要的观点。“第一，社会学研究班级是以学生的社会化为基本立场。第二，就国内教育社会学著作而言，有关班级的研究主要接受的是西方教育社会学的影响。第三，持将班级作为组织的观点内还有三种分歧意见：一是班级组织的成员是否包括全体教师；二是这个组织的性质属初级群体，还是强调其内聚力，是具有稳定性的集体组织；三是是否视班级为经历不同发展阶段的、从初级群体走向集体过程而形成的组织。第四，关于班级组织的动态层面的分析主要是指班级组织中的师生互动和生生互动。”②

①② 叶澜.“新基础教育”论——关于当代中国学校变革的探究与认识［M］.北京：教育科学出版社，2006：283-284；291-292.

基于对学校教育发展和研究实践深入的认识，叶澜没有采用将班级建设作为“班级”和“建设”两个独立词构成的概念界定路线[①]，而是将“班级建设”作为一个完整的概念来理解，用来指称学校中相对独立的实践领域，放在学校教育实践的总框架中来认识和研究。在叶澜看来，这是因为“‘班级’的出现本身就是教育与学校实践变化的需要，它服务于特殊的学校实践。但最初班级还只是学生在校组织形式变革的产物，旨在有利于大规模教学的开展。关于这一组织本身的研究，最初除了如何组建之外，大多局限于课堂教学的管理，且重点放在维持记录和处理冲突上，是一种服务于教学实践的维持常态式的行为，不具有建设性。随着学校教育的发展和研究实践的深入，班级作为一种有组织的群体所具有的内在教育力量的一面被关注且通过创造性的教育实践得到开发……‘班级’这一新的教育功能的发现，其实质是要求将‘班级建设’作为一个相对独立的学校教育的任务与实践领域来研究”[②]。

在叶澜看来，班级建设既有对学校实践而言的组织功能，也有对学生发展而言的育人功能，内含着生长变化的需要与空间，内含着变化发展的可能，是一个有着内在关联、相互界定的复合概念，不应简单地将其置于德育的范畴或放在班主任工作及学生集体的领域之中，而应作为一个相对独立的实践领域来界定和研究，其具有自身特殊的和不可取代的实践性质、构成与主体（见表3–4）。

---

① 在叶澜看来，第一种路线是将重点放在“班级”上，即“有关班级的建设”，暗含的假设：只要把班级是什么认识清楚了，即可知如何去进行班级的建设；第二种路线是将重点放在“建设”上，即“班级的有关建设”，暗含的假设：只要班级的性质是清楚的，重点就是去研究如何将班级建设成理想的组织，发挥其作为教育手段的功能。具体参见叶澜.“新基础教育”论——关于当代中国学校变革的探究与认识［M］. 北京：教育科学出版社，2006：292-293.

② 叶澜.“新基础教育”论——关于当代中国学校变革的探究与认识［M］. 北京：教育科学出版社，2006：291-294.

表3-4 “新基础教育”对班级建设的实践性质、构成与主体的界定

主要方面	主要内容
概念界定	学生以班级为单位开展的社会性学习生活的学校教育实践
现实问题	1. 独生子女人格的健康发展问题 2. 当代中国社会的未来公民养成问题 3. 学生自我意识与成长需要的发展问题
基本功能	促进学生个体社会性和个性的健康、主动发展
基本构成	1. 有关学生在班级中日常的社会性生活质量提升型的建设（具有弥漫性和渗透性） 2. 有关班级集中进行的有主题、有设计的，具有专题性的班级活动系列的建设（具有集中表现和分散筹划、准备及后续性延伸的长程性）
参与主体	师生
实现方式	师生、生生之间的积极、双向的互动
基础性工作	研究、关注学生相关的成长
核心性工作	引导学生提升自我教育与自我管理的意识和能力，促进学生社会性发展

2. 系统理念的更新：“成事与成人相结合”的基本思想

高质量地开展班级建设变革，涉及教育理念、班主任工作实践、学科教师教学、学校管理制度与文化等相关系统的整体变革。“新基础教育”视角下的班级建设自觉地追求、践行着“成事与成人相结合”的基本思想，综合体现着叶澜“教天地人事，育生命自觉”的核心价值追求和改革原则。

叶澜坚持在学校转型的整体视野下变革班级建设，坚持在具体的时空背景中认识具体教育现象的思维方式，以及坚持在生命成长的全程视野下认识当前的班级建设。这种育人自觉能够促使班级建设获得更多的发展资源，能够看清自己的独特性，也能够更好地促进学校整体转型的实现。与此同时，这能够改变班级建设的具体方式，在融入整体、策划整体、实现部分与整体的多维多向沟通方面，产生积极的作用。

在叶澜眼中，班级建设变革具有内在的整体性。班级组织建设、文化建

设、家庭生态系统的建设任务或发展过程中呈现的问题，都可以成为班级建设的主题。这需要关注学生学校生活与校外生活、家庭生活的沟通，只有在学生日常生活重建的基础上重新回到学生的学校日常生活中，才能真正实现其促进学生成长的价值。叶澜关注学生在年级内、跨年级、学校层面、学校与社会沟通、学校与家庭沟通等多层面的生活内容，关注学生的班级生活与教学生活的沟通，关注学生不同组织形态下的生活，并由此形成关于班级建设变革系统的改革思路。

基于这条改革思路，叶澜进一步聚焦师生成长的需要，重视形成师生生命成长的全程意识，即从成长与发展的角度认识、体悟当前师生的成长需要与成长历程，发现师生当下已经显现出来的成长可能性，建立对人的终身发展需求、主动发展需求的系列认识，保持对师生成长出现的新问题、新希望与新可能的高度敏感，坚持成长教育的系列性、有机性与整体性，坚持班级建设内在教育价值与育人意义的充分体现。例如：注重同一主题在不同时期、不同年段逐渐提高要求，形成纵向的系列；注重同一主题横向扩展，形成多维度班级建设活动的系列构成；注重具体活动的前移后续；注重各年段班级建设活动的系列构成；等等。

叶澜相对系统地研究了班级建设中各个主体的工作状态，并从各类关系出发，透析了典型问题背后的思想观念与思维方式，并最终落实在班级建设变革中的“成事”与“成人”的关系上，涉及班主任工作的一系列问题，以及学校班级建设负责人的工作变革、管理制度变革、文化重建，并提出了提升班级建设的研究意识与能力、整体策划的意识与能力、反思与重建的意识与能力、创造性推进变革实践的能力、思维品质的提升等问题。一方面沟通了班级建设变革之事与变革之人之间的关系，开拓了新的研究空间；另一方面也探寻到了班级建设核心性的变革力量。因此，叶澜“成事与成人相结合”的基本思想，是提升班级建设变革者内在素养，丰富其内在精神世界，培育其成长状态，形成其变革实践行为，以及不断实现自我更新的指导原则。

3. 变革实践的探索：内外部多元教育力量的沟通与融合

叶澜认为，班级建设变革实践的探索过程是一个循序渐进、局部突破、整体协同、融通转化的过程。在探索性研究阶段，叶澜逐渐突破以班主任为改革主体、以班队建设为核心内容；在发展性研究阶段，叶澜在主题班队建设、学生成长需要等方面的研究有所拓展；在成型性研究阶段，叶澜将实践领域逐步拓展到年级组、学校层面的大型活动、系列活动、日常工作的变革研究，开始着力于学校与家庭、社会教育的整合研究，已经在班级层面与学校层面的整合建设、班级建设与学科教学的协同沟通等方面迈出了新的变革步伐，逐步形成了内外部多元教育的合力。班级建设变革实践主要体现在班级组织建设、班级文化建设、班级系列活动建设三个方面。

在班级组织建设方面，变革传统的班干部制度，把管理权还给每个学生；增设班级岗位，把主动参与班级日常工作的权利还给每个学生；丰富班内评价，把评价的权利与责任还给每个学生。

在班级文化建设方面，以独立性、凝聚力、创新活力、竞争实力为主要评价指标。班级文化建设的外显层面包括教室环境的布置，贴出的是学生自己的小作品、明星榜、班级共同制定的公约、周安排以及反映学生生活的照片；内隐层面主要考察班级的班风和人际关系状态，提倡学生要学习、营造和形成以尊重与理解、欣赏与互动、独立与合作、竞争与共赢等为特质的当代健康的人际关系。

在班级系列活动建设方面，既要增强学生对外部世界相关的认识，提升学生与环境互动的能力，以及进行有意义、有明晰目标的活动的意识与能力，又涉及学校生活、班级群体生活、家庭生活中的一系列问题，包括矛盾与冲突；还要创生直接与学生自我发展相关的系列活动，包括在与外部世界相互作用中内在感受、体悟、内需的激发与提升，涉及自我反思、同伴间或与相关人员一起进行的直接指向活动主体内在精神世界发展的活动。

叶澜认为，班级建设变革是理论与实践双重作用的结果，它们共同形成合力，相互支持和相互影响，其汇集点则是班级建设中人的变化——学生成长的实现和教师发展的实现。师生是班级建设变革实践的主体，变革实践促成了师生的生命成长，这是叶澜为何要抓住班级建设日常实践变革的基本理论立场，也是其价值取向导引的必然结果。

（三）学校领导与管理变革

在学校整体性转型变革的过程中，叶澜不仅关注课堂教学与班级建设的变革实践与理论重建，而且将变革的目光聚焦到学校领导与管理领域。在学校领导与管理领域，叶澜形成了明确的改革目标——成事和成人；并在多年的理论与实践交互探索中，形成了独特的理论与实践变革路径，如“价值提升”“重心下移”“结构开放”“过程互动”“动力内化”等。通过变革学校领导与管理，积极推进了“责任人”与“合作者”双重角色的转换，进一步集聚了学校发展的多元资源，促使发展动力内化，发展行动日常化。

1. 核心目标的重建：构建新型扁平化、网络式、创生型管理运行机制

在分析国家管理系统中的中小学校生存状态和学校内部管理结构与运作状态的基础上，叶澜总结梳理了学校管理结构中的问题：“一是层次分明，管理方式主要是由上而下地贯彻领导意图；二是除最高层党政领导有横向沟通，尤其是几位校长相互沟通的可能性较大以外，其他层面的横向关联性不强，各自主要向垂直系统的上级主管负责；三是学校组织系统的分类标准不统一，有的以管理对象分类，有的以工作性质分类，有的以机构管理类别分类。有些组织的功能定位交叉，有些组织的功能不清晰，管理的效能因此而被削弱。”[①] 同时，叶澜将这些学校管理结构中的内在问题的共同特征概括为：“上级决策，下级执行；一人指挥，众人行动；统一任务，逐级演绎；

① 叶澜.“新基础教育”论——关于当代中国学校变革的探究与认识［M］.北京：教育科学出版社，2006：334.

套路相似，结构雷同。"①

在叶澜看来，这种学校管理结构的主要症结在于，每个系统内缺乏的是自下而上的主动参与和自主决策权，每个个体可以不为自己的行动负责任。这也从另一个侧面揭示了学校教育的创造活力和师生的创造性难以激发、生长不足的现象。鉴于此，叶澜将重心指向学校内部管理，而不是宏观教育管理的改革，旨在使学校内部形成具有扁平特征的新型管理结构，建立层次与系统之间积极、双向、有效互动的创生式运行机制，拓展每一位学校领导、教师实现发展和展现智慧、才能的空间，合力创建具有创造力和个性的、成功实现当代基础教育转型使命的学校领导与管理变革。基于此，叶澜认为学校领导与管理的变革，在学校转型性变革中具有双重指向："一是指向领导与管理层面本身的重建，一是指向对学校变革的领导与管理。后者是学校转型性变革中领导层不可推卸的责任，前者是学校转型性变革的组成与保证。"②

通过对学校领导与管理中常见问题的反思，以及持续的实践探索，叶澜确定了"新基础教育"学校领导与管理变革的核心目标和具体维度。

核心目标是在"新基础教育"追求价值提升、重心下移、结构开放、过程互动、动力内化的新型学校理念指导下，确立"成人成事"价值观，积极推进"责任人"与"合作者"双重角色转换，集聚学校发展资源，使学校逐步走向依靠文化提升管理境界，促进发展动力内化、日常化。

具体维度包括以下四个方面：第一，改革管理组织、制度，形成"成人成事"价值观指导下的新运行机制；第二，促进学校领导与管理者实现观念与角色更新，创建学校新文化；第三，培养一支具有自我意识、发展意识和"教师立场"，善于学习、引领变革、主动策划、富有活力的领导团队；第四，探索并逐步形成符合当代中国学校变革方向的新型学校领导与管理变革的理论、策略与经验。

①② 叶澜."新基础教育"论——关于当代中国学校变革的探究与认识［M］.北京：教育科学出版社，2006：334；325.

2. 系统理念的更新：从“实体式思维”转向“关系式思维”

基于学校领导与管理领域中的现实问题，叶澜重视思想方法的更新，尤其是从实体式思维转向关系式思维。她认为，学校领导与管理是处理好一系列关系的过程，而其聚焦点则是管理价值观的更新，即“成人”与“成事”的关系。

“‘新基础教育’在学校变革的管理价值观中强调‘成人’与‘成事’的一致性，是学校管理价值观有关目的与手段关系实现双向转换与统一的表达，体现了两者之间相互依存和转化的关系——‘在成事中成人，用成人促成事’。

‘在成事中成人’是指学校的日常教育实践和学校变革的实践，是造就新型教育者和学生的根本途径。这里突出的是学校教育的根本价值在于‘成人’，而不是‘成事’，其中的人不只是学生，也包括教育者。

‘用成人促成事’是以‘在成事中成人’为基础的。这里的‘成人’之人主要指教师。而成事之事首先是指‘学校转型变革和新型学校创建’之事。”①

在这种管理价值观的影响下，叶澜认为，学校领导与管理者要用自己如何实现成人成事的实际行动去影响教师，促使教师成为自觉的成事成人的积极主体。这个过程便涉及学校管理中人与人的交往互动，需要更新人际关系观，处理好“责任人”与“合作者”的角色关系。“责任人与合作者不仅是一种新的成事过程中的人际关系性质的表达，同时也是每一个学校工作人员的工作角色双重定位的表达……说到底是独立责任个体与合作群体之间交互作用的关系，是激发个体与相关群体创造力的关系状态。”②

此外，叶澜重视学校管理功能观的更新，重视学校管理秩序的形成，并以此作为推进变革的内在运行机制。其中既包括师生按规定的时间表和空间

①② 叶澜.“新基础教育”论——关于当代中国学校变革的探究与认识［M］.北京：教育科学出版社，2006：337；339-342.

转换，有节奏、周期性地进行各种教育、教学活动的“第一秩序”，也包括用制度和纪律来保证学校各项工作领域内质量的“第二秩序”，还包括各种秩序蕴含的思想、价值和服务的目标在实践中取得成功，继而被秩序执行者理解、体悟和认同，且建立在全体成员内心之中的“第三秩序”。三层秩序蕴含的学校领导推进变革的功能主要体现为：一是为学校制定相对长时段的发展规划（三年或五年），二是指向学校日常教学实践的“学习—研究—实践—反思—重建”的推进路线。叶澜认为，对三种不同层次秩序的重建能够形成一种新的持续和稳定的变革力量和思维方式，以此应对学校领导与管理变革中各种确定性与不确定性的动态关系。“只有用动态转化、相互生成、多元整合的复杂思想，才能理解和认识其中的统一，并努力在实践中创造条件，促进两种功能（形成秩序与推进变革）在可能的、具体的范围内共同推进学校的变革与发展。”①

与此同时，叶澜认为学校教育活动具有独特的时空处理方式，学校领导与管理需要在处理时空上进行观念的变革，处理好“分割”与“统整”的关系。“学校的时间意识的延伸应从学生的现在，联系到他的过去和未来，学校的空间意识要从学校延伸到家庭、社区，直到整个社会生活。从时空整合的角度看，要由个体人的生命和生活时空，联系到人类的类生命史和社会历史、现实与未来的生存时空……我们首先要改变学习管理中的时空观，在合理、切实做好学校时空分割的同时，时时把时空的‘统整’作为背景，作为目标和结果，作为不可忽视的延伸与渗透，将统整与分割关联起来，使分割的活动在整合中具有意义；用统整为纵横经纬、将分割的时空编织成丰富而有意义的图景，为学生和教师的生命发展积累底蕴。”②

可见，叶澜的“理实观”从价值观、人际关系、功能观和时空观等角度，为学校领导与管理变革提供了理论与实践层面的方法论思考，蕴含着追

①② 叶澜．“新基础教育”论——关于当代中国学校变革的探究与认识［M］．北京：教育科学出版社，2006：346；348-349.

求改变学校领导者、管理者和教师思维方式与生存方式的意旨。

3. 整体机制的构建："成事"与"成人"的相互融通

以"成事成人"价值观为聚焦点，叶澜对学校领导与管理变革整体机制的构建共包括两个层面和六个方面的基本内容：学校组织变革、学校制度更新、学校整体运行机制探索、学校文化建设这四个关于"成事"的方面；学校领导与管理者发展和教师发展这两个关于"成人"的方面（见表3-5）。

表3-5 "新基础教育"学校领导与管理变革整体机制的构建

基本层面	主要维度	基本内容
"成事"层面	学校组织变革	1. 重组学校行政性组织 •合并中层部门，实行功能整合 •纵向到底 •横向到边 2. 创建非行政性组织 •以研究、改进工作和自我发展为宗旨 •自愿组合而形成 •非固定、非行政意义上的组织
	学校制度更新	1. 反思、梳理学校现存制度 2. 整体重建学校制度 •下移管理重心 •下放管理权限 •建立"教研组长负责制""年级组长负责制"等
	学校整体运行机制探索	1. 校长负责和民主参与的办学机制 2. 分工负责与沟通协作的时时机制 3. 评价反馈与激励完善的发展机制 4. 常规保证与研究创新的动力机制
	学校文化建设	1. 逐步开展学校文化建设 2. 凝练校训，明确学校文化的主导价值 3. 渗透日常，形成学校文化的整体实践 4. 深化特色，形成学校文化个性

续表

基本层面	主要维度	基本内容
“成人”层面	学校领导与管理者发展	1. 校长、领导带头学习，主动投入改革研究，支持和激励骨干先行突破，做实日常研究 2. 重心下移，修订中长期发展规划，策划、组织和放大重大节点的过程价值，辐射全体参与，实现学校整体转型 3. 提升办学价值，重心下移，提升领导力，落实策略措施，提升思维品质，更新师生在校生存方式
	教师发展	1. 培育具有生命自居的新型骨干教师 • 价值取向与发展内动力 • 宽厚、扎实的文化底蕴 • 实践创生的思维能力 • 日常实践中的专业素养 2. 教师群体协同发展的策略与路径 • 分类、分层读懂教师参与变革的基本状态 • 培养“新基础教育”核心骨干 • 分类、分梯度推进教师梯队发展 • 在日常开展的教研活动中整体提升教师团队

这六个方面的改革，关涉“成事”与“成人”的相互融通。事与事之间存在交叉，在具体的变革实践过程中可以有所侧重，也可相互兼顾、互相协调，追求转型性变革的整体效应。

（四）不同领域层次的多向沟通

叶澜指出，在“新基础教育”的学校整体转型性变革实践中，仅仅依靠要求基础教育阶段的学校领导和教师进行自觉主动的改革是难以突破中国现代学校转型的路径瓶颈的。因此，必须从理论与实践变革的方法论上进行探索和突破，通过引导不同领域的研究人员、实践人员和合作人员参与到理论重建与实践变革中，进行多种思维方式和多种实践路径的相互沟通和交互作用，才有可能真正走出中国式的学校转型变革之路。

“新基础教育”几十年来的探索之旅，也进一步验证了叶澜这种理论思维和行动策略的合理性和有效性，即没有不同主体在研究中努力实现不同意义上的理论与实践的自我转换与统一，就难有不同主体间的理论与实践的转换与统一；没有不同主体间的理论与实践的转换与统一，就无法实现研究任务和研究中理论与实践的交互作用，相互生成。因此，几个转换与统一是交织和胶着在一起的，具有内在的沟通性和可转换性。

1. 参与力量：多元教育主体的合作共生

为了更好地促进不同领域层次的多向沟通，叶澜的“理实观”在组织形式上呈现出更为丰富、复杂和开放的特征，具有开展研究和推进、放大研究成效的两大功能，形成了多元教育主体合作共生的生态格局。

“新基础教育”研究课题组成员主要是华东师范大学基础教育改革与发展研究所的研究人员和相关博士研究生。日常研究以“产—学—研”相结合的方式展开，主要包括研究的总体和阶段策划，开展理论研究与学校现场定期研究的策划、观察、评价与指导，组织地区间联合举行的“新基础教育”共同体会议，做主题报告等。

核心试验学校成员包括两种类型：一类是骨干教师，主要是中小学语数外三门学科和小学道德与法治课的试验教师、试验班的班主任，他们的行动是“新基础教育”理论形成和发展的活源泉，是“新基础教育”实践智慧的重要体现，也是“新基础教育”的研究精神的重要创生者；另一类是学校校长、教导主任、科研室和教研室主任等高中层领导，主要承担的任务是组织、领导、支持试验教师开展研究。

在区域推广“新基础教育”时，研究团队由该地区（县级市、市下属的区和县）教育局局长、副局长，进修学校、教研室、科研室、督导室等的领导及相关学科的教研人员或地区特聘专家组成。他们作为推广研究的领导力量，是给予试验学校经济、政策、组织管理、日常业务指导、检查等方面支持的独特组合系统，既有“新基础教育”研究实践和成效在区域内或区域外放大、辐射的功能，还承担“新基础教育”共同体举行全国会议的组织、为会议顺利举行提供行政经费等多方面力量支持的责任。

2. 思维方式：多维立体互动中转变创生

作为人们思维活动中用以理解、把握和评价客观对象的基本依据和模式，思维方式决定着个体和群体在具体认识教育世界、认识自我以及具体教育教学行动中的处事方式。不同改革主体在不同的思维方式指导下，会产生截然不同的改革策略。叶澜很早就意识到，思维方式的转型与改革对于不同领域层次的多向沟通具有重要的意义，有利于形成共同的变革愿景、统一的变革思想和共生的变革实践。

首先，是关系式思维。这种思维方式不同于与割裂思维相关联的二元对立思维，被叶澜运用到学校整体转型性变革的方方面面。她认为，在价值观上，具有“生命自觉”之人，能够自觉地在自我、他人和生境之间进行内在的沟通对话，实现穿梭与转化；在学校领导与管理中，具体体现在学校发展规划的制定上，即将“学校领导管理与变革及领导团队发展”“课堂教学改革与教师专业发展”“班级建设与班主任专业发展”等关联起来思考未来的发展目标和策略，改变原有成事与成人彼此割裂的格局，形成学校发展规划的新思路；在学生发展工作方面，运用这种思维方式能够把握好学校学生工作与学校转型、社会转型之间的关系，还能够合理认识学生发展工作内部诸多内容之间的关系，等等。

其次，是整体综合式思维。在叶澜看来，这种思维方式强调对学校转型性变革的整体把握，而不仅仅是各个部分，强调整体内不同要素之间的综合融通，而非不同要素之间的累积叠加，主张把某一部分始终置于整体的背景框架中去思考，要用整体来说明部分。在叶澜近30年的研究性变革实践中，整体综合式思维弥漫渗透于全过程，从研究的性质、任务、发展过程和阶段性成果，到试验的目标策划、性质和任务定位，以及不同层面不同领域的多元改革主体构成，都形成了多向互动、融通转化的组织格局。

再次，是动态生成式思维。具体表现为运用动态思维来思考和认识学校教育变革。叶澜认为，这种思维方式不是从一个点出发，而总是从多个点出发，以多个点的相互参照、比较为基础，作为看待问题的方法论。基于这种动态生成式思维的改革主体，在策划诸如学校改革或教师发展改革等变革实践时，能够避免把现有的学校策划视为前期策划的一种演绎和推理，也不会把策划确定后的实施视为一个有条不紊地精确执行的过程，而是以学校动态发展的具体事态为依据，及时调整目标、举措和策略，关联多元的学校变革资源和力量。

最后，是复杂式思维。作为叶澜“理实观”中占据主导的思维方式，其出现和运用来自研究者对研究对象的认识。以实现学校现代转型为宗旨的“新基础教育”，研究对象的复杂程度远超个别领域、个别方法的教育改革，涉及社会变革与学校关系、学校和教育行政部门的关系、大学和小学的关系、学校内部各个部门和主体之间的关系等。这种研究对象的复杂性，决定了思维方式的复杂性。叶澜强调，这种思维方式揭示的就是系统转化过程中从混沌到有序演化的基本模态，强调了演化中偶然性因素引起的对打破旧系统平衡状态的不可忽视的重要性，以及这种突破因素在允许条件下的自组织、自繁殖功能的自我催化，成为走向新系统的关键性转化力量。复杂式思维同时兼具三重功能：“其一，把通过复杂式思维形成的‘新基础教育’研究传统，转化为学派理论的一部分；其二，运用复杂式思维，创生学派理论；其三，在创生学派理论的过程中，成为学派发展的标志性思维方式。”①

可见，在不同领域层次的多向沟通中，叶澜的“理实观”突破了传统研究方法论中主体与客体、主观性与客观性、目标与手段、价值与事实、人文性与科学性等多对范畴内部的割裂和对立的基本逻辑，舍弃了非此即彼的思

① 李政涛.“新基础教育”研究传统［M］. 福州：福建教育出版社，2015：135.

维方式，努力探索使两极沟通，积极、有效交互作用的复杂思维方式的运用和行动策略，在一定程度上实现了方法论上的突破。

3. 实现路径：多向度的研究性变革实践

作为不同领域层次的多向沟通的实现路径，研究性变革实践内含变革理论的实践，实现理论与实践的自我转换与统一，形成内在的沟通性和可转换性。叶澜认为，参与研究性变革实践的主体，通过努力学习相关理论，理解、领悟相关理论及其与传统的、已经成为自己头脑中的个人理论的差异乃至冲突，从而产生改变自己头脑中的观念和行为的需求、愿望与行动，逐渐使自己成为自觉的、由新理念作指导的、自主的变革实践者。在这种“贴地式深度介入”的合作研究中，教育理论研究人员和教育实践研究者分别承担不同的研究任务。

叶澜指出，理论研究人员在研究中承担着提出理论和整体策划研究的任务。理论在整个研究过程中发挥着引领价值取向，促进新观念体系形成，对变化着的研究实践做出综合式的抽象，不断提出新问题和新任务，提出原则性的行动意见等方面的作用。这是站到理论立场上对实践的观照和领悟，同时也是理论研究者将自己的研究扎根到实践中，到一线去感受教师和学生的生活，感受他们的智慧和创造，并和他们一起创造新实践的过程；是一个实践滋养理论研究人员的学术灵感和精神生活的过程。

在叶澜看来，打破对理论的轻慢和神秘的心态，意识到任何个人教育行为的背后，总是实存着理论、观念的支撑，是走出认为实践与理论无关，实践研究者只要掌握操作模式就可以改革实践这一认识和行为误区的第一步，是引发实践者学习理论需求的第一步。在对“新基础教育”理论有初步认识的基础上，改变原先自己认同的策划实践所参照的模式，尝试用“新基础教育”理论提出的一些原则性要求策划教育教学实践，对新实践过程的多次反思和重建，是促使实践研究人员在自己的实践中，逐渐走向由外在理论向内在理论转化，由内在理论向个人行为实践创造性转化的第二步。这一内在关系的建立，起关键作用的不是脱离其实践的理论说教、各种形式的培训和大小报告，而是实践研究者大胆、积极地开展变革实践；针对其变革实践的外部（包括来自理论研究者和实践研究同伴的）一对一、一对多、多对多的评点分析，以及教师本人所进行的反思与重建。它是实践者对自身内在变化过程体悟的结果。这种体悟会使实践研究人员感受理论的价值，体验研究性变革实践对自己成长的价值，发现自己在理论、实践转换中的独特作用，从而更自觉地由尝试性变革走向创造性变革，在创造性变革中提升自己的价值和智慧，在为理论研究提供经验和资源的同时，自觉提炼出新的经验与理论，这是实践研究人员在理论与实践相互转换中跨出的第三步，也是新型教师和新型校长的特点。①

通过两类主体承担的不同研究任务和经历的变革历程可以看出，研究性变革实践包括教师认识的变化到教育教学的设计和策划的改变，再到教学实施，最终进入反思和重建阶段；它关系到教师教育实践的全过程。其中每一阶段都渗透着研究性的因素。研究性变革实践本身是一个教师研究领域的问题，但又与校长领导学校变革和形成学校新型教师队伍直接相关，也是校长管理变革的重要构成。在叶澜的“理实观”中，研究性变革实践蕴含一种过程逻辑。这种逻辑实现了不同领域层次的多向沟通，并促进教师形成了新的行为、逻辑与习惯系统，是孕育新教育理念、认识框架和思维方式的有效路径，能够有效实现不同教育主体间生存方式的转换。

三、区域生态性辐射中教育理论与实践的交互生成

在叶澜看来，历经探索性、发展性和成型性三个逐步创生阶段的“新基

① 叶澜.“新基础教育”论——关于当代中国学校变革的探究与认识［M］. 北京：教育科学出版社，2006：402.

础教育”，在推进学校整体转型性变革的进程中，走出了一条区域行政、高校力量与基层学校之间深度合作推进教育改革的路径，积累了一系列在现实环境中领导和推进学校转型发展的有效经验，也涌现出一批内涵式发展的新型学校。如何有效利用前期积累的经验，逐步放大区域生态性的辐射效应，引领更多有变革意愿的学校一起进行研究性变革实践，最终推动区域教育内涵式均衡发展，是叶澜以具体行动论证教育理论与实践交互生成的典型示范。

（一）生态式推进中的教育理论与实践

叶澜认为，教育理论与实践的生态式推进过程，需要从全局视角进行综合考量，尽管生态式推进的研究是“新基础教育”改革不断深化到当前阶段的重要体现，但是生态式推进不仅是一个教育理论与实践交互作用和深化发展的重要阶段呈现，更是教育理论与实践在基地学校深扎根和内生长的基本逻辑和重要理念。从作用上看，生态式推进的过程，有利于实现区域教育内涵式均衡发展，这在叶澜看来，也是持续推进教育改革的重要使命和未来愿景。

在叶澜“理实观”的指导下，2011年，上海市闵行区率先组建“生态区”，推进研究成果扎根，开启了“新基础教育”生态式推进的序幕。秉着自愿参加、自主选择的原则，在闵行全区组建了以基地学校、组长学校为核心学校，面上学校为参与学校的6个中小学生态区，致力于“新基础教育”研究成果效应的辐射和提升，以价值追求集结丰富多样的学校，变差异为资源，引导开放心态，团队学习，促进更多学校梯队联动式地实现整体变革。2012年，全国四个地区（上海市、江苏省常州市、江苏省淮安市和山东省青岛市）分别组建了大小、数量不等的13个生态组，涉及近百所学校，数以万计的教师和数以十万计的学生，组建了“新基础教育”生态式推进全国共生体，创造了区域教育内涵式均衡发展的重要经验。

在推广性研究中生成发展性，依靠发展性因素的生成增强推广的力度，提升推广的质量和为扩大推广范围提供可能。推广促使发展性因素的生成，这是叶澜在结束“新基础教育”研究成型性阶段之后秉持的重要原则和理念，具体表现为：一是推广促进了对“新基础教育”研究已经取得的成果和存在的问题的进一步反思，这些成果在推广过程中经受检验。当已有的经验与结论，在变化了的条件和多种不同学校、地区环境下得以推广，其主要的和基本的方面尚能奏效和成立时，这些经验和结论的普遍性程度就有所提升，就具有更多的一般价值。二是推广能生成新的问题和深化原先的认识。三是推广能生成新的经验和新的理论。发展性研究中学校转型问题的清晰提出和实践中积极经验的形成就是一例。

叶澜以“介入式合作互动”的方式（见表3-6）进行多层、多维、多群、多向的生态式推进。这种方式以研究性变革实践为内核，实践内涵理论，指向创新和自我超越，且把研究的意向、态度、内容和方法贯穿于日常工作的始终。

表3-6 “新基础教育”研究“介入式合作互动”策略体系表

类别		基本策略	具体方式	主要功能
总体策略	总体分工	聚焦基地 渗透区域	综合组介入学校 学科组介入学科 专题组(领导、学生、教师)介入相关活动 “基地—组长—成员—学校”圈层互动 研修示范引领 互访交流	整体引领 学科改革 专题深化 分类推进 学科深入、教师发展 经验分享
	纵向推进	“总—分—总” “低—中—高” “重头戏”带“家常饭”	规划、分进、汇总 “全、实、深”—“精、特、美” 前引后促	合理展开 逐级递进 日常化
	例会制度	华东师大课题组例会 基地学校校长例会	规划、发表与总结 发表、点评与商讨	反思—研讨—重建

续表

类别		基本策略	具体方式	主要功能
分领域策略	教学改革与班级建设	前移后续式“听—说—评课”研讨法	教研组、年级组、学科内、学科间、学校间展开	深化学科改革和班级建设
	管理变革	日常或专题性“问—答—议事”商讨法	部门内、部门间展开	促进管理变革和领导发展
	评价改革	综合式评价推进法	中期评估 普遍调查 精品课展示	实现“全、实、深” 落实“全、实、深” 冲刺“精、特、美”

在生态式推进的过程中，叶澜采取总体分工的“聚焦基地—渗透区域”策略，以此保证基地学校深层次研究的品质，又实现了基地成果与经验在区域面上的及时验证与规模化扩散。

以叶澜为代表的华东师范大学课题组的主要精力用于“聚焦基地”，少部分人员和精力用于“渗透区域”。课题组研究人员组成不同的小组：综合组，每月定期进入基地学校，全面接触学校各领域变革工作，起整体引领作用；学科组，分语文、数学、英语三部分，负责与基地学校相关的骨干教师合作开展学科教学改革研究；专题研究组，分为学校管理变革与领导发展、班级建设与学生成长、教育教学改革与教师发展三部分，以各领域变革之“事”，成学生、教师和领导之“人”。

叶澜提出，“渗透区域”的介入策略的具体方式表现为：基地学校、组长学校、成员学校构成的多圈层互动，专题研修，示范引领，日常化的互访与交流。这一策略的有序实施，促进了区域教育良好生态的形成。

“新基础教育”研究蕴含着三种纵向推进的策略：第一是“总—分—总”策略，即“总起（总体规划）—分进（分头、分项、分程）—归总”；第二是“低—中—高”策略，即初始阶段的重心放低、贴近实际，研究的中期讲究全体介入、平实扎实、各有深度，研究的后期追求精品、特色和整体美感；第三是以“重头戏”带动“家常饭”。叶澜在“新基础教育”成型性研究的每一个阶段，都会组织重大活动，即“重头戏”。在启动阶段的重头戏是做规划，以规划为抓手，提高全校师生员工的凝聚力以及学校管理团队和教师专业团队负责人的策划与决策能力；接下来以中期评估为中心，“前引”“后促”，实现改革的整体推进和领导能力的持续提升；在冲刺阶段，共生体以普遍调查和精品课开放式研讨这两个重大活动推动变革进程，落实“全、实、深”，冲刺“精、特、美”。

此外，在生态式推进的具体环节中，叶澜分别采用前移后续式、“听—说—评课”研讨法、日常或专题性“问—答—议事”商讨法、综合式评价推进法等分领域策略来推进变革经验的有效辐射。其中，前移后续的教研方式能够促使更多的旁观者变成亲历者，能够使一所学校的任务变成多所学校的自觉行为，并且能够引导一次性活动成为连续性活动。日常或专题性“问—答—议事”商讨法关注区域内不同教师在变革过程中“理论交流与学习—自我反思和认识—问题发现和提炼—理论分析—实践转化”的差异化过程，以及他们在此过程中的自我剖析与自主改造、内在认识与思维方式、价值观和变革态度的不同转变过程，在共同研讨中将隐含的事理充分揭示出来。综合式评价推进法则能够使学校评价成为深化对学校改革的认识和推进学校改革的重要力量，把学校改革实践的深化过程与阶段成果不断转化为评价改革的深化过程，促使区域内不同学校整体性变革的交互推进。

可见，“新基础教育”的生态式推进是呈波浪式的，每一次的推进都建立在原有研究的基础上，不让推进成为“异化”和“任意进行”的代名词，使研究数量的增加成为丰富和创造品质的积极因素，基本实现“新基础教育”研究整体意义上的理论与实践、数量与质量、阶段性与连续性、继承性与创生性的统一。

（二）区域协作主体共生中的教育理论与实践

叶澜认为，“新基础教育”改革目标的实现，有赖于“新基础教育”改革共同体和发展共同体的共同作用。在她看来，“新基础教育”不仅立足于一所学校的转型变革过程，还侧重于如何通过区域协作的方式，让教育理论与实践变革的过程在不同层面的合作共事中得以真实展开，同时能够有效提升不同层次的主体独立性和主动创造性。因此，叶澜对理论与实践的探索与研究过程也是“新基础教育”共同体成员一起不断丰富、不断发展、不断创造的重要变革过程。没有区域协作主体的共生共长，就难以形成“新基础教育”变革的合力，就难以走出中国式的学校转型变革之路。

叶澜认为，多元主体合作共事作为“新基础教育”研究的基本组织方式，其构成主体是复杂而多元的，这是由转型性研究要在教育理论和教育实践两方面结合开展所决定的。叶澜注重加强不同范围的参与群体间的交流，直至创建出生态式的共同体。一方面，使共同体内的成员形成课题的归属感，与此同时，确认特殊的共同任务与目标，使不同层面上的合作共事得以真实开展；另一方面，又通过不断明确每个层次主体的分工与责任、研究空间和研究任务、目标与意义，以及各自在共同体内的相对独立性，使合作在真实意义上展开，提升不同层次主体的独立性和主动创造性。

在叶澜看来，多元主体合作共事的共同愿景是达到一种共生共荣、相互提升的和谐状态，既包括对研究主体认识和实践能力的提升，也包括相互研究意识和能力的提升，形成有改革实践支撑的新理论系统和有理论内涵的新实践形态，并以教育理论与教育实践双向互动的方式，实现研究本身和教育共同体成员的主动发展。这也在一定程度上对理论人和实践人提出了要求。

叶澜认为，对于教育理论工作者而言，要在学会读懂学校教育现实和教师的同时，研究新的教育思潮和时代变化对教育提出了什么新的要求，儿童、青少年生存的时代与社会发生了怎样深刻的变化和必须面对的挑战，他们自身的成长发生了什么与以往青少年发展理论所揭示的不同的状态；并要将这一切认识与自己头脑中业已形成的教育观念进行对照，通过批判性吸纳和对自身已有观念的突破，先完成教育观念系统在自己头脑里的更新和转换，再做出理论表述，进而以此为新的参照系，对教育现实的一般问题做出批判解析，对教育现场呈现的综合性过程性问题，做出参照系改变后的透析。这是一个形成新的理论自我和锻造研究基本功的过程。

与此同时，对于教育实践工作者来说，“要在繁忙乃至琐碎的日常工作中，挤出时间接触学习新基础教育研究最早形成的一系列新的理论观念……真正难的是，他们要将此作为新的参照系来重新认识自己的教育实践，反思实践中呈现的观念……教师还习惯于观摩模仿和提供直接从改变行为着手的可操作模式做改革，认为这样简单可行、见成效快；不习惯于从改变自己对教育的价值取向与理解开始，与理论研究者一起通过不断的试验与改进，逐渐形成新的行为方式，并以自己新的观念和新的行为方式来改变教育世界和自身的职业生存方式这种‘成事’与‘成人’相辅相成的长时段和求根本改变的研究方式。‘新基础教育’研究一开始就要改变上述‘不习惯’，形成教师对新的研究目标与研究方式的认同和自觉参与，这的确是一个艰难的过程”①。

叶澜独特的研究方式意在促使多元的协作主体在变革实践中实现“成人”与“成事”相统一，使理论与实践能够交互生成、相互转化。叶澜认为，这离不开协作主体的创造性解决问题的能力和研究性的实践意识，只有在这样的实践中，才会形成双方的共有经验，增加创生资源，激活整个研究的活力，才有可能建立起两类主体相互依存、相互滋养发展的新型的内在合作关系。没有这样的内在关系，再好的理论、理想都难以转化为真切的现实。事实也正说明了这一点，“新基础教育”基地试验学校“成人”的实现，已经发展到学校以不同方式组合的大小群体，并且研究改革的精神和实践逐

① 叶澜.略论“新基础教育”研究之路的若干特征［J］.基础教育，2011，8(2)：5-14.

步弥漫到各个领域，影响着每个真诚投入者的成长。

可见，叶澜“理实观”的形成过程也是共同体成员一起不断丰富、不断发展、不断创造的过程。每个人都需要主动地参与这个过程，都需要不断地反思，都需要投入和重建，它是研究者不断改变自己、同时发展“新基础教育”的理论和实践的创生过程。

小结

作为在教育场域内推动理实研究的教育学者，叶澜没有盲从于实践哲学的思考框架，而是基于教育和教育学的特殊性，走出了一条独特的“生命·实践”教育学研究之路。

这是一条探索之路，其本身肩负着实现当代中国基础教育学校转型性变革的厚重使命，它是一条由专业人员负责、理论与实践工作者合作共事、自下而上开展起来的教育研究之路。这条探索之路既有理论工作者的思考和观察，也有实践工作者实实在在、充满丰富性和挑战性的变革创造。

贯穿其中的教育理论与实践交互生成的逻辑，是叶澜“理实观”与实践哲学“理实观”生成基础的最大差异。或者说两者的根本差异在于，叶澜“理实观”的交互生成逻辑是直面教育实践、通过教育实践、为了教育实践、介入教育实践、变革教育实践的融通创生之路。核心的创生突破点在于如何在同一教育主体身上和不同教育主体之间，甚至是区域教育生态系统之中，实现教育理论与实践的统一和转化，更要实现主体自我及主体之间的统一与转化，最终实现理论与实践的交互作用和相互生成。

在叶澜“理实观”的形成过程中，如果站在理论立场上对实践进行观照和领悟，那么理论发挥着引领价值取向、促进新观念体系形成和对变化着的研究实践做出综合式的抽象，不断提出新问题和新任务，提出原则性的行动意见等方面的作用。理论向实践的转化是理论研究者将自己的研究扎根到实践中，到一线去感受教师和学生的生活，感受他们的智慧和创造，并和他们一起创造新实践的过程，也是一个实践滋养理论研究人员的学术灵感和精神生活的过程。

如果站在实践立场上对理论进行观照和领悟，实践人需要在自己的具体行动中，逐渐体验由外在理论向内在理论、由内在理论向个人行为实践创造性转化的过程，这也是实践人感受理论价值，体验研究性变革实践对自身成长发展的影响，发现自己在理论与实践转换中的独特作用和行动智慧的过程，更是自觉地由尝试性变革走向创造性变革，提升自身价值与智慧，自觉提炼出新经验、新知识、新理论与新智慧的过程。

在叶澜看来，学校整体转型性变革并不是孤立进行的，必须面对变革内含的各种因素的关系和相互作用的不可预设性。因此，研究也就不能仅仅停留在对教育现实的描述、说明与分析的层面，而是要形成新的理论和介入变革学校教育现实的转型性实践，具有特殊性和复杂性。这就需要理论人和实践人摆脱遵循事先假设的思维方式，在不确定性中生成确定性，在推广性研究中生成发展性，在多元主体合作中提升个体的自主创造能力，在教育改革中推进评价改革，舍弃非此即彼的思维方式，努力探索使理论与实践沟通并积极、有效交互作用的复杂思维方式和行动策略。其坚持的基本思路是：以学校转型性变革为基本内涵，以区域推进为基本方式，以学校变革理论与素质教育实践的互动生成、双向建构为基本过程，以学校、区域行政部门和理论研究队伍为变革的基本力量，以贴地式介入实践为基本方法。

第四章　教育理论—实践关系研究的中国文化命脉

> 中国传统文化本身就内蕴着基本的教育精神与智慧。中国教育传统的精神与智慧，在一定意义上，又是中国文化传统的集中表现，是其在教育中的特殊表达。[①]
>
> ——叶澜

在很长时间内，教育学界忽视了中国文化传统之本的不可或缺性，忽视了从本土文化中汲取智慧的不可替代性。研究者片面关注西方国家教育变革：在理论研究层面，“以追赶的心态去学习、引进西方国家教育改革的思潮、观点、概念、思路及工具，且以教育国家化、全球化为当代大旗”[②]，以西方概念和思想构建教育理论，致使本国文化命脉被“搁置”，乃至“断裂”；在教育实践层面，则缺乏对西方文化、教育思潮和观念及其产生背景、环境等的特殊性把握，“把它抽象为普适理论或普适工具简单套用”[③]，忽视了中国本

① 叶澜. 回归突破：“生命·实践”教育学论纲［M］. 上海：华东师范大学出版社，2015：263.

②③ 叶澜. 新基础教育论——关于当代中国学校变革的探究与认识［M］. 北京：教育科学出版社，2006：116；117.

土教育问题的特殊性与复杂性。

事实上，任何一种教育理论的产生都与理论研究者长期所浸润的文化密不可分，而教育理论的科学性也须在保持与本土文化的对话、承接中得以彰显，从而对教育实践产生正向影响。叶澜认为：“中国传统文化本身就内蕴着基本的教育精神与智慧。中国教育传统的精神与智慧，在一定意义上，又是中国文化传统的集中表现，是其在教育中的特殊表达。”①

基于中国文化自觉与对中国文化命脉的传承与发展，“生命·实践”教育学与“新基础教育”研究，都是扎根中国本土文化、本土实践的中国教育学理论与教育研究。叶澜对教育理论与实践关系的研究，同样植根于中国文化传统，是对中国文化相关概念、教育观念与思维方式的继承与发展，也是在理论传统与时代变革的交互融通中进行的理论创造。

本章聚焦叶澜关于教育理论与实践关系研究的中国文化命脉，从概念命脉、观念命脉和思维命脉等方面，梳理总结“生命·实践”教育学派关于教育理论与实践关系的研究中对中国文化的传承与发展，充分阐释“生命·实践”教育学派在关于教育理论与实践关系研究中所呈现的“中国话语”和“中国贡献”。

一、文化命脉与教育学文化自觉

“文化”是一个复杂且具有包容性的概念，也是一个尚未有定论或备受争议的概念。根据当代美国文化人类学家克鲁克洪（C. Kluckhohn）在《文化概念：一个重要概念的回顾》（发表于1951年）一文中的统计，那个年代就存在161种有关文化的定义。据考证，世界上给文化下定义的权威说法有200多种。②由于文化本身内涵丰富，以至于人们“日用而不知”，因而不同

① 叶澜. 回归突破：“生命·实践”教育学论纲［M］. 上海：华东师范大学出版社，2015：263.

② 李德顺. 什么是文化［N］. 光明日报，2012-03-26（5）.

学科视角与理解层次的多元性，造成了文化定义的模糊性。

从西方视角来看，泰勒（E. B. Tylor）对文化的定义被认为是文化学研究中最早对文化进行界定的经典定义。他在其代表作《原始文化》（1871年出版）一书中提出："文化或文明，就其广泛的民族学意义来说，是包括全部的知识、信仰、艺术、道德、法律、风俗以及作为社会成员的人所掌握和接受的任何其他的才能和习惯的复合体。"①

直至20世纪80年代，泰勒将文化作为一个复合整体的观念，仍影响着人类学研究者，以至于成为民族志研究与写作的基本组织原则。②虽然泰勒对文化的定义缺乏"物质文化"的内容，但他是第一次给了文化一个整体性的概念。

克鲁克洪在对161种文化定义进行归纳总结之后，认为文化"是某个人类群体独特的生活方式，他们整套的生存式样"，换言之，"文化是历史上所创造的生存式样的系统，既包括显性式样，又包括隐性式样；它具有为整个群体共享的倾向，或者在一定时期内为群体的特定部分所共享"③。克鲁克洪对文化的理解是将文化置于社会生活之中，强调文化的历史选择与传承，及其之于特定群体的价值。将文化与人的生存、社会生活连接起来，从而为理解社会现象、群体实践提供了理论资源。

英国人类学家马林诺夫斯基（B. Malinowski，又译马林诺斯基、马凌诺斯基等）从"功能"（function）与人类"需要"（need）的角度阐释了文化的概念。他主张："文化是包括一套工具及一套风俗——人体的或心灵的习惯，它们都是直接地或间接地满足人类的需要。一切文化要素，若是我们的

① 爱德华·泰勒. 原始文化：神话、哲学、宗教、语言、艺术和习俗发展之研究（重译本）[M]. 连树声，译. 桂林：广西师范大学出版社，2005：1.

② 萧俊明. 文化的误读——泰勒文化概念和文化科学的重新解读 [J]. 国外社会科学，2012（3）：33-46.

③ 克莱德·克鲁克洪，等. 文化与个人 [M]. 高佳，何红，何维凌，译. 杭州：浙江人民出版社，1986：6.

看法是对的，一定都是在活动着，发生作用，而且是有效的。”[①]在他看来，文化包括物质设备、精神文化、语言和社会组织四个层面的内容。

此外，本尼迪克特（R. Benedict）则强调文化作为独特的思维和行动方式的特性，在《文化模式》中，他把文化视为是通过某个民族的活动而表现出来的一种思维和行动方式，一种使这个民族不同于其他任何民族的方式。此外，巴格比（P. Bagby）将文化定义为：“社会成员的内在和外在的行为规则，但强调其中不包括来自遗传性的那些规则。”[②]

从中国视角来看，在《周易》中，古人就有“观乎天文，以察时变；观乎人文，以化成天下”的说法，“人文化成”是汉语“文化”的最早形态。所谓“文”，在《说文解字》中解释为“文，错画也。象交文”，本义为纹理、色彩，引申为事物的道理和结构。而“化”字本义为生成造化，有“使……变成……”的意思。“人文化成”意指“用人文的道理来造就人的世界”[③]。西汉刘向在《说苑·指武》中就说：“凡武之光，为不服也，文化不改，然后加诸。”西晋束皙在其补亡诗《由仪》中论及“文化内辑，武功外悠”。这里的“文化”指“文治与教化”。无论是“人文化成”还是“文治与教化”，其关键不仅在于“文”，更在于“化”这一动作，即“以文化之”的过程。所以，中国古代对“文化”的理解是对“文”的动态—过程性的理解，“从人类社会活动所创造的成果的意义上，文化是‘文’，还不是‘文化’。只有考虑到这些成果同时还意味着对人自身的改造，才是‘文化’”[④]。

中国近现代学者，如梁启超、梁漱溟、费孝通等，也对“文化”进行了界定。梁启超认为：“文化者，人类心能所开释出来之有价值的共业也。”在

---

① 马凌诺斯基. 文化论［M］. 费孝通，译. 北京：华夏出版社，2002：15.

② 菲利普·巴格比. 文化：历史的投影——比较文明研究［M］. 夏克，李天纲，陈江岚，译. 上海：上海人民出版社，1987：100；104.

③ 李德顺. 思变集：关于我们时代的生活与思考［M］. 北京：中国政法大学出版社，2018：285.

④ 张岱年，程宜山. 中国文化精神［M］. 北京：北京大学出版社，2015：3.

他看来，文化是一个很广泛的概念，文化意味着对于人类有价值的由人所创造的事物，包括教育、法律、政治、交通、农事、种族、饮食等。梁漱溟认为文化“不过是那一民族生活的样法”[1]，一家文化包括一个民族的种种方面，包括精神生活、社会生活、物质生活等方面。费孝通认为：“文化是人类用来满足需要的人为的工具。”在他看来，文化是人所创造的使人区别于其他一切生物的工具。“若是一种需要可以由我们机体天赋的生物机能来满足，我们在满足这种需要时也就不必再加上人为的工具，换一句话说，不必再有什么文化了。”[2]

通过对“文化”的西方视角与“文化”的中国视角的比较，可以看出，无论如何定义，文化始终与人有关，文化的核心指向就是人。从静态来看，文化是人所创造的所有为满足人类生存发展的物质、制度、精神等成果。从动态来看，文化本质是“人化”与“化人”。所谓“人化”，即按照人的方式改变、改造世界，使任何事物都带上人文的性质；“化人”则相反，即用这些改造世界的成果来培养人、装备人、提高人，使人的发展更全面、更自由。“化人”就是人自己的不断“人化”，这是“人化”的一个更高层次的环节、境界和成果。[3]换言之，人创造了文化，同时也被文化所塑造。文化总是以显性或隐性的方式呈现在人的思想与行动之中，并塑造人的整体生活样态。

不同民族有着不同的文化。这些文化即使穿越久远的历史，也能够历经时代变迁，形塑一个民族的精神和灵魂，为其打上深深的烙印，以至于形成该民族独特的“文化—心理结构”。这些由历史所建构起来的文化，不仅以静态的形式凝固在物质、符号、制度等表现形式中，也以“先验”的方式构成了民族发展的基因，成为每一个体生存发展的基源性构成。正是这些基源性构成成就了一个民族文化的独特性，并以深层嵌入、隐匿而自然的方式影

---

① 梁漱溟.东西文化及其哲学［M］.北京：中华书局，2018.

② 费孝通.乡土中国［M］.上海：上海人民出版社，2007：430.

③ 李德顺.思变集：关于我们时代的生活与思考［M］.北京：中国政法大学出版社，2018：286.

响着人们的生活。

教育作为一种特殊的人类实践，也是人类文化的关键部分，与本土文化有着千丝万缕的关联。文化影响着教育理论的创造与教育实践的开展，每一种文化背景下的教育实践有其所应面对的独特的情境或问题。教育研究者若无视或忽视本国文化传统，切断与自身安身立命相关的文化命脉的关联，就极易陷入西方概念的“丛林”与西方话语的“迷雾”之中，导致因理论“移植”与“挪用”而产生的“水土不服”，成为亦步亦趋的理论跟随者而非独立的创造者，从而导致教育研究远离真切的本土教育现实，对于教育现实的改变并无多大助益。换言之，教育研究者只有深入中国文化与教育的传统之中，把握中国文化的特质，明晰其优势与不足，才可能真正理解中国教育实践的问题，形成面向中国问题的教育理论，创建中国教育学。这需要理论研究者的文化自觉，回到中国文化的原点来思考中国教育理论与实践的问题，真正推动教育学学科建设与教育实践的优化。

长期以来，中国教育研究中的“中话西说”，导致理论话语与研究对象、研究主体相背离。有学者指出，教育研究者要本着“尊德性而道问学”的人文探究原则，以自觉的文化承担意识和勇于借鉴的开放精神为前提，立足中国教育现实，沟通中国古代教育传统和现代教育传统，打通传统与现实、历史与未来的血脉联系，在我们的民族生命和文化精神的舒展中，成就中国教育研究的民族话语。[①]其结果就是创建一种基于民族话语的“中国教育学”。

教育学存在文化性格和文化国籍[②]，构建“中国教育学”需要基于文化自觉来挖掘教育学的文化基因与文化命脉[③]，需要持有中国立场。无论是教

① 于述胜. 探寻中国教育研究的民族话语［J］. 当代教育科学，2004(23)：6-10.

② 石中英. 教育学的文化性格［M］. 太原：山西教育出版社，2005.

③ 李政涛. 文化自觉、语言自觉与“中国教育学”的发展［J］. 华东师范大学学报（教育科学版），2010，28(2)：9-16.

育学研究者还是教育实践者，首先应扎根中国大地，把握文化命脉，进入文化的内核之中，以返本开新，挖掘文化的丰富内涵与现代意义。在此基础上，基于中国文化土壤的特质播撒教育智慧的种子，以中国文化传统为养分，以西方教育理论与话语为雨露，在中西文化的会通中，培育中国教育学的理论大树，从而实现由“教育学中国化”转向构建“中国教育学”。

虽然我国有着深厚的教育文化传统，也有着丰富的教育思想，然而学科意义上的教育学是一种“舶来品”，教育学是西学东渐的产物。自教育学在中国诞生起，我国的教育学科总体有着“先抄日本、继袭美国、再搬苏联”[①]的趋向，虽然这一认识稍显“简单粗暴”，但是教育学在中国发展的百年历程中形成的“引进情结”，成为中国近代教育理论诞生时就有的“娘胎里带来的记号”[②]。唯外国理论马首是瞻，“使得教育学研究失落了家园，丧失了声音，削弱了生命力”[③]。

为此，在21世纪之初，叶澜就指出“教育学在新世纪发展的方向不应再是以西方为本作前提的‘中国化’，而是要创建‘中国教育学’。这里的‘中国’，内涵不只是指教育学要从本国的文化传统中找到自己的根、开发其当代价值，也不只是指教育学要以本国的教育实践和教育问题作为发展教育理论之不可或缺之源，而是指中国学者应为教育学发展做出世界性的贡献。”[④]

正是基于这一认识，叶澜回到中国文化传统，厘清中国文化命脉，将教育理论与实践问题置于中国文化土壤之中，开展“新基础教育”研究与建构“生命·实践”教育学派，以教育理论与实践双向滋养的方式，研究中国教

① 瞿葆奎，郑金洲，程亮. 中国教育学科的百年求索［J］. 教育学报，2006(3)：3-11.

② 叶澜. 世纪初中国教育理论发展的断想［J］. 华东师范大学学报（教育科学版），2001(1)：1-6.

③ 袁德润. 文化传统：“生命·实践”教育学命脉之系［M］. 上海：华东师范大学出版社，2015：182.

④ 叶澜. 中国教育学发展世纪问题的审视［J］. 教育研究，2004(7)：3-17.

育理论与实践的问题。

总体而言，叶澜在时代变革的节点，深入把握中国的教育问题，进入文化命脉之中，了解和把握已有文化传统的内核，揭示了中国文化传统的特质、内蕴的教育精神与智慧（包括思维方式）及其变迁。[①]在此基础上，她将中国文化的概念、观念与思维运用到对教育理论与实践关系的阐释中，并将之贯彻于教育实践过程，形成了“生命·实践”教育学派对教育理论与实践关系的中国式解答。

二、概念命脉：教育理论与实践关系研究的本体论创生

概念是思维的工具，也是思想和理论的载体。有无清晰的概念、原创概念，是衡量思想价值的重要指标。回归中国文化命脉，实现中国文化与中国教育学建构的融通，首先要建立基于中国文化基础的概念体系，以中国话语的方式分析教育问题，建构教育理论，进而以本土概念体系言说中国教育的理论与实践问题。这一概念体系的建构，离不开对中国文化特质的清晰认识，离不开对中国文化传统的传承、发展与创造性转化。

有学者指出：“中国哲学始终关心的是生命问题，生命现象是整体的现象，生命是在与‘他者’相联系的整体中存在的。”[②]这一面向生命的哲学，尤为注重直觉与体验、感知，强调主体在日常生活中积极践行、体悟，是一种如杜维明所言的“体知之学”。叶澜也主张，中国文化是以“人生世间为本”的文化，如何在世界上生存是中国哲学传统的母题，它关涉人生实践与生命的意义。中国文化形成了“天人合一”的价值观，将自然之“天地”与

① 叶澜. 回归突破：“生命·实践”教育学论纲［M］. 上海：华东师范大学出版社，2015：243-302.

② 蒙培元. 中国哲学的方法论问题［J］. 哲学动态，2003（10）：3-8.

社会之“人事”的关系处理问题作为人类生存所要应对的首要问题。[1]

对教育理论与实践关系的研究，首先要回到教育概念的原点，挖掘问题背后的实质。叶澜着重阐释了教育及其本质，认为教育应以人的生命发展为第一价值，教育是点化人之生命发展的重要实践。[2]在她看来，教育是一种以人的发展为直接目的的生命实践。因此，教育理论与实践关系问题的解决，必须回到教育实践之内，通过介入教育实践的方式，弥合教育理论与实践之间的裂痕，消除教育理论研究者和实践者的“傲慢”与“偏见”，达成二者的相互理解与相互转化。换言之，教育理论与实践关系问题的实质，是“理论者”与“实践者”之间的“生命”与“实践”的关系问题。

（一）生命

人的生命具有整体性和复杂性，单一视角、单一学科难以揭示其本质。但是，任何生命的首要任务或目的就是“生存”“继续存在”乃至“永在”。若从人类生存与生活的基本要素来看，生命至少包括“实体性生理生命、血源性亲缘生命、人际性社会生命和超越性精神生命，这四重生命层面共同构成完整的人的生命”[3]。“生命本质是活动，活动本质是自由创造。”[4]这四重生命的延续和发展，又无不与人自身的实践活动有关。

“生命”与“实践”是在人类生命和社会形成过程中出现且关联，并随着人类历史而发展的最为根本的和不可或缺的基本要素。叶澜强调，生命与实践不仅是教育存在的依据，而且以其特殊的形态成为教育的构成与存在方式。无论是对教育本质的理解，还是对教育理论与实践关系的厘清，都离不开对“生命”这一概念的基本认识。叶澜在对西方经典理论的批判性解析与

①② 叶澜. 回归突破：“生命·实践”教育学论纲［M］. 上海：华东师范大学出版社，2015：247-250；215.

③ 郑晓江. 生命教育［M］. 北京：开明出版社，2012：47.

④ 赵敦华. 现代西方哲学新编［M］. 北京：北京大学出版社，2001：28.

对中国传统文化的继承发展的基础上，形成了对“生命”概念的三重意义的理解，厘清了生命与社会、生命与技术、生命与自然三对核心概念之间的关系，构建了对生命内涵的中国教育学式的解读。

1. 生命与社会

社会团体与大规模社会协作关系的建立，是人类区别于其他动物的重要能力，正如马克思指出，人的本质是社会关系的总和。社会是生命发展的载体与动力，社会背景、社会关系贯穿个体生命发展的始终，个体生命发展也离不开个体对社会交往活动的持续参与。

杜威指出：“一切教育都是通过个人参与人类的社会意识而进行的。”① 我国古代儒家的教育观，即是社会理想主义的教育观，把人的社会生命置于首位，强调教育之于个体社会道德发展的价值。孔子主张，“弟子入则孝，出则悌，谨而信，泛爱众，而亲仁。行有余力，则以学文”（《论语·学而》），“不学礼，无以立”（《论语·季氏》）。这些观点都说明孔子把德行修养视为个体生命发展的首要内容。

个体永远处于社会之中，其社会生命成为个体生命价值与意义的核心构成。因此，教育如何处理个体生命发展与社会发展，直接关系到教育存在的价值与必要性。作为一种生命实践，教育必然要融入社会现实，把握时代机遇，直面时代挑战，让每个生命都在新的社会背景下拥有出彩的机会，成为社会发展的“明白人”。

叶澜认为：“不知晓，或认为可以在不把握当代中国社会变化、发展的实质与方向的情况下，就能认识当代中国的教育变革的实质与方向、主体与任务、复杂性与艰巨性、深刻性与重要性，是几乎不可能的。”② 基于对社会

① 约翰·杜威.我的教育信条：杜威论教育［M］.彭正梅，译.上海：上海人民出版社，2017：1.

② 叶澜.“新基础教育”论——关于当代中国学校变革的探究与认识［M］.北京：教育科学出版社，2006：64.

变革与生命发展关系的认识，“生命·实践”教育学派尤为关注社会发展之于教育与个体生命发展的价值与意义，形成了对教育与生命发展的综合融通式理解，包括时间层面面向个体成人的“终身教育”，空间层面面向教育体系化建构的“社会教育力”。

（1）终身教育

通过对朗格朗（P. Lengrand）《终身教育引论》的解读，结合中国社会与教育发展的实际，叶澜对现有关于终身教育的片面认识进行了批判，也就终身教育的理想样态进行了描绘。

终身教育是一个关于人生时空全覆盖的教育概念。朗格朗提出“终身教育”概念，是基于对20世纪60年代的时代更迭和社会变化的深刻认识，针对当时人所面临的挑战，如世界变化加快、人口增长、科学知识和技术进步、思想意识形态危机等，致使人过度追求物质利益而忽视精神层面的发展。由此，朗格朗希望借助终身教育以抵抗如上挑战所带来的消极影响。朗格朗主张：“终身教育包括了教育的各个方面、各项内容，从一个人出生的那一刻起一直到生命终结时为止的不间断的发展，包括了教育各发展阶段各个关头之间的有机联系。”①

由此，终身教育针对人的一生的完整发展而提出，贯穿于人生命发展的各个阶段。朗格朗进一步指出：“从长远来说，实现更美好的生活这个问题的唯一答案在于建立一个彻里彻外地渗透着终身教育原则的社会，在于实施一种与生活的进步和成就紧密联系的教育。”②

然而，目前国内外对终身教育的认识仍然存在误区，并没有完全形成和进入朗格朗所清晰界定的“终身教育”的立场与视界，或将终身教育等同于成人教育、继续教育、社区教育，或以“终身学习”的概念替代“终身教育”，导致“终身教育”概念的窄化，使得教育过程各个阶段之间被割裂，

①② 保尔·朗格朗. 终身教育引论［M］. 周南照，陈树清，译. 北京：中国对外翻译出版公司，1985：15-16；17.

忽视了教育过程的统一性和整体性。

事实上，儒家教育思想中就包含着丰富的终身教育理念，其对于我们当下建构终身教育社会有重要启示。孔子对自身人生阶段的认识，就蕴含着终身成长、终身发展的意识：“吾十有五而志于学，三十而立，四十而不惑，五十而知天命，六十而耳顺，七十而从心所欲，不逾矩。”（《论语·为政》）

同时，儒家也十分注重人的整体全面发展，强调个体心性的涵养与人生境界的修炼。“子以四教：文、行、忠、信”（《论语·述而》），体现了孔子对教育内容方面的多样性的思考；“志于道，据于德，依于仁，游于艺”（《论语·述而》），“兴于诗，立于礼，成于乐”（《论语·泰伯》），体现的是个体生命发展的基本方式，以礼乐之教，成道德之人，以至成为君子。所谓“君子不器”，则更体现了儒家对理想人的发展的状态或境界的追求。而“三人行，必有我师焉。择其善者而从之，其不善者而改之”（《论语·述而》），这可以说是现代终身教育理论中教师及教育行为社会化观点的源头。[①]在学习态度上，孔子也教导学生要“敏而好学，不耻下问”（《论语·公冶长》），“学而不厌，诲人不倦”（《论语·述而》），体现了向他人学习、终身学习的价值追求。一言以蔽之，儒家将人的发展视为一个整体的不断涵养的过程，注重个体与社会的交往，强调学习的终身性与反身性（向他人学习），蕴含着终身教育的理想和追求。

在叶澜看来，终身教育使得我们对教育价值的认识，从长期的外在功利性社会功能回到自身最为直接的、影响人身心发展的本源性功能上，“教育”观念得以发生向人生“整体化”和“全过程化”嵌入的重要转换。这一观点与儒家所倡导的修身立德、学以成人和“学不可以已”等观点别无二致。

进而言之，由于个体生命必须通过社会实践活动完成，因此“终身教育”意味着教育与人类社会生活的全时空覆盖，使得教育渗透到个体发展与

① 刘炳范．终身教育理念的拥有与人文关怀的亟需——孔子及儒家教育思想的现代价值论［J］．孔子研究，2000（6）：27-34.

社会活动的各个领域，成为个体一生和社会发展不可分割的、内在必需的构成。基于中国文化立场，通过对朗格朗的“终身教育”概念的分析，叶澜确立了以终身视角看教育发展、社会发展的立场，以教育贯穿人的一生发展为旨归，形成了指向生命与社会交互融通发展的终身教育视界。“以能促进人的多方面终身发展和人格完善，使其有志于并有能力为创造一个更美好的世界做贡献为价值取向；以贯穿于人一生、渗透于个体生命实践各种空间的生命和活动全时空为原则；通过将各种教育力量连通、整合、汇聚，形成全整性的教育系统，以全社会各项活动都自觉内含并在实践中体现终身教育的原则为实现路径。”①

叶澜认为，终身教育是以人自身的自由全面发展作为社会发展的终极目标，以个人与社会的发展价值统一为特征的阶段所必须具备的教育形态。换言之，终身教育是实现个体生命整体的全面发展与社会完善的重要方式，其指向的是人与社会的可持续发展，意在推动全社会、全员共同介入教育事业，共同促进人类整体的全面发展。在这个意义上，“如果要对人类教育及教育综合改革进行重新设计、重新规划和重新实施，就是以全社会教育为单位的教育设计与教育改革，它在根底上是一种综合性改革，是从以教育为单位的综合改革走向以全社会系统教育实践为单位的综合改革”②。它要求教育改革与社会发展交互融通，既发挥教育的社会责任，也要求社会承担相应的教育责任，构筑起社会教育力。

（2）社会教育力

“社会教育力”是叶澜在终身教育的大背景下，针对“全时空性的全人发展”的教育目标而提出的，是全社会所具有的教育力量。“教育力”不同于“教育”，它既包括一切教育活动（正规与非正规的）所产生的、对人身

① 叶澜.终身教育视界的深刻意蕴：全时空性的全人发展——保尔·朗格朗带给我们的启示和价值［J］.人民教育，2017（1）：13-18.

② 李政涛.当代教育发展的“全社会教育”路向［J］.教育研究，2020，41（6）：4-13.

心发展起作用的力量，也包括人类其他社会活动中客观存在的对人身心发展有影响的力量。它们都作用于作为个体的人的一生发展。任何教育力都在社会中、在个体参与的社会活动中产生，且最终价值都归于个体生命的发展与成长。由此，叶澜将社会教育力分为个体社会教育力与系统社会教育力。①

个体社会教育力以个体的人为分析单位，是贯穿每个人一生生命实践之时时、处处、事事所构成的社会教育力。这一概念的提出，首要意义在于有助于提升中国社会教育力的整体发展自觉，也为分析中国传统教育，如教育与治国、学习与做官的制度性关联，民间所行的“不言之教”，私塾、书院等教育形式提供了概念工具。

系统社会教育力是在社会系统层面上，以不同系统为分析单位，是社会全系统所具有的社会教育力。它是社会系统层面的存在，包括社会各系统中存在的教育影响力与教育系统内的教育作用力，即不同系统中存在的不同教育力，统一概括为系统教育力。这一概念的提出对于扭转教育研究者与政府决策中片面注重教育的服务性和教育的社会责任这一现象有重要意义。由此，叶澜认为教育与社会的关系，应从单向片面的关系转向双向互动生成的动态平衡关系，即在关注教育的社会责任的同时，关注社会的教育责任，将“教育尺度”作为社会发展基础性构成，作为衡量社会整体发展水平的标尺。

“社会教育力”问题的提出，是当代中国发展对教育更高需求的表现，是当代中国教育自身在整体意义上走向现代化、实现深度转型的必需，也是当代中国教育学发展寻求基本理论建构上有所突破的诉求。更重要的还在于，这一概念的提出使教育理论与实践的关系被置于教育与社会关系的层面上重新思考，进而将个体的生命实践与社会实践连接起来。

通过对中国教育系统及其正规学制内外的教育作用力之实存状态的分

① 叶澜.社会教育力：概念、现状与未来指向［J］.课程·教材·教法，2016，36(10)：3-10.

析，叶澜认为："要改变当前教育中不利于学生身心发展及社会期望的人才培养的应试问题，是全社会（包括政府各部门方针、政策的制定与执行）的责任。只有全社会认清自己在强化应试上起了什么实际作用，在哪个关节点上起了别的主体不可能起的作用，由此必须承担起改变的责任；只有教育内外的作用力和影响力不仅各尽其责，而且能在价值取向上形成共识，在教育力上形成相嵌、连接、互补、共生的合力，'应试教育'的局面才有可能在根本上得到扭转，社会教育力中的教育作用力，才会得到正向的高质增强。"①

叶澜将"社会教育力"这个概念引入教育事业发展中，既是回归化解当下中国教育困境而提出的新路径，也指明了未来教育理想境界的新方向。它强调全社会共同承担教育责任，让每个个体在社会的时时、处处获得教育性的体验与学习，实现生命的主动、健康发展。从个体生命发展的角度而言，作为生命个体的人有社会生活，并因其社会生活而获得自然生命不可能自然生成的社会特性，即人的社会使个体有获得性成长和超越自然性的社会性成长。任何教育力都在社会中、在个体参与的社会活动中产生，且最终价值都归于个体生命的发展与成长，也就是个人的生命实践之中。个体生命成长依赖于社会教育力的充分发挥。个体社会教育力与系统社会教育力的合力，能够为个体生命成长提供强有力的条件保障，从全时空、全方位和全系统等多维度切入个体生命发展的过程中，让全社会都参与到每个人的生命发展的事业中，形成正向教育影响力与作用力。

2. 生命与技术

曾经被海德格尔等哲学家诟病的技术和技术时代已经降临，成为这个时代的人类无法逃避的宿命。"技术规定了人性、人的本质的基本内容。一

---

① 叶澜. 社会教育力：概念、现状与未来指向［J］. 课程·教材·教法，2016，36(10)：3-10.

种根本不同于既往的技术形态，不仅造就了人的不同活动方式，同时亦规定了人性的不同本质内容；不仅改变了外部自然世界，同时亦改变了人性自身。”①

可以说，在人将技术作为工具进行使用的同时，技术也在塑造着人类生活，使得个体生命的方式、形态与状态发生改变。随着信息技术和人工智能的强势崛起，技术力量愈发成为人类生活的基本力量，成为影响生命发展的重要因素。技术时代的到来，使技术日渐成为人的“第二自然”，成为麦克卢汉（M. Mcluhan）所提出的“人类身体或感官在社会和心理上的外延”，乃至与个体生命构成一体化的关系，“无声地通过重新设计‘感官比例’（ratio of senses），而将其深刻假设加之于人类心理之上”。②

这给教育带来的最大最根本的变化则是：人的样式，人的形态，人的生存方式和生存状态在技术时代得到全方位的更新。③ 当然，人除了沉浸在信息技术的无声环境之中，也通过对信息技术的运用、反思修改着技术，从而保证技术与人性的平衡。那么，如何实现技术发展与生命成长的平衡？这需要技术学和哲学的思考，更需要教育学的思考。叶澜站在教育学的立场，从生命的成长发展的视角对当代技术进行了审视，重新解读了技术与生命的关系。

对现代技术的发展，既有来自技术之外的不同学科的批判，也有来自技术领域之内的赞美与褒扬。在教育领域，以教育技术学为代表的研究者，也发出了教育学的声音，然而，“在教育技术学领域，不是‘技术太多’‘思想太少’，而是有关‘技术与人的思想’，尤其是从技术的视域理解人、人

① 高兆明．生活世界视域中的现代技术——一个本体论的理解［J］．哲学研究，2007（11）：102-108.

② 马歇尔·麦克卢汉．理解媒介：论人的延伸［M］．何道宽，译．北京：译林出版社，2019：14.

③ 李政涛．为人的生命成长而设计和发展教育技术——兼论教育技术学的逻辑起点［J］．电化教育研究，2006（12）：3-7.

性及人的生命的思想太少。换言之，教育信息技术之学，从来不缺思考和思想，缺失的是对人、人性和人的生命的高度敏感与整体把握，缺乏的是教育技术视域的人性观和生命观，究其根本，缺少的是对人及其生命的敬畏感”①。

叶澜对生命的思考既吸收了技术的维度，将对生命的理解置于当下信息技术迅猛发展的背景中，又在反思技术的过程中纳入了生命的维度，继承了我国传统哲学关于“技”与“道”的审辩，形成了对教育技术与生命发展的辩证思考。

“生命·实践”教育学派的信条之一即：“教育是直面人的生命、通过人的生命、为了人的生命质量的提高而进行的社会实践活动，是以人为本的社会中最体现生命关怀的事业。”它要求将学生、教师都当作一个个具体的、有生命的个体，而非物化、工具化或抽象化的人。教育永远是生命与生命交往的过程，是以人为本的事业。叶澜认为，教育所要培养的也是多方面整体发展的人，而非工具人、技术人等片面发展的人。无论技术如何发展，都要坚守教育之“仁”。靠机器和技术教人和用“仁”与生命教人大不相同。技术的最终目的在于使人成为自由发展的人，而非控制人的发展。因此，对技术的理解离不开对生命的理解，要始终将生命发展作为技术运用的前提。

“技”与“道”是中国哲学的核心范畴。在古代中国，“技”是各类技术活动所采用的方法或途径，是某种创作、创造活动外显化的过程，如造纸术、印刷术就属于“技”的领域。“道”则不仅是对操作过程的具体把握，而且是促使行动者从本质层面形成对活动的认识，从而根据活动的对象、情境等做出最适合的行动。“道”是客观存在的，但它是由操作者、工具和对象的自然本性共同决定的。它超越了“技”，是“技”的理想境界。②由“技”而“道”，使个体由简单化、程序化、割裂化的行动转向合规律、合

① 李政涛.现代信息技术的“教育责任”[J].开放教育研究，2020，26(2)：13-26.

② 王前.“由技至道”——中国传统的技术哲学理念[J].哲学研究，2005(12)：84-89.

目的的行动，真正从本原、本质层面把握行动的精髓，而不是对一套完美、完整流程的技术性“复制”与“粘贴”。

古代以“道”为目的的技术观，蕴含着对技术人文价值的追寻。它要求技术的运用与发展必须合乎世界客观规律，形成人、自然、工具之间的相互和谐，以至于相互融通，从机械化的、外在化的操作转向灵活而通达的审美实践。所谓“以神遇而不以目视，官知止而神欲行”，达成如庖丁解牛一般游刃有余的境界，实现人与技术的合二为一。从教育技术领域来看，则是要打破技术崇拜，打破对固定教学模式的依赖，打破师生之间的隔阂，形成教师、学生、教学内容、教学技术或方法之间的有机融合，生成适合不同师生、内容与技术的教学过程，真正焕发课堂的生命活力。

“生命·实践”教育学派对技术秉持审慎的态度，关注技术的功用，又不局限于技术，而是以“技近乎道”为理想目标，通过“天地人事”之教，培育生命自觉。这主要体现在以下几个层面。

（1）教学的技术层面。“生命·实践”教育学派认为，教育内容为“天地人事”。“天地人事”包含着自然界和人界的各种现象与规律性状态。“天地”是自然科学的相关学科，“人事”是人文社会科学的相关学科。传统教学往往是以点状的、割裂的方式进行两类教学的推进。“生命·实践”教育学则强调“天地”“人事”二者的不可或缺，是每个生命参与社会生活、认识世界的重要方式或载体，从而打破了“天地”与“人事”的割裂，形成了二者的有机联系，这也就由传统的以“技”为主的教学导向转向以“道”贯通的教学导向。在教学中，聚焦知识及其教学对于学生的发展价值，提出“学科育人价值”的理念，努力超越知识价值的视域，从学生成长的角度解读各学科教学对学生成长的育人价值。

在教学方法方面，“新基础教育”将理想课堂的特征总结为“重心下移”“结构开放”“动态生成”“过程互动”等，强调师生互动的即时生成，而非传统的模式化的固定教学秩序，提出了在教学中需要按照育人价值实现的需要，重组教学内容、综合设计弹性化的教学方案等观点。它需要教师充分把握课堂的发展动向，以教学智慧和教学想象力应对不同情境下的课堂，真正由传统的技术化的复制转向“近乎于道”的游刃有余，让每一堂课的教学都成为师生即席创作的艺术和审美过程。

在教学目的方面，“生命·实践”教育学认为教育的根本目的在于培育生命自觉。叶澜认为，课堂教学应被看作师生人生中一段重要的生命经历，是他们生命的有意义的构成部分。教学并非与个体生命割裂而存在，而是与师生生命发展息息相关，乃至嵌入其生命并成为不可或缺的一部分。叶澜指出，我国基础教育课堂教学的价值观要从单一地传递教科书上呈现的现成知识，转化为培养能在当代社会中实现主动、健康发展的一代新人。无论是学科知识还是书本知识，都只是在课堂教学中育人的资源与手段，都服务于育人这一根本目的。由此，教学应成为一项伦理性实践，而非技术性实践，是以“成人”之道为根本的教育性实践。

（2）对教育技术的审视层面。基于对信息技术本质特征的把握，叶澜认为，信息化的存在形态至少涉及三个层面：基础性的技术存在、结构性的社会存在和生命性的个体存在。[①]在生命性的个体存在层面，她对技术时代的个体生命形态进行了系统分析，提出了信息技术“使信息化以生命形态方式存在”的核心观点。这一分析也体现了由“技”而“道”的传统哲学观，即从深层把握技术与生命关系的本质，而非停留于技术性的操作层面，以对生命状态的分析为根本，提升教育与人的发展的适切性和技术与生命发展的适切性。

叶澜发现，信息技术带来了个人时空意识的变化、个人生存方式的变化、个人语言和思维方式的变化，由对技术的表层之“技”的认识，深入到对生命发展的“道”的认识。她针对当前中国社会变革的技术背景进行深度分

① 叶澜.“新基础教育”论——关于当代中国学校变革的探究与认识［M］. 北京：教育科学出版社，2006：38-49.

析，将“生命性个体存在”置于信息技术的大背景中，论述了人的生存状态的转变及其教育的应对，确立了对信息技术理解与反思的教育学立场，从而为把握教育理论与实践问题提供了思路。

（3）教育理论者与实践者的交往层面。在教育理论研究者与实践者的合作过程中，“新基础教育”尤为强调研究者的介入，即研究者以自身为工具或方法，亲身进入教育现场，以自身的教育智慧，参与教育实践的指导。这样的介入强调研究者自身的能力，面对不同教学现场的生成力、把控力与即时指导的能力。这是以“道”为方法和追寻的理论与实践的交互共生，而非以“技”为尺度的标准化推广。正如叶澜所言：“研究人员在考虑提高教育研究质量的时候，千万不要把自己置身事外。若把方法技术的问题、操作的问题看作是第一位的，那就错了。研究是靠人去研究，靠人的水平、人的质量、人的心向、人的智慧。人有明确目标的追求，才会带来持续研究的动力。”①

概而言之，“技”的发展不可缺乏“道”的引领，“道”是“技”的最高境界。“生命·实践”教育学派将生命视为技术发展的根本尺度，在继承传统的基础上，将“道”发展为生命之道，以生命发展之道引领技术之道，为合乎“道”的教育与合乎“道”的教育技术提供了参照。

3. 生命与自然

自然环境或自然生态是影响人的生命成长与发展不可或缺的教育力量。然而，“当代的国人与教育，已经离开或忘记自然太久太久了，甚至这样的远离已成常态，以致我们进入麻木状态”②。

叶澜通过追溯中国文化传统中的“自然”概念的演变，反思了当下中国

① 叶澜．变革中生成：叶澜教育报告集［M］．北京：中国人民大学出版社，2019：454.

② 叶澜．溯源开来：寻回现代教育丢失的自然之维——《回归突破：“生命·实践”教育学论纲》续研究之二（上编·其一）［J］．教育发展研究，2018，38（2）：1-13.

教育中自然传统的缺失，将“自然”概念引入现代教育发展中并赋予其重要地位，深度阐释了教育中的自然与人的生命发展的内在逻辑与关联，从而将自然纳入理论与实践关系研究的视域之中。

叶澜对自然的思考是在“新基础教育”研究推进“二十四节气进校园”活动的基础上生发的。通过回溯中国文化传统的源头，对各阶段的“自然”思想进行梳理提炼，形成对中华民族自然之“道”的认识，找回且重新构建教育和教育学中丢失已久的自然之维。

（1）经典自然观

首先，叶澜追溯了中华民族“自然之道”的生成变化过程。她将这一过程分为三期：史前原生期、文明初创期和古代经典形成期。通过对不同时期自然观的概述与分析，初步勾勒出中华民族“自然之道”的演变历程。

在史前原生期，人类关于自然的最原初认识是“把人与自然区别开来，承认自然外在于人类”。一方面，初民将周遭的地理环境作为自身生存资料的重要来源，自然成为人的重要物质力量。另一方面，初民由于认知水平有限，将自然现象归因于某种神秘的力量，生出对神与神秘力量的原始信仰，自然又成为人的精神力量。由此，人与自然形成了“初始和谐”的关系。叶澜认为，“人类精神意义上初始文明的出现，恰恰是由对所谓超个体、超自然的神秘力量的信仰，进而所产生对神及神话的创造、膜拜、集体仪式等在今天看来都属非理性力量的汇聚”[①]，同时，“这些创造物在今天看来会被科学当作愚昧或迷信的东西，却不仅以其内在的原始力量催生了文明，而且依然沉积在每个个体的心灵结构深处”[②]。这对于我们理解何为人之自然的初心，读懂儿童的逻辑有重要的参考价值。

在文明初创期，中国文化的整体特点呈现为“文化与自然的深度且难以

①② 叶澜. 溯源开来：寻回现代教育丢失的自然之维——《回归突破：“生命·实践”教育学论纲》续研究之二（上编·其一）[J]. 教育发展研究，2018，38(2)：1-13.

分割的内在缠绕乃至化合”[①]。

其一，汉字是充满自然气息的文字系统。“近取诸身，远取诸物”，象形文字的根与魂就是大自然，带着农耕社会所具有的浓厚的自然气息。叶澜认为，汉字是促进中国人思维发展、形成民族思维方式乃至文化基因的独特资源。

其二，天地人共生的中华创世神话。例如，关于宇宙起源的“盘古开天”，折射出中国文化传统对自然的敬畏，以及对生命生长的崇拜，也体现出“自然在先，人类生于其后”的人与自然初始的时空序列关系。关于人类起源的“女娲补天”，则在敬畏自然的基础上，表达了人类战胜灾难的勇气与“善炼巧用”的智慧。古人关于“绝地天通”的神话，则提供了一种确定、论证“天人关系”的思维模式，即天为上、为神，地为下、为民。天道、天序、天象是解释人道、人序和人间万象的依据与规定。亦即传统文化中“天人合一”之天理具有决定性地位。

其三，农历的创制和形成过程是先民对自然知觉之后的抽象把握，形成中国特定社会和集体生活节奏的社会时间机制，构成了华夏民族的节日系统，以自然与人文在时空观上的深度纠缠规定和度量着我们的生命、生活与活动的节奏、价值和意义，为人类认识时空提供了新路径和丰富、独特的经验。

其四，中医把人体看作小宇宙，既集天地精华于一身，又与天地万物能相通，呈现出以外界自然养治人体内部自然的独特的人与自然之关系形态。中医也把人体视为自然的一部分，人体健康与天地万物之间存在着复杂的对应关系。中医尤为关注人体健康的整体样态与各个器官之间的有机关联，注重因人制宜、辨证施治，充分体现了中国传统文化对生长变化之道及应变之策的关注。

在古代经典形成期，中国传统哲学中的自然是人之外的宇宙天地、世间

① 叶澜．溯源开来：寻回现代教育丢失的自然之维——《回归突破：“生命·实践”教育学论纲》续研究之二（上编·其一）[J]．教育发展研究，2018，38(2)：1-13.

万物。这是一个处于有规则运动变化的，具有整体生命的大有机体。传统哲学对自然的认识主要体现在对“天人关系”的认识上。我国古代社会至西周时，已基本完成了由鬼神崇拜向尊天敬祖式崇拜的转变。社会文明和制度也基本成熟，并形成了一套“以天为则”的礼制，用以巩固社会制度与秩序。天人礼制的对应关系勾勒了人与自然基本合一的关系。由此，中国古代的自然观由神鬼之道转化为造化之道，再上升到自然与人文复合意义上的天道，把“天”提升到了绝对的高度。天意、天则成了最高的绝对命令，以天为则，成为人们实践的重要纲领，只有顺应天道，才可能实现自己的期望。

通过对史前原生期、文明初创期和古代经典形成期做相对全面、丰富、多层次的过程梳理与内容阐述，叶澜对中国文化传统中的自然观及其构成，形成了以下五点概括性的结论：①人与天地宇宙混沌共生，天人之“道”相合、相通，是中华民族原始自然观的起点，内含饱满的元气和人与自然最基本的内在关系。②基于农耕生产的中华古代文明，对自然界整体互渗、过程互动、万物关联、生生不息的认识所达到的程度和独特性，提炼成为人认识世界的思维方式，呈现出鲜明的民族文化的独特性。③中华古代文明在整体上散发出浓郁的以自然为根的气息。人文与自然的深度纠缠，表现在古代经典中，也表现在世俗生活中。“自然”内含着造化的总称和万物生长必循的自然而然法则的双重意义。④中华古代经典自然观，一则通过正式的文化、制度、教育等系统传递，更多的是通过民间的生活方式和世俗文化传递而成为每个人生活中不可或缺的构成。⑤时至今日，古老中国历经一个半世纪以上的近现代剧变，传统自然观已逐渐淡出，并被一系列新的观念和问题取代或遮蔽，无论社会还是学校，在趋向上均如此。若要在新时期使传统自然观再呈生机，我们需要“去蔽”和再认识。[①] 这些结论既是叶澜教育自然观体系的核心观点，也成为其“生命·实践”观和“理实观”的重要构成。

---

① 叶澜．溯源开来：寻回现代教育丢失的自然之维——《回归突破：“生命·实践”教育学论纲》续研究之二（上编·其二）[J]．教育发展研究，2018，38(3)：26-37.

（2）近代自然观对经典自然观的转换

叶澜在对经典自然观回溯的基础上，系统考察了清末民初社会剧变中经典自然观的转换问题。[①]她指出，到了近代，经典自然观随着社会总体性质与结构的激变而被遮蔽，经典自然观通过转换形成了近代自然观。西方自然科学课程的引入，使得学习者与自然和古代学问逐渐疏远，“中学”成为致用的政治斗争工具等，造成了经典自然观逐渐淡出。思想家严复译介西学，提出“物竞天择，适者生存”的天道观，在肯定“自然而然”天道变化的前提下，形成了体用统一、中西古今既融通又不同的近代自然观，力求自然与人为、天道与人治相平衡，主张“民智”“民力”“民德”合一的国民教育。可见，近代自然观延续了经典自然观，都确认“天道”不以人的意志为转移，万物皆由一所生，人与大自然相依而存的基本观点。在严复的论著中，对“自然之天道”居于首位的确认是一贯的，并渗入各个领域中，包括人自身发展的自然之道。

（3）教育现代化对经典自然观的疏离

叶澜从民国、新中国两大时段探寻教育现代化过程中“自然之维”丧失的关键因素与过程，直至经典自然观的当代新生。[②]

她指出，在民国时期，为追求西式工业文明和社会经济发展，提倡与天地斗，将自然当作研究、征服和控制的对象。在天人关系上，章太炎和梁启超突出人之灵性、美德、强力等，将天与人、人与他物分开，打破了经典的“天人合一”自然观；孙中山则主张人制自然，人谋自然，形成了“人天相争”的观点，完成了近代对古代“天人合一”自然观的彻底改造。此外，民国时期学术转型又使整体的自然被分学科的科学分解，整体的人被知识、伦

① 叶澜．溯源开来：寻回现代教育丢失的自然之维——《回归突破：“生命·实践”教育学论纲》续研究之二（中编）［J］．中国教育科学，2020，3（1）：3-17.

② 叶澜．溯源开来：寻回现代教育丢失的自然之维——《回归突破：“生命·实践”教育学论纲》续研究之二（下编）［J］．中国教育科学，2020，3（2）：3-29.

理分解。

通过对新文化运动、白话文运动与汉字改革的分析，叶澜认为，新文化运动使社会发展的时空观和个人发展的时空观都开始了由近代向现代的转化，这是经典自然观转化的基础构成，科学成为被崇拜的对象，以至于人在大自然面前无所畏惧。提倡白话文写作、语言与文字统一，主张汉字改革等，是自然观的文化之根的运动。

在此期间，新学制系统也逐步推行。“癸丑学制”“壬戌学制”都是以引入西方的教育理论、方法、教材为基础，将知识、科学置于最高地位，将作为整体的自然人的发展分裂为伦理与知识的近代文化在中国的移植。自然教育的地位在基础教育中被逐级削弱。同时，新学校渐代私塾的过程，既推进了教育现代化，又导致“儿童的精神世界成长中不仅缺少与大自然的共处，还缺少中国诗、书、画等传统艺术的熏陶和诗情画意的想象。在这个意义上，民国基础教育完成了从传统自然观向现代自然观的过渡，切断了20世纪40年代前后出生的儿童心中传统文化的根”①。

通过对近代社会变革与近代思想的回溯反思，叶澜认为：“因西方各种势力和思想的全面侵入，中国社会的两次重大转型，逐渐走出封建社会，开始向西方学习，走发展工业科学技术的现代化道路。中国社会在获得整体性显著发展变化的同时，文化传统的继承和发展受到重大挫伤和阻碍，它被新型主流知识分子全部当作封建社会的遗毒，甚至连文字在内都要被扫入历史的垃圾堆。作为中国传统文化根基的自然观，也转变为对天地自然不再敬畏，进而为追求进步和社会经济发展，提倡与天地斗；将自然当作科学研究的对象，相信科学能战胜自然，为人类造福。教育，也不可避免地逐步走上了与‘自然’和‘传统经典自然观’越来越远，最终将自然丢失的道路。”②

如上三个阶段是对经典自然观的缘起、转换与疏离的分析。叶澜分析了

①② 叶澜．溯源开来：寻回现代教育丢失的自然之维——《回归突破：“生命·实践”教育学论纲》续研究之二（下编）[J]．中国教育科学，2020，3(2)：3-29.

中国传统经典自然观失落的原因、过程及其结果，也表达了对回归传统、再造传统的期望，即在经典自然观失落的今天，形成“新自然观”，指引教育实践，促进人的生命发展。

（4）“新自然观”的形成与教育改革

20世纪末21世纪初，国家经济实力急速增强，中央提出了新发展观。随着传统文化的复兴，经典自然观逐渐苏醒，重新生根。当代新自然观正在逐渐形成。叶澜认为，“新自然观”有如下特征。

其一，“新自然观”表现为经典自然观的当代新生。一是对自然的认识深度变化。在科学发展的基础上，人们对自然的认识日益扩展，形成了对自然的宏观、微观世界的认识。二是时空观的深刻变化。信息技术的发展，“天网”与“人网”的空间共存性，创造了“天人合一”的时代新内涵。三是认识自然的方法论超越。当代认识自然的方法超越了历史上整体直观、经验体认和现实中对自然分析拆卸、局部式的精准揭示的两种极端思维，以整体、复杂、动态变化的思维方式，认识自然系统内外各种不同组织、沟通渠道及方式。

其二，提出自然的生命逻辑与生态逻辑。把自然在整体上视为生命体，而非与人不同大类的非生命体，这是当代自然观的重要特质。对自然生命逻辑和生态逻辑的认识与尊重，要求人在对待自然的态度上要有伦理意识，科学、技术的发展与应用要以地球与人类同样存在着生命共同体的关系为前提，以有利于人类与自然的和谐共存为基础利益，做出价值抉择。

其三，关注人自身作为独特生命体的全程、全整和谐发展。一是人的自然生命在个体和大数据意义上得到了较之以往任何时期都更为充分的展开，这让人对自然生命的全程性认识加深了，并形成了人生各阶段的独特性和关联性的观念。二是每个生命都是一个完整的个体，生命各方面有密切的内在关联，包括身与心、感性与理性、德行与智慧、思想与行为、个性与社会性，都重要且需要实现内在平衡，呈现个体独特的整体性。只有充分、多方面得到发展的个体，才能构成富有内在生长和创造力的社会共同体，才能不断实现人类及其社会的完善与多元互动、精彩纷呈的和谐发展。

叶澜指出，基于“新自然观”的当代教育改革，需要直面社会新转型，从社会、教育系统内部和学校三个层面，把丢失的自然找回来，成就全局意义上中国教育由现代向当代的新转型，走向依“教育所是”而行、达“自然而然”之境，开创教育与自然内在关联的新阶段。她尤其重视农村教育与自然的关联，认为：“农村学校在基本条件具备的情况下，是可以大有作为的教育天地，是教育生根于自然之中，体现民族、民间文化并将其化作育人资源的宝地。农村学校唯有办出了它的独特性，才有真活力。”①

总体而言，“自然”是叶澜教育思想的重要关键词之一。她主张：“人与自然存在内在不可分割的联系，自然与我们是最大的生命共同体，宇宙自然是大天地，人是小天地，万物生命同体。人世间最大的‘通’是和自然相通。四季轮转是大自然的运行规律，人的生命、生产、生活等多方面的活动，也随四季的律动而变化。”②

“教天地人事，育生命自觉”中的“天地”，即为与自然科学相关的大量学科，“人事”则指与人文社会科学相关的许多学科。③把生命安放在天地自然之中，融入自然的状态，感悟自然的精神，学习自然的科学，是个体生命发展不可或缺的一部分。因此，在“新基础教育”研究中，“节律”成为学生成长的重要组成部分，充分挖掘二十四节气所蕴含的文化精神，如“春生”“夏长”“秋实”“冬藏”等，将其融入教学活动与学生活动之中，实现自然天地之道与社会人事之道的融通，以自然之精神促生命之发展。

叶澜通过回溯中国文化传统，以“生命”这一概念为核心，从社会、技

① 叶澜. 溯源开来：寻回现代教育丢失的自然之维——《回归突破：“生命·实践”教育学论纲》续研究之二（下编）[J]. 中国教育科学，2020，3(2)：3-29.

② 叶澜. 变革中生成：叶澜教育报告集[M]. 北京：中国人民大学出版社，2019：258.

③ 叶澜.“生命·实践”教育的信条[N]. 光明日报，2017-02-21(13).

术、自然三个维度进行了深刻的解读，这既厘清了教育的本质之根，也回到了中国文化传统之源。“生命”成为教育实践的原点，促进生命的发展是教育实践的根本任务。现代教育应在把握生命与社会、技术、自然三者关联的基础上，进行整体综合思考，生成具有时代感的教育理论，推动教育实践的变革。这些观点不仅丰富了我们对教育实践的理解，而且扩展了“实践”的视域及其内涵的边界。

（二）实践

“实践”是“生命·实践”教育学派的核心概念。可以说，“实践”是解决一切问题的根本方式，也是“生命·实践”教育学存在的根基。叶澜认为：“人的生命，包括人的诞生在内，其生命发展和创造的历史，都与人的独特的生存活动——实践，存在着内在相互生成关系。无论解读生命哪个层面的特征和活动，都无法与人的实践剥离。”①

实践是生命存在的根基，也是生命发展的根本方式。人只有在实践中才得以生存。基于马克思主义哲学的实践观与中国传统实践观，叶澜提出，实践意指：“人类一切有意识、有对象、有目的指向和行为策划并实施的活动。不是仅指古典道德意义上的‘实践’，也不是只指生产劳动，它与动词意义上的‘生活’相近。”②

叶澜对“实践”的理解始终围绕着个体生命发展，基于对“生命”整体式的理解，以教育学的“具体个人”的立场深度阐释“实践”及其与生命发展的关系。这体现了叶澜对生命与实践双重审视的眼光：“从生命看实践，从实践看生命，因而有了‘生命·实践’。”③基于中国文化传统与近现代马

①② 叶澜．回归突破：“生命·实践”教育学论纲［M］．上海：华东师范大学出版社，2015：233；233.

③ 李政涛．交互生成：教育理论与实践的转化之力［M］．上海：华东师范大学出版社，2015：165.

克思主义传统，叶澜从以下几方面对“实践”进行了解读。

1. 作为生命存在方式的“实践”

每个人的生命都是通过自身的实践完成的，生命史即是一部实践史。将实践与生命相连接，叶澜深度阐释了生命与实践的关系，从个体生命成长的视角，分析了人之类生命、社会意义上的人之生命类特征、精神意义上的人之生命类特征与实践的关系。

首先，基于马克思主义哲学的观点，劳动创造人本身，劳动是唯有人才会以创造工具和使用工具的方式开展的生命活动。这一实践活动，使得人异于其他动物而具有特殊性。实践是人类生命延续的前提，人类通过社会生产活动维持生存。从人的发展来看，实践内在于人的生命需要。这样就构成了人的类生命本质的特征：“一个种的全部特性、种的类特征就在于生命活动的性质，而人的类特性恰恰就是自由的自觉的活动。”①

也就是说，人的生命活动方式——劳动实践，使得人成为人。人的类生命正是在不断地参与实践的过程中获得的，所以叶澜认为：“人就是自己生命实践的创造物……人的生命与人的实践，在人最原初的形成时期就具有内在关联，不可分割。”②

其次，马克思主义哲学认为，人的本质是社会关系的总和，叶澜就此指出：“在人的生命特性中，社会特性是其类特性更具有内在规定性的表现。”③通过参与实践，人创造了自己生命的类存在形态，超越个体的类存在形态——社会。人以社会生产活动作为基础，“区别于其他动物，形成不同于任何其他动物群体的社会语言、秩序、组织和各种物化以及物态化的产物或符号，如仪式、文字、艺术等”④。在此基础上，形成了人类文化，人从而

①②③ 叶澜. 回归突破：“生命·实践”教育学论纲［M］. 上海：华东师范大学出版社，2015：228；228；229.

④ 李泽厚. 实用理性与乐感文化［M］. 北京：生活·读书·新知三联书店，2005：3.

在自己创造的社会中生存、发展。

最后，人的生命具有精神性。人与动物的最大差别在于拥有自我意识，能够在认识自我的基础上超越自我，以强大的想象力创造出非实体的精神符号，能够对过去、当下与未来进行因果关系的贯通，并自主策划自身的行动。这些精神能力的形成与人类实践密切相关，首先是生产实践，对于人的心智和精神力量形成具有决定性意义，人对自我、他人与社会的认识，都是基于人类的交往合作等社会实践而形成的。

2. 作为活动形式的“教育实践”

教育是一种人类实践活动。对教育的研究，首先要对教育实践本身有清晰的理解，把握教育实践之于其他实践的不同，认识教育实践的独特性。正如叶澜所言：“在教育学研究中，就是要回到作为学科思想源头的人类独特‘实践’的教育之中。到教育中认识教育，发现与非教育的不同，从教育丰富的具体发展中，去把握教育内在的‘共有’和不同于其他领域的‘独有’。”①

在对生命与实践关系的论述基础上，叶澜回到教育的源头，以教育学立场分析了教育实践之于生命发展的独特价值和意义，形成了对教育实践特殊性的认识。

从中国古代哲学来看，关于“人禽之别”，人之为人的独特性，古人指向的是人所具有的伦理道德。孟子的“四端说”充分体现了古人对人的独特性的看法。人所具有的道德之心又与“为己之学”密切相关。所谓“为己之学”，不是在利益关系上追逐私利，而是以人格上的自我完成、自我充实、自我提升为指向。这一意义上的“学”，旨在提升自我、完成自我，可以视为成就人自身之学。②

教育与“成人”密切相关，教与学的最终目的在于成就一个君子或圣

① 叶澜.“生命·实践”教育学论丛：第四辑 命脉［M］.桂林：广西师范大学出版社，2009：13.

② 何为学.学以成人——杨国荣在华东师范大学的讲演［N］.文汇报，2014-08-18(12).

人，指向个体品德与人生境界的发展。例如，孔子眼中的“文质彬彬，然后君子”，即强调“文”与“野”的平衡。用马克思的术语来说，即是“人的自然化”与“自然的人化”的平衡。换言之，唯有通过“学”这一实践活动使人成为人。杨国荣提出：“先秦儒家奠基人孔子的经典《论语》，第一篇是《学而》，其中所讨论的，首先便是‘学’。先秦时代儒家最后一位总结性的人物是荀子，《荀子》第一篇即为《劝学》。在儒家论域中，‘学’既涉及‘知人’，也关乎‘成人’，从而表现为知人和成人的统一。这种理解，也体现了中国哲学关于‘学’的主流看法。”① 从中国古代哲人的思考来看，人之为人的依据在于人所具有的道德，而人所具有的道德源自人之“学”，即教育。只有经受教育，人才可能成为人，这也就确立了教育之于人生命发展的特殊地位。

从现代科学视角分析，教育实践之所以成为人类实践的一部分，源自人与动物在自然演化中所具有的代际关系。相较于其他动物，人从出生到独立生存需要较长的时间，动物只需要依靠遗传便可以在世界生存，而人若仅仅依靠遗传则生命难以为继，必须额外习得其生存环境下的知识和技能。换言之，人之自然生命有着天然的缺陷，它需要依靠一种专门的实践活动来填补生命的空白，这一实践便是指向文化代际传承和个体精神能力发展的教育实践。通过教育之于人之类生命发展的必需，揭示人的自然生命与教育实践的关系，叶澜由此提出了教育学立场下对人的类生命的解读：“教育学不是从人类的角度来理解‘类生命’，而是从个体成长过程需要通过教育实践的角度，来说明生命与实践的关系。”②

由于个体生命天然的不足即人所具有的类特性，个体的生命发展离不开对人类整体创造物的内化和转化，将已有的精神文化资源转化为个人的生存和发展能力，进而又通过自身的实践活动丰富人类的物质和精神资源。个体

---

① 何为学．学以成人——杨国荣在华东师范大学的讲演［N］．文汇报，2014-08-18(12).

② 叶澜．回归突破：“生命·实践”教育学论纲［M］．上海：华东师范大学出版社，2015：234.

生命如何实现对人类整体物质和精神资源的转化？这有赖于教育实践这一转化中介。教育实践是沟通人之个体与类的精神生命的重要方式。教育实践通过对人类物质与精神文化的选择与转化，以恰当的方式促进个体对人类精神文化的转化，并促使其进行物质与精神的再生产，从而保证人类的延续和文明的进步。所以，叶澜指出："教育实践是人类实践中对个体和人类、社会都具有自觉的更新性再生产价值的伟大实践。"①

基于教育学立场，对生命与实践关系进行分析，建立生命与实践的内在的动态关联，叶澜提出了一种不同于传统西方哲学的实践观——"生命·实践"观。她认为，教育是直接点化人之生命的社会实践活动。一方面，教育实践以影响人的身心发展为直接目标，直接指向人的生命的内在变化与成长；另一方面，人的生命活动整体地参与和渗透在教育实践之中，这一生命是在参与教育实践的过程中动态生成与发展的。"已成之在""潜成之在""应成之在""促成之在"和"未成之在"②等多重生命样态，都与教育实践对生命的影响密切相关。教育决定着个体生命之在及其发展的过程，教育的原点在于生命。叶澜指出，"教育是基于生命、直面生命、为了生命、通过生命所进行的人类生命事业"，教育是一项充盈着人的生命的人类实践活动。

概而言之，教育实践本质上是一种为了生命发展的生命实践。这也就奠定了"生命·实践"教育学派对"教育实践"的基本认识，它充满了对生命的关怀，对具体个人发展的观照，教育永远指向人的生命发展而非其他。这也是对中国传统文化"学以成人"思想的继承。

3. 作为教育研究方式的"生命·实践"

中国传统哲学有着"知行合一"或"知行相即"的传统。由于中国文化

① 叶澜. 回归突破："生命·实践"教育学论纲［M］. 上海：华东师范大学出版社，2015：235.

② 李政涛. 交互生成：教育理论与实践的转化之力［M］. 上海：华东师范大学出版社，2015：171.

不关注形而上的世界，仅关注个体生活的现世世界，因而“知”主要是道德伦理之知，即“知仁”与“知人”。但是道德在本质上与人际交往的实践活动密切相关，因而古代的“知”与“行”都是相互连接的。所以，在中国文化看来，“求知”的根本目的在于“力行”，中国哲学极少认为追求无用之知是有价值的，庄子所谓的“无用”也蕴含着“大用”。

中国文化知行合一的传统，使得在认知方式上尤为注重“体知”，强调个体经验直观与感悟，通过自身体验外推的方式而“格物致知”。孔子关于三年之丧的讨论，就以个体经验的方式来说明一般的道理，他说：“女安，则为之！夫君子之居丧，食旨不甘，闻乐不乐，居处不安，故不为也。今女安，则为之。”（《论语·阳货》）王阳明说：“知是行的主意，行是知的工夫；知是行之始，行是知之成。”（《传习录》）这些都十分明确地说明了知与行不可分割，二者相辅相成。

基于“知行合一”与“体知”的文化传统，在教育研究中，对“教育实践”的理解和阐述离不开研究者对具体教育实践的介入、体验和感悟。叶澜引领的“新基础教育”研究以研究者介入教育实践的方式来研究教育理论与实践的关系，以研究者亲历教育实践变革的方式形成对教育实践的理解，并通过教育理论研究者与教育实践工作者的平等对话、合作与持续交往，实现理论主体与实践主体的转化。这一转化的过程本身，即教育实践、生命实践的过程。

李泽厚将中国文化的特点概括为“实用理性”，即不求在理论上进行抽象的思辨，而是关注现实的功用，在他看来，重要的不是言论，不是思辨，而是行动本身。“新基础教育”以现代教育变革的研究方式对此进行了继承与发展。作为教育研究方式的“生命·实践”，是一种置身教育实践之中的介入实践，研究者的态度由传统教育研究的“旁观式态度”转变为“置身式态度”，不仅注重行动本身，而且注重理论生成与思辨，力图为促进教育的改变而身体力行，即改变已有的理论与实践关系的现状，在改变事务现状、改变他人中改变自身，在改变自身中改变他人、改变实事本身，这是对“现象学态度”的进一步延伸：回到实事本身的同时，还要努力去改变实事。①在这个过程中，教育理论研究者并非完全替代实践者，而是合作者和促进者的关系，是理论主体与实践主体之间的相互转化、双向滋养的关系。

叶澜指出，在教育实践的介入过程中，研究者主要发挥如下作用：“提供教育变革所必需的新理论参照系与思维方式，推进研究过程中理论与实践的相互转化与交换生成，系统总结改革实践，形成教育改革理论和促进教育基本理论的更新式发展。”②通过研究者对教育实践的介入，“生命·实践”教育学派切实将自身的教育理论与实践相结合，以知行合一、理实共生的态度和方法开展生命实践，真正将“回归实践”“理论与实践共生”的言说和书写，投入真实的实践田野中，让自身的思想之根、生命之根，以置身其中的方式，扎进中国本土的教育实践之中。为此，叶澜做了细致的阐发：“‘生命·实践’教育学派对教育理论的探索作为一种研究实践来说，强调进入教育实践。我们不仅把教育实践作为外在对象世界去认识，而且作为形成教育理论最丰富的源泉去吸收、去体验、去发现、去感悟。以‘生命·实践’为教育学原理基因式核心构成的教育学研究，需要研究者自身生命实践的投入，需要与教育实践工作者进行面对同一教育事实的真实、有效的沟通，还需要与他们合作创造可能的和更好的教育世界。在我们看来，用教育实践来启发、检验、丰富教育理论是教育研究必不可少的过程，也是教育理论能否出现原创的必要条件。我们已形成了这样的共同研究信念，且已成为我们研究实践持续的内在构成，成为我们富有特质的研究风格。”③

基于对中国“知行合一”的文化传统与“实用理性”文化特点的继承发

① 李政涛. 什么是“新基础教育”研究[J]. 中国教育学刊，2017(6)：1-5.
② 叶澜. 大学专业人员在协作开展学校研究中的作用[J]. 中国教育学刊，2009(9)：1-7.
③ 叶澜. “生命·实践”教育学论丛：第四辑　命脉[M]. 桂林：广西师范大学出版社，2009：53-54.

展，以“新基础教育”研究为载体，叶澜及其团队不断以自身的生命实践影响他人的生命实践，以投身教育变革的“生命·实践”的方式回应了“理论与实践”这一抽象的命题，重新诠释了教育实践的“实践”内涵，即以“生命·实践”的方式，研究教育理论与实践。

三、观念命脉：教育理论与实践关系研究的价值论基础

叶澜认为：“中国哲学传统，无论是它的价值取向、核心内容还是思维方式，都内含着教育的精神和智慧，无论对于当代中国教育改革实践还是教育理论的建设，都是极为丰富的资源，且尚需进一步探究与开发，形成主体研究自觉。”①

作为躬身践行教育理论，深入介入教育实践变革的教育改革者，叶澜以深度的文化自觉为底色，坚持教育学人的“教育学立场”，对中国文化典籍进行阅读、阐释、整合，从中国文化传统中把握中国教育精神，汲取中国教育智慧，并将之转化为教育理论研究与教育实践变革的资源与动力。

在叶澜看来，教育理论与实践是相互转化、相互生成、双向滋养的关系。教育实践中蕴含着教育理论的光辉，教育理论也在教育实践中不断丰富、完善。她始终坚信，教育中理论与实践关联的性质，从本质上看是人的认识与实践的关系问题，都与作为认识主体和实践主体的人相关。因此，这一双向滋养关系的建构，归根结底，在于各教育主体在教育理论与实践层面的转变与互构。教育理论与实践的关系问题破解的重心应是教育活动中更为根本的主体。

教育研究者的使命不仅在于在书斋中学理论、讲理论和写理论，更在于深入介入到“田野”中去成理论、化理论和做理论，实现理论向实践的转化

① 叶澜．中国哲学传统中的教育精神与智慧［J］．教育研究，2018，39(6)：4-7.

与基于实践的理论深化。只有能够介入教育实践变革的理论，才具有理论的力量。同样，教育实践的使命在于“点化人之生命”，促进生命成长，促成个体生命发展主动性与可能性的双向开启，激发个体生命自觉实践、自我变革的内在的动力，“将外在世界的丰富资料、内在发展的诸多可能转化为现实个体的生命发展过程”[①]。只有促进各教育主体生命发展的实践，才是真正好的教育实践。

由“坐而论道”的理论者转向“起而行道”的实践者，由“成变革之事”转向“成自觉之人”，“新基础教育”沟通了教育理论与实践，将理论与实践之根指向具体的生命成长，指向教育理论和实践之事与人双向互构与共同发展。由此，生成了“生命·实践”教育学派对教育实践的中国式表达：“教天地人事，育生命自觉。”这一表达，是对中国传统观念批判继承的教育学表达。

（一）原点：“天人合一”的修习成人观

对人与自然关系的认识是中西文化的重要差异之一。中国重视人与自然的和谐，倡导“天人合一”，而西方注重征服自然。叶澜认为，“天人合一”是中国哲学传统中的最大命题，“天人合一”蕴含着中国传统教育精神，深化了对人与“天地”“人事”关系的理解，对个体修身、立德与成人的原则、方法与过程进行了界定，成为“生命·实践”教育学对教育理论与实践理解的重要基础。

首先，“天人合一”意味着天与人相通相生。老子《道德经》中“人法地，地法天，天法道，道法自然”是对“天人合一”的最好阐释，揭示了天地人相通，且统一于道，都应法其自然之理。人与天地系统相适应被称为“与天地参”，与天地相配合即所谓“与天地合其德，与日月合其时，与四

① 叶澜．回归突破：“生命·实践”教育学论纲［M］．上海：华东师范大学出版社，2015：238.

时合其序，与鬼神合其凶吉，先天而天弗违，后天而奉天时”(《周易》)。

其次，人应依天道之法而行，包括立序与立德。人法天道，以天为则，建立人事秩序。“人性即天道，道德原则与自然规律是一致的。”①所谓“天地之大德曰生”，人应和合天地之道以持续生存发展。一方面，在人间社会建立合情合理之序，形成了以天理和人伦为依据的三纲五常之序；另一方面，以天地之德为榜样立自身之德，即通过向天地自然学习，获得自身德行之发展。

最后，确立人在天地万物之间的特殊地位与关系。人属于自然的一部分，也是自然中最优异的部分。作为有智慧、有主观能动性的人，通过修身立德就能够成为“替天行道”的人。汉代思想家董仲舒提出：“天地人，万物之本也。天生之，地养之，人成之。天生之以孝悌，地养之以衣食，人成之以礼乐。三者相为手足，合以成体，不可一无也。”(《春秋繁露·立元神》)

由此，引出了天人关系内含的教育精神，即人要由礼乐而成。在《中庸》首章更明确提出“天命之谓性，率性之谓道，修道之谓教”，即成人的根本在于“教”，而“教”的基础是天道与人性。由此，由天人合一所引申的是“人何以成人，何以立身，何以成事”，从而形成了中国以人生为对象的修习践行之道。这表达出中国文化传统中的自我教育观和终身发展观。

牟宗三指出，中国哲学“是以生命为它的对象，主要的用在如何来调节我们的生命，来运转我们的生命，来安顿我们的生命”②。以天为则，人道合乎天道进行修习成人，由此启发了“生命·实践”教育学派对教育的中国式表达——“教天地人事，育生命自觉”。“将有关教育的探究，集中到人之终身发展的过程，即经教育与自我教育，个体逐渐由外而内、由内而外，最终实现自觉把握人生命运的转化、生成过程。”③

① 张岱年，程宜山．中国文化精神［M］．北京：北京大学出版社，2015：48.

② 牟宗三．中国哲学十九讲［M］．上海：上海古籍出版社，2005：12.

③ 叶澜．中国哲学传统中的教育精神与智慧［J］．教育研究，2018，39(6)：4-7.

可见，“天人合一”的传统观念是叶澜深化教育理论与实践关系认识的基础，它强调个体生命对人性、天道或自然规律的遵循，重视个体的立身成人。无论是教育理论还是教育实践，其共通的指向都是“成人”。教育理论与实践的功用在于促进个体由内而外、由外而内地转化生成，实现生命的整全，达成人生在世的圆满。由此，生命成长成为教育理论与实践的原点，能否促进生命发展成为检验教育理论与实践的根本尺度。

（二）动力：“刚健有为”的生命自觉观

虽然古代中国多将天地与人事并置，突出天与人的和谐关系。但是，中国古代教育传统偏重“人事”而虚空“天地”。天地之道并非对自然现象的科学描述，更多论述自然现象的象征意义。所谓“关乎天文，以察时变。关乎人文，以化成天下”，即是对“天地”与“人事”二者关系的概括。古代哲人对教育的阐述，多集中于学之所用的“人事”，是以“成人”为对象、准备入世的精英教育。由此，古代教育与政治构成了密切的关联，形成立德成人为“体”，治国达人为“用”的“体用合一”的教育观。

如同杜维明所言：“中国文化的明确特征即是相信人具有创造性自我转化的能力。”[①]《易传·象传》中说：“天行健，君子以自强不息。”意为君子应当像天的运行一般刚强不屈，奋发向上而不止。在传统天人观中，人居于优势地位，人需要超越自身的局限性，完成对世界的改造。形成“天之天”与“人之天”的和谐，达成“参天地、赞化育”，人与天地参的境界。无论是立德成人，还是治国达人，都是个体不断修身、反思的过程，是个体发挥主动性和能动性，不惧困苦开展终身学习、终身教育的过程。此外，《周易》所说的“刚健”还有“独立不惧”“立不易方”之义，也就是孟子所说的“富贵不能淫，贫贱不能移，威武不能屈”的独立人格。换言之，“刚健”

① 杜维明. 道·学·政：论儒家知识分子［M］. 钱文忠，盛勤，译. 上海：上海人民出版社，2000：30.

不仅意味着对抗外部压力的能力，也意味着对抗自身弱点的能力。[①]这需要一个不断自我认识、自我强化与自我认同的过程。叶澜将这一过程划分为四个阶段，经由这四个阶段，个体真正实现刚健有为，涵育生命自觉。

1. 始于自明、自得

所谓自明，即儿童要有端正的学习态度，主动求教，所谓“蒙以养正”，即是这个道理。所谓自得，是对已脱稚气而向成君子方向发展的个体学习的要求，要求学习者要自主思考、体悟和转化所学内容及其意义，并将所学践行于日常生活之中。

2. 定于人格确立

孔子所言：“吾十有五而志于学，三十而立，四十而不惑，五十而知天命，六十而耳顺，七十而从心所欲，不逾矩。”叶澜认为，其中的“立”作为生命的转折点，意指独立人格之形成。独立人格的确立使得个体能够清晰认识自身的理想，在世界观、人生观、价值观层面形成了稳定的结构，并能够以积极的心态独立践行和追求。

3. 坚于自我把握

孔子的“不惑”“知天命”和“耳顺”，是对这一阶段的人生感受。换言之，在这一阶段能够“自持”，在各类关系中保持人格的一致性和独立性；能够“慎独”，不以人不见而不为善，不因人不见而为恶，具有高度的内在自律自觉；能够“自勉”，深处逆境、困境而不惧，发奋抗争，以个体精神战胜困难。

---

① 张岱年，程宜山. 中国文化精神［M］. 北京：北京大学出版社，2015：48.

4. 成于自由、自在

“七十而从心所欲，不逾矩”，是一种经终身修炼而达到的生命自觉的最高境界。这是以自己的全部生命，经生命不同阶段历练后获得的自由。[①]

回到中国文化精神的“刚健有为”，回到对生命自觉的思想溯源，叶澜对生命自觉进行了深度的阐释和剖析，并由此确立了“生命自觉”在教育理论与实践中的地位。一方面，“生命自觉”是人生发展的终极目标，也是教育的根本目标，教育理论与实践应以促进个体的生命自觉为根本，这是对“天人合一”的修习成人的进一步阐释，即成人的方向或目标——生命自觉。另一方面，“生命自觉”是教育理论主体和实践主体实现理论原创，推动实践变革，做出教育理论贡献和实践贡献的根本动力。

“刚健有为”的生命自觉观，给予教育理论研究者与实践研究者的启示在于：以启发教育主体的“生命自觉”为目标，发挥自身的“生命自觉”，积极主动地介入教育事业，通过“对自我生命的自觉、对他人生命的自觉、对外在生境的自觉以及使不同自觉对象实现沟通转化的自觉”[②]，不断适应时代变革要求，明晰教育各主体的需要，明确自我发展的方向，以坚定的教育信念投身教育理论创新与教育实践变革之中，以研究者的自觉和实践者的自觉共同推动整个教育发展的自觉。

所以，在“新基础教育”的推行过程中，叶澜强调教育变革的“内生力”，从教育思想、理念层面开始，从“成事成人”开始，让校长与教师真正形成自主变革意识与积极主动的变革态度，培养“发展自觉”，“以学促自明，以思促自得，以省促自立，以行促自成”[③]。同样，理论研究者也积极自主地介入教育实践，在自身研究领域精耕细作、博采众长。理论研究者通

① 叶澜. 回归突破：“生命·实践”教育学论纲［M］. 上海：华东师范大学出版社，2015：288-296.

② 李政涛. 生命自觉与教育学自觉［J］. 教育研究，2010，31(4)：5-11.

③ 叶澜.“新基础教育”内生力的深度解读［J］. 人民教育，2016(Z1)：33-42.

过与实践者的深度交往和对话，亲临现场指导，发挥自己与实践者在合作研究中的不可替代的价值。

（三）目标："内圣外王"的人生理想观

虽然中国儒家文化强调修己立身，注重个人的不断修习成人与生命自觉，将人视为自己命运的主人，以自强不息的精神达成生命至善的境界，但其并非纯粹的"为己之学"。"穷则独善其身，达则兼济天下"（《孟子·尽心章句上》），"己欲立而立人，己欲达而达人"（《论语·雍也》），张载的"为天地立心，为生民立命，为往圣继绝学，为万世开太平"（《横渠语录》）等，均体现了中国知识分子的济世情怀，蕴含着知识分子强烈的社会责任感与躬身入世的人生态度。孔子关于君子的理想目标就是"修己以敬……修己以安人……修己以安百姓"（《论语·宪问》），这成为中国知识分子两大使命的重要来源：一方面修己以立德、立身，自我形成高度的道德自觉和高尚人格，达成"内圣"的生命状态；另一方面，在自我立德修身的基础上，面向他者与人间事务发挥自身的积极影响力，以高度的责任感和"舍我其谁"的态度参与到"治国安民"的实务之中。

中国知识分子或中国文化本身具有强烈的入世传统，强调个体生命价值的发挥来自对群体的贡献，注重将自我的修身立德与思想的生产与日常生活关联在一起。不同于西方哲学注重概念、逻辑的抽象思辨传统，中国文化更加关注实践智慧的生成，形成了"实用理性"。正是这种"实用理性"，促使中国文化不仅注重个人的内在修为，还强调个人实践理性对日常生活的介入，以积极行动担当起社会责任，以"天下兴亡，匹夫有责"的勇气将个体与整个社会的发展融合起来。

实用理性带来的是中国文化的草根性，即文化的根在民间，思想、技术无不与普通民众的生活密切相关。由于重"人事"而轻"天地"的文化传统，中国并没有形成西方专业化的学科传统，也没有形成职业的思想家。中国文化主要产自日常生活，服务于伦理道德与农业生产的需要，产生于日常生活又易于转化为日常行为方式。因此，中国古代读书人有着对普通人的关切，尤其是对弱势群体的现世生活的关切，有着对普通人的“教化”情结。这就使得知识分子有着把改变现实世界作为追求和努力，投注于普通人的日常生活的精神。[①]

叶澜创建“生命·实践”教育学派，在教育理论与实践层面所做的努力，充分体现了传统知识分子的入世情怀。从书斋式的写作走向田野研究，从单向的指导走向教育理论与实践的交互生成，无不体现了其引领的“新基础教育”积极地从言说走向实践，入世改变教育的情怀与决心。“生命·实践”教育学派的入世精神，有学者概括为如下三个方面：第一，在关注对象上，“生命·实践”教育学选择了“普通”与“日常”；第二，在研究方式上，强调“普通”与“日常”；第三，“生命·实践”教育学研究者的心态彰显“普通”。[②]这是教育理论研究者进入真实的教育实践，以真实的主体交往和转化为前提的关系建构。在教育理论主体与教育实践主体的交往过程中，进入的是弱势学校与普通学校，关注的是日常教学实践与真实的课堂，实现了教育理论研究者与实践研究者平等的交流、碰撞和生成，是以教育改进为共同目标的共同活动，从而形成了教育理论研究者与实践研究者的相互认同、欣赏，由理论研究者与实践研究者的各自之“我”，走向二者交互共生的“我们”。

正如叶澜对“新基础教育”研究的定位：“我尚清醒地意识到在今日的中国，以我所处的社会地位和教育学的学科地位……这项研究可能根本引不起注意，更不可能影响整个中国基础教育发展的走向。我的目的只在于去探索一条中国基础教育改革的新路，去形成新的理论，去改变愿意一起参与这

---

① 袁德润. 文化传统：“生命·实践”教育学命脉之系［M］. 上海：华东师范大学出版社，2015：111.

② 袁德润. 草根：“新基础”人的入世情怀［J］. 基础教育，2009，6(5)：10-13.

项研究的学校实践，改变参与这一实践中的人——从校长、教师到学生——的生存状态，并借此证明只要头脑清醒和切实行动，理想可以逐渐变为现实，每个人都能做一些有意义、有助于社会进步和自身发展的事。”①

正是以传统知识分子所具有的社会担当与社会责任感，加之对教育实践的关注与情怀，甚至以“知其不可而为之”的勇气，叶澜带领团队由“坐而论道”的教育理论研究者转变为“起而行道”的教育理论与实践变革家，既有理论研究的“上天工程”，又有面向实践的“入地工程”，充分将理论的力量化入实践之中，从而以“生命·实践”的方式搭建起了教育理论与实践的有机关联，使教育理论与实践相互转化、双向滋养的理想关系得以成为现实。

四、思维命脉：教育理论与实践关系研究的方法论转换

教育改革不仅是物的改革，更是人及其思维方式的改革。如同第二章所述，叶澜极其关注思维方式变革，并将其视为“新基础教育”变革的起点之一，进而将“思维品质”视为评价教师、校长的重要标准，使其成为“新基础教育”学校转型变革和教师专业发展的重要内容。同样，在对教育理论与实践关系的研究中，叶澜也展现了自身的“思维品质”，通过对传统实践哲学的反思与批判，对中国文化传统的继承与发展，形成了“生命·实践”教育学派的“理实观”，即教育理论研究者以置身式的态度介入教育实践，通过贴地式深度介入、合作，促成教育理论与实践的相互转化、交互生成、双向滋养，从而促成教育理论与教育实践的共同发展，实现理论研究者与实践工作者的交互生成。

在引领思维方式变革的过程中，叶澜自身也经历了不断演变与发展的历

① 叶澜．我与“新基础教育”：思想笔记式的十年研究回望［G］//丁钢．中国教育：研究与评论：第7辑．北京：教育科学出版社，2004：21.

程。这一历程出自两大源头：一是“新基础教育”变革实践，它催生了“关联思维”“动态生成思维”等；二是中国传统文化，尤其是中国传统哲学。后者是近年来叶澜在思维方式上出现最新变革的理论基础。

叶澜指出：“中国哲学传统中给教育以智慧启发的方面，集中表现在认识事物之方法论的独特上，具体表现在有关如何处理人生各种不同遭遇的论述中。它更深入生动地呈现出中国哲学传统对人生的把握与关切的特质。”① 通过对中国哲学传统方法论的分析，她深刻把握了中国文化的思维命脉，并将之运用于教育理论与实践关系的研究及二者相互转化的实践过程之中。

（一）整体综合思维

所谓整体综合思维，是指在思维事物过程中着力于整体与事物关系的思考和认识，是具象与抽象的统一，是将事物作为一个有机整体进行综合分析解读而非机械化的拆分、拆解的割裂式分析。中国人的整体综合思维可以从传统易学中找到源头，传统易学把天地现象与人事吉凶统归于“阴”和“阳”所组成的八卦和六十四卦系统，提出“易有太极，是生两仪，两仪生四象，四象生八卦”的整体观。②《周易大传》也有“圣人有以见天下之动，而观其会通”的会通整体以观多样性的思维体现。这种“天人合一”“观其会通”，将人与自然、部分与整体作为密不可分的有机整体，成为中国传统哲学整体综合思维的重要基础。在中国传统哲学看来，人与天、地、日、月等自然现象无不存在相互协调、相互感应的关系。而儒家以“仁”为核心的政治与伦理范畴的提出，以及以“血缘宗亲”为纽带的人际关系，更加强化了中国人注重整体、群体的文化氛围。

叶澜指出：“这种思维方式最基本和稳定地存在于中国独有的方块文字中，且因它是每个中国文化人认识和使用的基本工具，以几千年的延续，影

① 叶澜. 中国哲学传统中的教育精神与智慧［J］. 教育研究，2018，39（6）：4-7.

② 张岱年，成中英，等. 中国思维偏向［M］. 北京：中国社会科学出版社，1991：23.

响了世世代代中国人的思维。”[①]汉字属于会意文字，具有形象性和图像性，体现了具象与抽象的统一。汉字的整体构造具有其内在结构化的特征，每个汉字都包含空间结构、偏旁部首结构、笔顺结构等。从汉字的形成来看，也可以发现每个汉字都包含着历史，内含着先民的生存状态。汉字的字符与实存世界、生存历史之间有着内在综合的统一。总的来看，汉字集中体现和塑造了中华民族的思维传统，体现了注重整体、综合的思维，是兼具感性与理性、综合所生的独特文字。

对中国传统思维的阐释与传承，使得叶澜对教育理论与实践关系的理解也体现出整体综合的思维特质。

首先，教育本身具有综合性和复杂性。教育实践的层级性、社会性和生命性等诸多复杂因素，决定了教育学属于复杂学科，是一门以教育为聚焦点的通学。叶澜认为，教育研究的独特性在于它属于“事理研究”，以揭示教育事理为核心。“它是一项既要说明是什么，又要解释为什么，还要讲出如何做的研究，包括价值、事实与行动三大方面，且三大方面呈现出三种时态（过去、现在和未来），涉及活动主体与对象、工具与方法等多方面错综复杂的关系。”[②]叶澜主张教育研究即“事理研究”，实际上是主张在教育研究的方法论上应坚持实践统一性的态度，其实质是主张实践与逻辑的统一、行动与认知的统一、德行实践和知性行为的统一。

由此，在“生命·实践”教育学派看来，教育理论与实践是教育事业发展、教育学理论建构有机整体中不可或缺的部分。无论是教育理论研究者，还是教育实践工作者，他们都应具备教育理论素养，都要参与教育实践，教育理论与教育实践是平等共存的关系，而非“理论优先”或“实践优先”。作为整个教育大厦的重要构成，教育理论与教育实践拥有同等的重要性。因此，“新基础教育”强调教育理论研究者要抛弃理论高高在上的“指导心态”

---

① 叶澜. 中国哲学传统中的教育精神与智慧［J］. 教育研究，2018，39（6）：4-7.

② 叶澜. 教育研究方法论初探［M］. 上海：上海教育出版社，1999：323-324.

或“旁观心态”，真正置身教育实践之中，进行理论与实践的平等对话；教育实践者则首先要抛弃成见、偏见或技术主义，要真正读懂教育理论、运用教育理论，把教育理论作为自身不断发展的源泉。教育理论与实践关系问题解决的核心，在于理论主体与实践主体摒弃割裂式的“谁优先于谁”的思维和心态，从教育本身是一种复杂性、综合性的实践活动出发，充分认识教育理论与实践的平等地位，从而让研究者在实践中生成、优化理论，让实践者在理论学习、反思中改造实践。

其次，教育实践变革应是系统的整体转型性变革。“新基础教育”将学校变革界定为“转型性变革”，即学校教育的整体形态、内在基质（即构成学校作为教育机构的基本要素的特质）和日常的教育实践要完成由“近代型”向“现代型”的转换。[①]“转型性变革”强调学校作为有机整体，从价值取向、内部关系、结构框架、管理机制、内在基质等各个层面进行综合变革，由此形成学校教育的新生态。同样，教育理论研究也必然以整体综合的思维为基础，从宏观、中观、微观等层次把握教育原理，深度分析教育实践各个层面所面临的问题，充分辨析教育内部关系的复杂性与育人方式的可能性。由此，教育理论与实践的关系研究，不再是某个局部的理论与实践问题的解决，而是与之相关的其他问题及整个系统问题的解决，它需要充分考量各个教育要素之间的有机关联，将教育问题放置在教育整体实践的场域中分析，从而建构出基于教育整体变革的教育理论和面向教育整体变革的教育实践。

（二）互通互化的关系思维

所谓互通互化的关系思维，“是思考事物间相互关系的思维方式，也是寻找出一种关系范型，推演到其他关系中去的思维方式，它的运用能产生对不同层次关系范式而言同型的认识图景。互化所指的不仅是相邻、相关，而

① 张向众，叶澜.“新基础教育”研究手册［M］.福州：福建教育出版社，2015：8.

且包括在相对立的事物间相生相克式的关系，是一种特殊的认识、处理矛盾关系的思维方式”[①]。互通互化是中华文化传统思维方式中对事物相互关系认识的基本方式。

互通首先体现为中国文化传统中的类比思维，有大量比喻、类比的说理，借助隐喻、寓言和比喻而使抽象的说理变得更加形象具体。例如，《道德经》第八章用“上善若水”来解释“善”：“上善若水。水善利万物而不争，处众人之所恶，故几于道。居善地，心善渊，与善仁，言善信，正善治，事善能，动善时。夫唯不争，故无尤。”即是将对水的性质的认识推演到对善的认识之中，用水之性状类比人的应然状态，从而将对水与万物的关系认识，推演到人与万物的关系之中。民间的谚语“三个臭皮匠，赛过诸葛亮”“一个篱笆三个桩，一个好汉三个帮”等也体现了中国文化传统的互通思维。此外，古代哲学尤为注重“天地之道”与“人事之道”的沟通与关联，将对“天地之道”的认识推演到“人事之道”中。例如，《黄帝内经》就是汲取“人与天地相参”的互通思维，将人与天地运行之道进行类比，来认识人体的生理、病理、诊断以及治疗，发现天地运行规律和人体健康之间的联系。

互化即相互转化。在《易经》和道家典籍、兵书中，都有对相互转化的表达，注重矛盾的对立统一和相互转化。老子《道德经》第二章所提出的“故有无相生，难易相成，长短相形，高下相盈，音声相和，前后相随”，充分体现了相互转化的思维传统。相互转化不仅意味着从“无”转化为“有”，从“有”转化为“无”，还体现为矛盾的对立面的出现作为相互促进、交互生成的资源。例如，“塞翁失马，焉知非福”，强调的是应对失意时候的从容心态和怀抱顺势向好的希望。另外，虽然事物之间可以互通互化，但中国文化传统并非鼓励以“袖手旁观”的心态来等待，而是强调充分发挥主观能动性，面对困境不气馁，坚信通过自身的努力能够实现转机，是

① 叶澜. 中国哲学传统中的教育精神与智慧［J］. 教育研究，2018，39(6)：4-7.

一种积极有为的人生观。

“新基础教育”研究是教育理论与实践交互生成的“介入式”研究。“介入”主要包括价值上的介入与改造和重建常识逻辑上的介入。这种“介入”不同于以往教育研究的“旁观”，前者是置身事内，与教育实践者共处于同一时空，为同一目的而共同探索与研究，通过假设与验证，不断推进教育实践的发展，后者反之。在“新基础教育”看来，教育研究的价值及其使命在于将理论转化为实践，在理论与实践的交互生成中共同促成理论与实践的发展。教育学者已经不再是日常教育实践的“局外人”和“旁观者”，而成为教育实践的影响因素或者参与性力量。①

“生命·实践”教育学派的建构与“新基础教育”变革研究，体现了叶澜在教育理论与实践关系研究中对中国传统文化互通互化思维的继承与发展。她对教育理论与实践关系的认识超越了长期以来的静态式、书面化论述的状况，深度介入教育实践变革过程之中，不断分析、把握和开拓教育理论与实践关系的可能性。这是在动态的教育思考与践行中不断明晰教育理论与实践关系的过程，更是一个教育理论与实践交互生成、双向滋养的理想关系的建构过程。这一过程源自叶澜秉持的教育理论与实践相互转化的信念，是基于当代中国本土教育问题之解决而形成的本土教育理论与实践研究，充分体现了对本土教育理论与教育实践相互转化、双向滋养关系的理解和创造。

（三）时势运转思维

叶澜认为，中国传统文化思维关注转化过程中条件变化和关节点的存在。“时”是指客观条件、时机是否成熟，它要求人在采取行动前顾及并权衡周围环境。“势”指发展的可能与势态，是着眼于未来的行动策划。“运转”则指转化点是否已有显露，行动者必须能敏锐察觉和及时把握，使事物

① 王曰美，孙元涛. 教育学者介入实践的方法论思考——关于“局内人”“局外人”信条的反审与重构［J］. 教育学报，2009，5（4）：18-22.

朝着期望的方向发展。同时，行动者还不能只是消极等待，而要用智慧去创造、促进变化的发生，以达到自己的目标。[①]

通过《易经》中对“识变”和“应变”的思维方式的解读[②]，叶澜认为，首先要承认变化，这是识变的前提。其次，变有渐变和突变之别，突变是渐变积累到一定程度的结果。再次，识变最重要的是能看清事物变化发展之趋势和时机。中国思维尤其关注“势”与“机”。换言之，在处理事务时，要把握有利于向好发展的节点，通过把握万物之变的内在道理，将节点性的变化推向新的发展，从而能够真正顺势而为，创造出合意的变局。转化的一大条件在于把握转化的时机，只有认清时势与可能，才可能达成自身的期望。

如果说识变是意识层面的清醒，那么应变则是实践层面的自觉与有效行动。它需要主体在整体把握事物的基础上，识得时机并形成即时的策略，从而让事物朝着有利于自身的局势发展。它需要主体具有综合、整体、动态的复杂思维，能够识大体、顾大局、谋大业，真正将内在丰富的知识、学养应用到具体的事物变化之中，在不断地识变和应变中提升自己的智慧，丰富自身的生命。“机不可失，时不再来”，唯有把握时势、运用时势，乃至创造时势的人，方可在极速变化的世界中施展自己的智慧与才华。叶澜对教育理论与实践关系的研究即是回到中国的现实背景，反思社会变革与教育实践，从而在理论层面，建构了“生命·实践”教育学派，在实践层面，推进并形成了“新基础教育”，形成了教育理论与实践交互创生的新局面。

在“识变”层面，叶澜始终重视教育发展与时代变革的关系研究。她认为，教育学是一门时代之学，强调研究者要“读懂时代，唤醒投身教育改革的自觉”。叶澜在《“新基础教育”论——关于当代中国学校变革的探究与认识》中，用了三章的篇幅论述了“新基础教育”转型变革的社会基础，将

---

① 叶澜. 中国哲学传统中的教育精神与智慧［J］. 教育研究，2018，39(6)：4-7.

② 叶澜. 回归突破：“生命·实践”教育学论纲［M］. 上海：华东师范大学出版社，2015：260-261.

教育变革放置在时代转型的这一大势之中，构建了新的教育任务与使命——培育主动、健康发展的时代新人。基于对时代变革与社会发展的敏锐洞察，叶澜在20世纪90年代便基于全球化、信息化与后现代思潮的社会背景，认为教育应在大时代中实现全面育人，教育的核心目标在于唤醒人的主体性，培养主动、健康发展的理想新人，从而将时代变革、社会发展、人的成长与学校变革相联结，形成了“从时代的转型看人的转型，再从人的转型看学校教育的转型，最后从学校教育的转型思考学校教育变革方法论转型”①的基本逻辑。由此，在理论层面，呼唤教育学的学科自觉意识，强调回归中国文化传统，回到中国本土教育问题，致力于建构中国教育学。面对时代转型与社会转型，叶澜也意识到教育研究和教育学研究需要双重转型，以培养顺应和满足时代需要的新人为目标，开展具有实践影响力的教育理论创生。

在“应变”层面，叶澜以躬身践行的方式将自身的教育理想、教育学理想付诸现实，通过“生命·实践”教育学派建构和“新基础教育”变革，真正回应时代转型的需要，回应新时代人的生命发展的需要。以“教天地人事，育生命自觉”为核心，以理论与实践的“交互生成”为方法论，以学校教育的整体转型和现代学校的建构为目标，通过大中小学平等交流、相互合作、交互生成的方式，不断促成教育实践的变革与教育理论的生成。在这一过程中，理论研究者以动态、综合、过程的思维介入教育实践，在听课、评课和中期评估等关键节点给予点评和指导，注重各学校的差异性和变化发展的过程，即时给予诊断和修正，从而产生了教师的“喔效应”。同时，“新基础教育”研究突破教师对传统模式的追求与对固定套路的模仿，强调教师自身应基于教学现场的变化做出即时反应，以动态生成的思维将课堂资源转化为育人资源。

① 叶澜．“生命·实践”教育学论丛：第一辑　回望［M］．桂林：广西师范大学出版社，2007：250.

小结

综上所述，叶澜的“理实观”有着深厚的中国文化传统的积淀与转化。她将中国文化传统精神与智慧化入对教育理论与实践的理解、研究及其自身的“生命实践”中，以知识分子的责任担当和整体综合、互通互化、时势运转等思维方式为基础，引领“生命·实践”教育学派置身教育实践的现场，回到中国教育问题，回归本土教育实践，用中国教育学者的中国教育实践阐释、回应并用行动呈现了教育理论与实践的理想关系状态——交互生成、双向滋养。

第五章　叶澜“教育理论—实践观”对教育学及实践哲学的双重贡献

> 教育学研究需要做出方法论的改造与探索，用复杂思维形成综合抽象、研究过程中的互动生成与转化机制。改变两极对立的简单思维方式，改变客观主义的所谓科学方法，要在理论与实践的双向构建中推进学科建设。当代中国教育学研究若无方法论的突破，若只是套用自然科学、人文社会科学和人类学的研究范式，就会作茧自缚，没有大的发展希望。[①]
>
> ——叶澜

由前文可知，叶澜的“理实观”，从理论创生角度看有两大重要的参照系，即教育学领域与实践哲学领域。

以传统教育学为参照系，叶澜的“理实观”意味着她作为“教育学人”，其本身学科自我意识的觉醒与发展。叶澜与其“生命·实践”教育学研究目前着力在教育学原理类的研究上，她认为：“形成教育学总体的观念，在基本理论研究上做深化并有所突破的研究，是当前中国教育学科总体建

① 叶澜.变革中生成：叶澜教育报告集［M］.北京：中国人民大学出版社，2019：446.

设先行的任务。”[1]因此将教育学领域已有研究作为参照系，并在其中形成总体认识，谋求创新与突破是叶澜思想的基点之一。

另一重要的参照系则为实践哲学。理论与实践关系是教育研究的关键问题，同时也是实践哲学的基本问题。理论与实践关系是实践哲学研究领域原发性、根基性的存在。因此以实践哲学作为理论参照，是实现教育研究中对理论与实践关系认识的突破之必需。叶澜根据实践哲学的已有成果，开创了新的“生命·实践”认识观，为当代实践哲学研究做出了教育学视域、中国视域的特殊贡献。

以前面四章的专题式论述为基础，本章将从教育学与实践哲学的互动视角，围绕叶澜“理实观”的学术贡献，进行集聚综合式的再梳理和再表达。

一、对传统教育学理实研究的贡献

以教育学领域的理实研究为参照系，叶澜的“理实观”弥补了已有研究的诸多缺失。

一是针对实践哲学基础的缺失。叶澜的“理实观”增添了来自马克思实践哲学的理论依据，实现了其与教育学的联结，赋予了教育理论与实践关系研究的马克思实践哲学基础，同时又在教育和教育学这个特殊的场域内，实现了马克思实践哲学的具体运用和特殊转化。

二是针对教育实践研究的实践基础的缺失。叶澜通过“新基础教育”，扭转了一种传统弊端：许多研究者和批评者自身并无长期教育实践体验，其对“回归教育实践”的倡导往往是在“应然”和“想象”的层面上发出，导致所谓教育理论与教育实践的结合，以及对教育实践的逻辑的探究，很多情况下只是纸上谈兵，是以理论的方式倡导教育理论要进入实践和扎根实践。

① 叶澜．回归突破：“生命·实践”教育学论纲［M］．上海：华东师范大学出版社，2015：155.

这样的扭转，让叶澜“理实观”具有了两重底气和两重积累：理论底气和实践底气；真正把教育理论与实践关系的论文，“写在了祖国的大地上”。

三是针对教育理论与实践关系的思考维度的缺失。已有的教育理论与实践关系的研究，大多数是单向式思考，习惯于回答的问题是“教育理论如何影响教育实践”“如何发挥教育理论的价值”等。这是一种单向的思考方式：“从理论到实践”，关注的是理论的实践价值。它忽略了另一条路径“从实践到理论”，即实践的理论价值：教育实践如何丰富、改变和提升为教育理论。通过提出教育理论与实践的双向滋养、双向建构和双向转化，叶澜“理实观”将原来的单向式思考扭转为双向互动式的思考。

四是针对基于“基本概念”“基本问题”和“基本立场”进行系统建构的缺失。叶澜通过自身深厚的教育基本理论素养和清晰敏锐的教育基本理论眼光，以及所创建的“生命·实践”教育学派，重构了教育理论与实践关系研究中的基本概念和基本问题，并确立了自身独特的教育学立场。

除此之外，基于敏锐、清晰且独特的方法论意识，叶澜在教育理实研究的方法论层面上，也进行了诸多开掘性、原创性的努力。

从方法层面论述理论与实践关系的学者很多，也出现一些耳熟能详的说法，如“理论指导实践”“理论联系实际”“实践是检验真理的唯一标准”等。然而，叶澜是在方法论这一较之方法更为上位的层面上，对待和把握理论与实践的关系。1987年，叶澜发表了《关于加强教育科学“自我意识”的思考》一文，提出教育研究中理论与实践的关系，是“上天入地”“天地互促”的关系。具体来说，教育科学中基础学科追求概念的精确化、术语化，理论体系具有更强的解释能力和预测能力；教育科学中的应用学科要解决的核心问题，是加强应用研究的“操作化”以获得把理论研究成果转化为实践行为的指示或工具。只有两者有了区别以后，联系才会真正有相互促进的价值。①

① 叶澜. 关于加强教育科学“自我意识”的思考［J］. 华东师范大学学报（教育科学版），1987（3）：23-30.

叶澜把教育理论与实践的关系不再简单看作“指导与被指导”“作用与反作用”的关系，而是分层级、分类型、分维度地审视二者间的关系。动态的和综合的思维方式的融入，又使教育理论与实践的关系变得极富生动性和立体感。教育理论与教育实践内在的层次性，要求区分基本理论和应用理论对实践的不同价值。叶澜指出，理论的抽象度越高（只要是对实践的正确抽象），对实践就越具有广泛和深刻的指导意义。相反，越是具体经验型的描述，其可能产生影响的范围就越小，程度也越浅。《教育研究方法论初探》一书渗透着叶澜对教育理论与教育实践独特关系在方法论层面上的表达。例如，她提出，教育研究中，当其对象是具有原生性的、生动的教育实践时，富有特征性的认识方式是综合式的判断与设计。同时，叶澜还提出，在一定条件下，研究活动与实践活动的合一性，是教育研究主体与对象关系的特殊性在研究过程中的表现。

总体来看，相对于传统教育学研究方法论而言，叶澜以其自身的独特思考赋予了理实结合的教育研究方法论众多的新要素。其一是“系统”。叶澜以系统化、整体性、复杂性的思维对教育研究方法论在宏观认识上进行了更新，对方法论视域中的学科性质与对象性质都做出了新的论述。其二是“综合”。叶澜在教育研究中汲取了实践、学科史、马克思主义哲学、科学哲学、民族文化传统等多种思维与逻辑，拓宽了原有方法论相对狭隘的视域。其三是“生命”。叶澜赋予研究方法论以“生命”视角，从生命的本义与实存的角度，探讨了人之生命与对象间的关联，为教育研究方法论增添了生命的维度。其四是“实践”。叶澜以“生命”沟通“实践”，实现了在主客二重意义上对教育研究方法论的多元讨论。其五是“中国”。叶澜对于研究方法论的讨论立足于中国实践，站在“中国立场”上对方法论进行开拓与创新，在教育研究方法论的探索中展现了独特的“中国视角”。

二、对实践哲学理实研究的贡献

将叶澜“理实观”置于和实践哲学互动对话的语境中考察前者的学术贡献，是本书着重讨论的主题，因而也是本章的重心所在。

教育学与实践哲学的互动，意味着教育学不再单向受教于实践哲学，也能为实践哲学提供智慧；同时说明教育学不只是思想资源的接受者，也可以成为贡献者。叶澜在其思想体系中，将教育理论与教育实践的关系视为教育学研究中的内在关系，并以教育理论与实践的交互生成贯穿其中，它对理论和实践都提出了新挑战和新要求。

“教育理论与教育实践关系的内在性，首先表现在相互依存和促进上，除冲突、差异外，还存在着内生的一致性：两者都是因满足人类社会的延续和个体的发展需要而生，教育实践专业性需求的提升，要求教育理论提高对实践的支持、构建等专业水平。”①叶澜的如上表述，表明了教育理论与实践相互依存的关系，转变了以往割裂对待两者的思维方式和既定事实的同时，也开启了独特的贡献之旅。

（一）核心概念的独特内涵与中国式表达

理论创生的重要目标和对象，首先与“概念”有关。作为教育基本理论研究者，叶澜围绕着教育理实关系中的基本概念，也是绕不过去的概念，包括“实践”“教育”“教育理论”“教育实践”等，进行了原创性的分析。

其中，最重要的核心概念是“实践”。它影响、催生了对“教育”“教育理论”和“教育实践”的理解，成为劳思光所言的具有始基意义的概念。“实践”成为叶澜“理实观”与实践哲学互动对话的主要载体，其中，最重要的问题是“如何理解实践”，或者“以什么样的方式理解实践”。相对于

① 叶澜．回归突破：“生命·实践”教育学论纲［M］．上海：华东师范大学出版社，2015：166.

实践哲学语境内的实践概念，在叶澜"理实观"的学术世界里，"实践"展现了迥异的内涵风景。

在实践哲学内部，已有对实践的各种理解存在着不同的层面和角度。实践被看作"个人的伦理道德活动"（如战国时期墨家、明代王廷相、明清之际王夫之①等）；"政治活动和伦理活动"（如亚里士多德、哈贝马斯等）；"主体创造客体的活动"（如费希特等）；"人类满足生活需要的活动"（如费尔巴哈等）；"观念的活动"（如明代王守仁、康德、黑格尔等）②；"人类的感性物质活动"（如马克思等）③；"批判的活动"（如霍克海默、阿多诺、霍耐特等）；"人类使用和制造工具的活动"（如李泽厚等）。

上述"实践"概念，既相互批判（如马克思对费尔巴哈的批判），又相互联系，共同构成了传统实践哲学的"实践观"图景，成为叶澜实践观的基本参照系。

这些来自实践哲学的概念图景，只是展现了有关实践的某一侧面，如实践之伦理道德侧面、政治侧面、物质生产侧面等。它们的确属于人类实践活动的范围，但都难以涵盖全部的人类实践。倘若从教育学的眼光来看，实践哲学的实践观的缺失表现在两个方面。④

一是缺少对教育作为实践独特性的关注，尤其缺少对教育实践与其他实践活动关系的认识。虽然大部分实践哲学家都会关注教育问题，形成为人熟知的柏拉图教育思想、亚里士多德教育思想、康德教育思想等，甚至以思想

① 王夫之言："知不尽，则实践之而已。"（《张子正蒙注·太和篇》）

② 当然，这不能否认康德和黑格尔实践观的差异。具体参见 Schweizer, H. Praxisches Verstehen. In：Zur Logik der Praxis［M］. Munchen：Verlag Karl Alber GmbH Freiburg，1971：86-87.

③ 这一概念被当代中国大陆确立为主流和正统。如权威的《哲学大词典》将实践界定为"人类有目的地改造世界的感性物质活动。是对人类社会历史活动本质的概括"。参见冯契. 哲学大辞典［Z］. 上海：上海辞书出版社，2001：1332.

④ 李政涛. 交互生成：教育理论与实践的转化之力［M］. 上海：华东师范大学出版社，2015：163-165.

批判为业的阿多诺也有自己的教育思想，但是他们习惯于将教育纳入其实践哲学体系，为论证其自身学说服务，但对教育实践的独特性，以及在实践体系里的地位却鲜有认识，更缺少对教育与其他人类实践活动关系的认知。

二是在实践哲学体系中，已有认识都从不同角度与人关联。所有理解都出于人，指向人，如亚里士多德的实践哲学来自对人类活动特性的认识，康德建立起自己的人类学体系，导引出其教育学思想①，但往往普遍性有余，特殊性不够，是抽象人论，而非具体人论。而且更多是对人的静态描述，缺少对人生成过程的动态分析，导致人及其生命在传统实践哲学那里只是描述、验证式的言说、思想，而不是实践，理论感强烈，实践感淡漠。

针对第一个缺失，德国普通教育学者本纳做了具有开拓奠基意义的弥补。本纳认为，人类存在着一种实践共同体，包含六种实践现象：“人必须通过劳动，通过对自然的索取和养护，创造和维持自己的生存基础（经济）。人必须提出、发展和承认人类达成理解的规范和准则（伦理）。人必须规划和建设社会的未来（政治）。人把其现实提升为美学表现（艺术），并面对同类生命的有限和自身死亡的难题（宗教）。除了劳动、伦理、政治、艺术和宗教以外的第六个基本现象即是教育，也就是说，人类处在代际的关系中，受到上一代成员的教育并且教育着下一代的成员。”②

人类实践的复杂性在于，经济、伦理、教育、政治、艺术和宗教都是社会必需的人类实践形式，是基本的实践现象，它们无法相互演绎或简化为更少的几个共存领域，而是相互影响，以至于任何领域都难以自成一体而自我封闭起来。它们彼此交融共生，构成了人类共同生存的本体。同时，作为教

① 参见康德．教育论［M］．瞿菊农，译．上海：商务印书馆，1926；康德．论教育学［M］．赵鹏，何兆武，译．上海：上海人民出版社，2005；康德．实用人类学［M］．邓晓芒，译．上海：上海人民出版社，2012；有关康德教育思想评述，可参见王坤庆．论康德对教育学的贡献［J］．教育研究与实验，2010（4）：12-17.

② 底特利希·本纳．普通教育学——教育思想和行动基本结构的系统的和问题史的引论［M］．彭正梅，徐小青，张可创，译．上海：华东师范大学出版社，2006：8.

育学家的本纳没有忘记提出一个“教育实践在人类总体实践范畴中的地位”问题，并由此开创了一个从教育实践与其他实践相互关系的角度，来理解教育实践与教育学特殊性的思维路径。

本纳对人类实践现象的划分既是与实践哲学对话的产物，也是出于自身学科身份的思考，由此形成其对教育实践的特殊性认识：教育实践是一种“代际实践”。[①]然而，本纳的遗憾在于没有充分展示出对“人”本身的理解，在其具有教育实践学性质的普通教育学里，我们没有看到本纳系统的人性观、生命观，这个根基性的问题没有得到充分论证，而是直接奔向实践。

与此不同，叶澜以对生命的整体式理解，作为把握实践和教育实践的前提。在《“生命·实践”教育学引论》[②]这篇标志性的文章中，她提出了自己对生命的系统理解。与此同时，她也确立了教育学思考生命的“具体个人”之立场。[③]基于此，对教育实践的特殊性有了更加具体深入的表达，这一表达方式背后体现了存在于生命与实践之间的双重审视眼光：从生命看实践，从实践看生命，因而有“生命·实践”。[④]

与其他关于实践的立场，如伦理学立场下的实践相比，叶澜提出并倡导的教育学立场下的实践，包含了对道德实践的关注，但道德实践只是“生命·实践”的一部分，且必须与生命发展中的其他内容结合起来，才能发挥作用。基于对“生命”的整体式理解，叶澜提出，“实践”意指：“人类一切有意识、有对象、有目的指向和行为策划并实施的活动。不是仅指古典道德意义上的‘实践’，也不是只指生产劳动，它与动词意义上的‘生

① 李政涛，巫锐．德国教育学传统与教育学的自身逻辑——访谈德国教育学家本纳教授［J］．教育研究，2013，34（10）：142-148.

② 叶澜．“生命·实践”教育学论丛：第三辑　基因［M］．桂林：广西师范大学出版社，2008：1-35.

③ 叶澜．教育创新呼唤“具体个人”意识［J］．素质教育大参考，2003（4）：6-7.

④ 李政涛．交互生成：教育理论与实践的转化之力［M］．上海：华东师范大学出版社，2015：165.

活’相近。”①

叶澜对“实践”的理解始终围绕着个体生命发展，以教育学的“具体个人”的立场深度阐释实践及其与生命发展的关系。在叶澜的实践概念系统里，实践是生命存在的基本方式，每个人的生命都是通过自身的实践完成的，生命史即是一部实践史。借助将实践与生命相连接，叶澜深度阐释了“生命·实践”关系，从个体生命成长的视角，分析了人之类生命、社会意义上的人之生命类特征、精神意义上的人之生命类特征与实践的关系。在叶澜看来，实践是针对生命、促进生命健康、主动发展和培育生命自觉的有意识的活动，是以塑造和改造自我生命和他人生命为旨归，对生命进行再创造的“生命·实践”活动：以实践的方式来表达对生命的理解，以建构的方式介入生命的生成与发展。这就是教育实践的真谛和本义。

这一由教育学立场而来的叶澜实践观，与实践哲学关于实践的观念传统有多重关联。例如，在亚里士多德传统里，“生命·实践”观表明，若以“以自身为目的”这一亚里士多德式的参照系衡量，教育既是理论，也是实践，生命发展都是其最根本的内在目的。②在“生命·实践”同样需要技艺的层面上，教育也是制作和生产，只不过它以生命自身为生产目的，是“生

① 叶澜.回归突破：“生命·实践”教育学论纲［M］.上海：华东师范大学出版社，2015：233.

② 在这点上，笔者认同金生鈜和李长伟对理解教育实践要回归亚里士多德传统的认识，即真正的实践要合乎理性，合乎内在本真目的，合乎人性的完善，不能沦为作为操作手段的工具。参见李长伟.实践哲学视野中的教育学演进［M］.武汉：湖北科学技术出版社，2012：1.

命的再制作再生产”。[①]作为理论的教育、作为实践的教育和作为制作的教育，通过“生命·实践”实现了融通，从而为转化逻辑创造了可能。

在马克思的实践哲学中，更能发现叶澜的“生命·实践”观与这一经典传统的相通之处。

其一，它们都注重并竭力提升实践的地位和价值，都赋予实践以本体性的价值，将实践视为人类存在和生命成长发展的根基与本质。它们共同信奉并付诸实施的观念是：重要的不是认识和解释（生命）世界，而是改造（生命）世界。

其二，它们都遵循实践观点的思维方式。传统看待教育问题的方式，实践只是理论思考的对象，作为教育学术之“术”的实践，是作为“学”的理论的对立面而存在的。在二元对立中，实践被缩减为操作性的“术”，处在“学术”中最低下的层面。这是属于柏拉图、黑格尔等人的传统实践观，其核心特征在于：“实践不过是许多原理中的一个原理，它之所以重要，只是因为实践是说明认识的基础、来源和真理的标准的基本概念。所以，通常只是把它看作‘辩证唯物论的认识论的’第一的和基本的观点，而没有代表新世界观用以观察一切问题的崭新思维方式。”[②]

① 李长伟认为，从古典的“实践”看过去，现代人的“实践”根本就不是实践，而是与世界相对的“生产”或“技术”。他特别强调实践与生产的区分：“真正的视角是审慎地自由选择的行为，是以自身为目标的行为，是以人事为对象的行为，是关涉人生价值与意义的行为；而生产则是人按照固定的程序和蓝图处理物体，制造产品，以实现外在目的的活动，生产的工作并不能由自身来评定，只能由生产的结果来判定。而且导致的是生活意义的丧失……今天所谓的“教育实践”有名无实，它打着“实践的幌子”，却干着“生产的事情”（参见李长伟. 实践哲学视野中的教育学演进［M］. 武汉：湖北科学技术出版社，2012：16.）这的确反映了日常教育实践的实情。但在某种意义上，不能一味否定“生产”“技术”的价值并将其与“实践”割裂开来，生产和技术同样可以服务于“内在目的”。而且，现实中不存在完全脱离技术和外在目的的教育实践。关键在于孰为根本和如何把握根本，即如何处理“内在目的”和“外在目的”的关系。

② 高清海. 找回失去的“哲学自我”——哲学创新的生命本性［M］. 北京：北京师范大学出版社，2004：139.

马克思实践哲学对旧传统的超越，在于提出了一种崭新的思维方式，即“实践观点的思维方式”[①]，它回到人类生活的现实，以实践观点为原则，自觉从人与自然、意识与存在、主观性与客观性、能动性与本原性在现实生活中所表现的统一联系出发，去对待和处理这些环节与因素的关系。通过实践观点的思维方式，实践被赋予了本体意义，成为思维的原点和根基，而不再仅仅作为思维的对象和材料。实践观点成为思维的原则和视角，理论活动也因此得以从实践的观点去衡量，被纳入实践活动，成为实践活动的一部分。

叶澜所提出的“生命·实践”观，承接了马克思开创的实践思维的传统，它致力于在教育学领域内提升实践在学术研究中的地位，确信作为实践活动之一的教育实践，是人类活动最高级、最复杂、内容最丰富的形式。实践活动中蕴藏着人类教育生活中的一切秘密，是教育学面对的一切现实教育矛盾的总根源，也是人类能够获得解决这一切矛盾的力量和方法的源泉与宝库。教育实践活动是认识教育这一人类基本活动的实际出发点，和一切教育学知识的根本内容。

除了与实践哲学的已有传统有所承接之外，叶澜还实现了“接着说”，做出了属于自己的独特贡献。例如，在遵循马克思的“实践观点的思维方式”的过程中，叶澜也试图提出自己的理解。如果将实践观点的思维方式的来源，定位于如下对“实践”的界定：是主体依据一定目的变革客体的感性活动，是主体与客体、主观与客观相互规定、相互作用、相互转化的活动[②]；那么，获得这种理解的前提基础就是主体和客体的二元对立。在叶澜看来，要打破这种二元对立思维方式，不是从理论看实践，实践只是理论观照、裁剪的对象，也不是从实践看理论，理论变成实践的附庸，归化入实践之内而丧失自身。打破并超越的路径是确立“关系式思维”，将生命价值基因渗透其中，将两者结成合作共同体，在共同价值基因追求中实现相融共

①② 高清海. 找回失去的“哲学自我”——哲学创新的生命本性［M］. 北京：北京师范大学出版社，2004：126；136-137.

生。这样的实践是在理论与实践关系中的实践，而不是脱离了理论的实践，也不是将理论消解成为实践的一部分，避免在消解两者对立的同时也消解理论自身，最终导致实践的消解。正是基于上述对实践的认识，叶澜提出了“理论与实践的双向构建”。这一观念的背后，是对实践思维传统在教育学领域的深化和发展，它打破了单向思维的传统：要么是理论思维，要么是实践思维，要么是加法式的“理论与实践相结合”。双向构建即努力形成“交互生成思维”“双向构成思维”，这是新的以双向构成为核心的理论—实践思维。

除此之外，对于实践的理解与认识，叶澜还有多方面的贡献。

其一，提供了理解实践的生命之价值取向和眼光。

叶澜认为，世界上存在一种基于生命本身，并针对生命的实践，是以如何促进生命的生成与发展为实践对象、实践内容和实践过程的实践。这一关于实践内涵的论述，源于“关怀生命”的价值取向[①]，它导引出一种理解、思考、促进实践的“生命眼光”和相应的判定实践的标准：生命有没有在人类活动中不断地显现和生成。以此眼光看待人类存在，显现出一种未曾被挖掘的特性：人类是“生命·实践”之存在。实践是人类生命存在的基本方式，是人类生存和发展的基因与命脉，人类是在生命与实践的交织互动中的独特存在。

其二，建立了生命与实践的内在动态关联。

由于叶澜生成了透析实践的“生命眼光”，更因为有了“生命的实践行为”，即以生命发展为实践目的的行为，生命与实践之间的内在关联得以建立。“生命”不再是在脑海中、纸面上被抽象言说的话题，而是在实践中动态生成与发展的结果。“实践”也是如此：当实践通过与生命发展连接起来时，实践哲学的“实践”，不再只是哲学世界的实践，而是日常生活世界

① 李家成. 关怀生命：当代中国学校教育价值取向探［M］. 北京：教育科学出版社，2006.

中“活着的实践”，它与鲜活生动的生命同在，与变动不居的生命同在，此为“生命·实践”。在叶澜看来，“人之所是”的过程，就是实践的过程：是“我”对“自我生命”的实践过程，以及“他者”对“自我生命”的实践过程。前者是自我教育；后两者是教育，对他者生命有目的有意识有计划地完善和改变。这种运动的根底是转化，是生命之间在运动中的生命能量的转化，不同的转化内容、转化方式和转化结果造就了不同的生命个性，人即“转化式存在”。生命不是现成的存在，而是需要通过实践而实现的存在，是在自我和外在世界之间实现多重转化的存在。这种转化性实践就是人的生命运动的最基本方式，是人类生命的本质。

其三，形成了一种新的思维范式。

王南湜发现，在传统实践哲学体系中，大致存在着三类思维范式：（1）伦理—行为范式。在亚里士多德的伦理学中正式形成，在西方哲学史上处于主流位置。在这一范式里，实践被理解为人类实现目的性的活动和具有自主性的活动。（2）技术—功利范式。开始于培根，主要存在于近代唯物主义和某些实用主义哲学思想中。基于这种范式，实践就是能动性创造性的活动和主观改造客观的活动。（3）生产—艺术范式。在亚里士多德的创制活动那里可以找到其开端，到马克思那里成型。但不同的是，这种活动在亚里士多德那里只是低于理论活动和道德实践活动的最低等的人类活动，是被贬抑的，而马克思则认为这种活动乃是人类创制和改造世界的第一活动。[①]在此范式的观照下，实践就是人的感性活动。

与上述界定实践的范式相对应，存在着三种理解实践的传统思维范式，即世界论思维范式、意识论哲学思维范式和人类学思维范式。[②]置身于上述三大传统思维范式中的叶澜，基于所处时代的特质，同时依据教育学立场，在重构对实践的理解的过程中，形成了“生命—发展”思维范式，它是传统

①② 王南湜. 追寻哲学的精神：走向实践哲学之路［M］. 北京：北京师范大学出版社，2006：5.

思维范式的综合与转化。

在世界论思维范式里，“生命—发展”思维范式承接了亚里士多德对实践的理解。亚里士多德从潜能的实现过程去理解实践：实践包括了完成目的在内的活动，从而把实践（行、实现）同目的性联系起来，以是否实现了目的作为实践同其他活动的区别，目的因此被看作推动潜能走向现实的动力。这说明亚里士多德已认识到目的性构成了实践活动的基本环节，实践活动属于一种目的性活动。教育实践是具有清晰系统的目的指向的典型实践活动，在叶澜眼中，教育实践的地位远远高于亚里士多德对这种实践形态的地位界定，也并非与理论截然对立，由此实现了教育学意义上对亚里士多德潜能实践观的具体转化和超越。

在意识论哲学思维范式里，“生命—发展”思维范式承接了康德实践的伦理意义：人永远是目的，而不是手段。同时抛弃了康德的唯理论传统和“无具体历史实践”的实践哲学。此外，还吸纳了胡塞尔现象学的基本精神——回到（教育的）实事本身，同时远离了胡塞尔哲学的唯意识倾向。

在人类学思维范式里，当把“生命”作为实践内涵的核心构成时，已经与马克思对实践的界定产生了内在关联。在马克思主义实践哲学看来，实践是主体依据一定目的的变革客体的感性活动。所谓感性活动，首先意味着实践是一种具有直接现实性的活动。在这一点上，它区别于单纯的观念活动。作为感性活动的实践活动，同时是一种目的性活动。实践是人的客观的、感性的活动，它包含了理论与实践相互统一。实践的主体、手段、对象都是可感知的客观实在，是主体凭借物质手段改造客观对象的过程，也是主观见之于客观的能动活动，内含了人类特殊的能动性。

教育实践活动同样属于一种具有能动性创造性的感性活动。它直面的活动对象是“生命—发展”，而生命必然是有感性的活动，感性活动是生命活动的基本特征。以此理解为基础，叶澜“理实观”在与马克思主义实践哲学对接的同时，也进入这个传统内部，实现“在内部接着讲”。“如果承认实践是一种富于创造性的能动活动，那么它就只能被理解为抽象的理性活动；如果把实践活动看作属于一种感性的活动，这种活动就不可能具有革命批判的意义，因而也就不可能是真正人的活动。很明显，理解实践问题的关键在于，如何在人的感性活动中赋予它以能动性和创造性的内容。马克思发现劳动生产活动是把人从动物中提升出来，使它成为人的第一个历史活动，由此既揭示出了人之为人的真实本质，同时也解决了实践观中的矛盾，建立起了科学的实践观点。"[①]

通过"生命·实践"概念的确立，叶澜不仅生成了第四种针对实践的思维范式，而且构建了实践哲学的教育学之维。这样一来，"生命·实践"观带出如下可能：教育在实践哲学的学术森林中占据一席之地，它表明，人的生命，包括人的诞生在内，其生命发展和创造的历史，都与人的独特的生存活动——实践——存在着内在相互生成的关系。无论解读生命哪个层面的特征和活动，都无法与人的实践相剥离。

正因为有了对实践的如上认识，叶澜视域中的"教育实践"就有了不一样的内涵。在她看来，既然教育是一种人类实践活动，对教育的研究，首先就要对"教育实践"本身有清晰的理解，把握教育实践之于其他实践的不同，形成对教育实践独特性的认识。这一独特性认识的获得，源泉之一是中国传统文化。

叶澜眼中教育实践的独特性还在于这是一种以有意识地影响人的身心发展为直接目的的社会活动。这一表述基于叶澜对"教育"概念的理解创新，它强调教育与其他社会活动的根本区别。从存在形态来说，教育实践是人的活动，除了活动具有的一般性与共通性之外，教育实践还表现出鲜明的综合特殊性。叶澜主张，综合特殊性区别于由单个因素所构成的特殊性，它由元素、关系和结构三个层面来体现，呈现出综合性。如上这些有关教育实践的

---

① 高清海. 找回失去的"哲学自我"：哲学创新的生命本性［M］. 北京：北京师范大学出版社，2004：135.

理解，不仅是对本纳教育实践观的一种补充，在相当程度上，更是一种深化和推进。

（二）“教育学立场”的提出与构建

叶澜提出：“‘生命·实践’教育学是基于实践，又高于实践，是在社会转型时期中国教育改革实践土壤中生长出的新芽；它将成为新世纪中国教育学创建中的一个流派，以自己的扎实、智慧、真诚去酿造教育学的新酒；它将是鲜活的、生长的，不是肤浅的、盲目的；它是当代的、创造的，而不是割断历史的、自命不凡的。”①

在创立伊始，“生命·实践”教育学就是以教育学独立学科为立场，以“生命·实践”为内核基因，扎根教育实践、教育学发展史、马克思主义哲学、当代科学哲学、民族文化精神与传统等的当代中国教育学之整体形态②。

与其他教育学理论类似，“生命·实践”教育学理论的研究对象是教育。教育是一种不同于自然活动的社会活动，是人类实践的组成部分。从实践意义上审视教育，叶澜认为，是生命与实践的特殊关系性质，决定了教育不同于其他人类实践。教育理论与实践的交互成为“生命·实践”教育学理论的核心内容。

任何教育学理论都要共同回答两个层面的问题：一是教育学研究对象本身；二是教育学研究本身。具体包括回答“教育是什么”“教育存在的依据是什么”“教育的基本形态是什么”以及“教育学的学科立场、性质、品性和价值是什么”等问题。“生命·实践”教育学首要回答了学科发展独立性的问题。

① 叶澜．方圆内论道：叶澜教育论文选［M］．北京：中国人民大学出版社，2019：3.

② 王天健，李政涛．“新基础教育”的中国贡献［J］．未来教育家，2020（9）：29-32.

1. 学科立场的两类问题

教育学独立性的确证，除了包括以往认识到的教育学研究的问题、方法、范围等内容外，叶澜意识到教育学立场的确立更具基础性和迫切性。教育学立场的提出，有着复杂的学科共性与个性问题。

（1）学科立场的共性问题：学科立场的泛化与缺失。“学科立场”不仅是教育学科关注的问题，对于一些比教育学科更具科学性、更成熟、地位更高的学科来说，也存在学科立场的问题，如经济学、中国哲学和中国社会学等。经济学面临的立场问题是“对‘泛’的规范，是确定‘经济学的边界’”。中国哲学的学科立场问题是改变“以西释中”的状态，强化中国传统哲学思想，确立中国哲学的主体性，研究中西哲学在学科建设中的关系。中国社会学的学科立场问题在于“我国社会学传统缺少对‘人文’，尤其缺少对中国社会自身的历史文化传统研究”，因此社会学的当代发展应“破除将人的自然性与社会学相对立的思维模式”，“确立‘人’和‘自然’相统一的立场”，深入人的精神世界，“不要用社会性的非精神的机制去解释精神世界”，“承认‘价值判断’的不可避免性”，“直接把‘我’和世界的关系公开地‘伦理化’（ethicization或moralization）”，在方法论和方法方面进行新的探索。叶澜尝试说明并找出当代中国人文社会学科在学科立场研究上共存的倾向性问题。第一，她明晰了自己的发展取向与任务，认识是为了实现新的发展，需要对现有的学科立场做出怎样的反思和变化。第二，她强调要对近代“西学东渐”以来逐渐形成且相对固化的学科研究范式实存的立场进行反思和重建，这其中包括全球化背景和西化学术传统下的本土化问题，以及以自然科学真理观和方法论为传统的研究立场的反思与突破问题。

（2）学科立场的个性问题：教育学立场的特殊需要。与其他人文社会学科不同，叶澜认为，教育学的危机是一种关于学科存亡的危机，而对教育学的学科立场缺乏深度讨论和未形成系统的基本观点，正是教育学学科危机存在的认识根源。叶澜对于教育学学科立场研究特殊必要性的认识，是从深入

史上的代表性人物的教育思想做了关于理论与实践关系的分析，最终选择以马克思主义为基础，但不作为唯一依据。叶澜明确指出：“教育学作为一门独立学科的建设，是教育学存在发展的前提，就像孩子能独立站立是独立行走的前提一样。”[①] 教育学立场的确立，需要且只能依靠教育学群体的自觉与自为。教育学立场，不仅体现在个体的认知层面，也体现在行动层面。例如，我国教育研究的实践旨在深化教育改革，提升教育质量，一大批从事教育学理论与实践研究的专家、学者共同成立中国教育学会等各级教育研究组织，在行动上印证其立场。教育学立场，首先意味着认同教育研究的特殊性。

正是基于对这种独特性的体认，叶澜面对“理论与实践关系”这一人类及相关学科的公共性问题，展现出清晰的教育学意识和教育学自觉。其结果是，在实践哲学领域植入了教育学的立场及其背后的教育学视域或眼光，提出了只有教育学研究者才能提出的概念、观点和方法论，构建了只有通过教育学思考才能生成的“理实观”。

小结

总体而言，叶澜“理实观”将中国教育学有关理论与实践的研究提升到了一个全新的高度，“为中国教育学在中国的人文社会学科和世界的教育学之林中赢得了一份尊严”[②]。

如同王坤庆所言：“叶澜教授以其精当的人生和学术智慧、炽热的情怀和胆识过人的学术勇气向诸多蔑视教育学科的“他者”甚至轻慢自己的教育

① 叶澜．转化融通在合作研究中生成——四论教育理论与教育实践的关系［J］．教育研究，2021，42(1)：31-58.

② 吴康宁．“生命·实践”教育学：为教育学赢得学术尊严［J］．当代教育与文化，2015，7(3)：11-15.

学同行展开了不懈的抗争与努力，为当代中国教育学人争取必需的地位和尊严发出了令人振奋和鼓舞的呐喊，在思维断裂处寻找教育学的逻辑和教育学人的自信。”①

裴娣娜则指出，叶澜与其“生命·实践”教育学有关理论与实践的思想“丰富了中国教育的思想库，更新了教育领域的思维观念，促进了教育改革的发展。叶澜老师及其团队致力于‘生命·实践’教育学派的躬耕，取得了一系列的突破，这将在中国的教育研究历史上写下非常重要的一页”②。

“生命·实践”教育学之所以收获这些肯定，根本原因在于，叶澜的“理实观”拥有强烈且清晰的教育学立场。她不是把哲学、社会学、人类学等其他学科理论、观点和视角搬进教育研究中，而是在教育学立场下，以教育学的眼光和尺度探讨和分析教育存在，从而为“理论”“实践”“生命”等概念的深入研究，确立了教育学的路径和中国教育学的视野，由此成为理论与实践关系研究领域中独特且不可替代的存在。

① 王坤庆.“生命·实践”教育学：扎根于中华文明沃土的教育理论奇葩［J］.当代教育与文化，2015，7(3)：41-44.

② 裴娣娜.读懂叶澜教授及其“生命·实践”教育学派［J］.当代教育与文化，2015，7(3)：24-26.

主要参考文献

一、著作

[1] 费孝通. 乡土中国 [M]. 上海：上海人民出版社，2007.

[2] 高清海. 找回失去的“哲学自我”——哲学创新的生命本性 [M]. 北京：北京师范大学出版社，2004.

[3] 金生鈜. 理解与教育：走向哲学解释学的教育哲学导论 [M]. 北京：教育科学出版社，1997.

[4] 劳思光. 新编中国哲学史：一卷 [M]. 桂林：广西师范大学出版社，2005.

[5] 李长伟. 实践哲学视野中的教育学演进 [M]. 武汉：湖北科学技术出版社，2012.

[6] 李德顺. 思变集：关于我们时代的生活与思考 [M]. 北京：中国政法大学出版社，2018.

[7] 李泽厚. 实用理性与乐感文化 [M]. 北京：生活·读书·新知三联书店，2005.

[8] 李泽厚. 人类学历史本体论 [M]. 青岛：青岛出版社，2016.

[9] 李政涛. 教育科学的世界 [M]. 上海：华东师范大学出版社，2010.

[10] 李政涛. “新基础教育”研究传统 [M]. 福州：福建教育出版社，2015.

[11] 李政涛. 交互生成：教育理论与实践的转化之力 [M]. 上海：华东师范大学出版社，2015.

[12] 梁漱溟. 东西文化及其哲学 [M]. 北京：中华书局，2018.

[13] 马克思，恩格斯. 马克思恩格斯全集：第42卷 [M]. 北京：人民出版社，1979.

[14] 马克思，恩格斯. 马克思恩格斯选集：第1卷 [M]. 北京：人民出版社，1995.

[15] 牟宗三. 中国哲学十九讲 [M]. 上海：上海古籍出版社，2005.

[16] 瞿葆奎. 教育学的探究 [M]. 北京：人民教育出版社，2004.

[17] 单中惠. 现代教育的探索——杜威与实用主义教育思想 [M]. 北京：人民教育出版社，2001.

[18] 石中英. 教育学的文化性格［M］. 太原：山西教育出版社，2005.
[19] 杨国荣. 哲学的视域［M］. 北京：生活 · 读书 · 新知三联书店，2014.
[20] 叶澜. 教育概论［M］. 北京：人民教育出版社，1991.
[21] 叶澜. "新基础教育" 探索性研究报告集［G］. 上海：上海三联书店，1999.
[22] 叶澜，等. 全球化、信息化背景下的中国基础教育改革研究报告集［G］. 上海：华东师范大学出版社，2004.
[23] 叶澜. "新基础教育" 发展性研究报告集［G］. 北京：中国轻工业出版社，2004.
[24] 叶澜. "新基础教育" 论——关于当代中国学校变革的探究与认识［M］. 北京：教育科学出版社，2006.
[25] 叶澜. "生命 · 实践" 教育学论丛：第二辑　立场［M］. 桂林：广西师范大学出版社，2008.
[26] 叶澜. "生命 · 实践" 教育学论丛：第三辑　基因［M］. 桂林：广西师范大学出版社，2009.
[27] 叶澜. "生命 · 实践" 教育学论丛：第四辑　命脉［M］. 桂林：广西师范大学出版社，2009.
[28] 叶澜. "新基础教育" 成型性研究报告集［C］. 桂林：广西师范大学出版社，2009.
[29] 叶澜，等. 基础教育改革与中国教育学理论重建研究［M］. 北京：经济科学出版社，2009.
[30] 叶澜，李政涛，等. "新基础教育" 研究史［M］. 北京：教育科学出版社，2010.
[31] 叶澜. 教育研究方法论初探［M］. 上海：上海教育出版社，2014.
[32] 叶澜. 回归突破："生命 · 实践" 教育学论纲［M］. 上海：华东师范大学出版社，2015.
[33] 叶澜. 方圆内论道：叶澜教育论文选［M］. 北京：中国人民大学出版社，2019.
[34] 袁德润. 文化传统："生命 · 实践" 教育学命脉之系［M］. 上海：华东师范大学出版社，2015.
[35] 张岱年，成中英，等. 中国思维偏向［M］. 北京：中国社会科学出版社，1991.
[36] 张岱年，程宜山. 中国文化精神［M］. 北京：北京大学出版社，2015.

[37] 张汝伦. 历史与实践 [M]. 上海：上海人民出版社，1995.
[38] 张向众，叶澜. “新基础教育”研究手册 [M]. 福州：福建教育出版社，2015.
[39] 张云. 经验·民主·教育——杜威教育哲学 [M]. 上海：上海社会科学院出版社，2007.
[40] 赵敦华. 现代西方哲学新编 [M]. 北京：北京大学出版社，2001.
[41] 郑晓江. 生命教育 [M]. 北京：开明出版社，2012.
[42] 埃德加·莫兰. 复杂性理论与教育问题 [M]. 陈一壮，译. 北京：北京大学出版社，2004.
[43] 爱德华·泰勒. 原始文化：神话、哲学、宗教、语言、艺术和习俗发展之研究（重译本）[M]. 连树声，译. 桂林：广西师范大学出版社，2005.
[44] 底特利希·本纳. 普通教育学——教育思想和行动基本结构的系统的和问题史的引论 [M]. 彭正梅，徐小青，张可创，译. 上海：华东师范大学出版社，2006.
[45] 杜威. 民主主义与教育 [M]. 王承绪，译. 北京：人民教育出版社，2001.
[46] 杜威. 确定性的寻求：关于知行关系的研究 [M]. 傅统先，译. 上海：上海人民出版社，2005.
[47] 杜威. 我的教育信条：杜威论教育 [M]. 彭正梅，译. 上海：上海人民出版社，2017.
[48] 杜维明. 道·学·政：论儒家知识分子 [M]. 钱文忠，盛勤，译. 上海：上海人民出版社，2000.
[49] 菲利普·巴格比. 文化：历史的投影——比较文明研究 [M]. 夏克，李天纲，陈江岚，译. 上海：上海人民出版社，1987.
[50] 赫费. 实践哲学：亚里士多德模式 [M]. 沈国琴，励洁丹，译. 杭州：浙江大学出版社，2011.
[51] 克莱德·克鲁克洪. 文化与个人 [M]. 高佳，何红，何维凌，译. 杭州：浙江人民出版社，1986.
[52] 拉伊. 实验教育学 [M]. 沈剑平，瞿葆奎，译. 北京：人民教育出版社，2007.
[53] 理查·罗蒂. 哲学和自然之镜 [M]. 李幼蒸，译. 北京：生活·读书·新知三联书店，1987.

[54] 迈克尔·富兰. 变革的力量：透视教育改革［M］. 中央教育科学研究所，加拿大多伦多国际学院，译. 北京：教育科学出版社，2004.

二、论文

[1] 程丽芳，陆燕琴. 在研究性变革实践中实现教师转型发展——基于闵行十三年“新基础教育”研究［J］. 上海教育科研，2012(5)：70-72.

[2] 高伟. 一个“劳而无功”的虚假性命题——评“教育理论与实践关系”之争［J］. 北京大学教育评论，2005(2)：59-64.

[3] 高兆明. 生活世界视域中的现代技术——一个本体论的理解［J］. 哲学研究，2007(11)：102-108.

[4] 金生鈜. 教育哲学是实践哲学［J］. 教育研究，1995(1)：17-22.

[5] 李楠明. 实践哲学是一种新的哲学形态和思维方式［J］. 东岳论丛，2001(4)：67-70.

[6] 李蜀人. 西方哲学中的实践与实践哲学［J］. 西南民族大学学报（人文社科版），2007(6)：126-131.

[7] 李云星. 从理论分析到实践创生：教育理论与实践关系的中国经验［J］. 教育发展研究，2012，32(9)：15-19.

[8] 李政涛. 为人的生命成长而设计和发展教育技术——兼论教育技术学的逻辑起点［J］. 电化教育研究，2006(12)：3-7.

[9] 李政涛. 文化自觉、语言自觉与“中国教育学”的发展［J］. 华东师范大学学报（教育科学版），2010，28(2)：9-16.

[10] 李政涛. 生命自觉与教育学自觉［J］. 教育研究，2010，31(4)：5-11.

[11] 李政涛. 论面向教育的实践［J］. 南京社会科学，2012(4)：124-132.

[12] 李政涛，巫锐. 德国教育学传统与教育学的自身逻辑——访谈德国教育学家本纳教授［J］. 教育研究，2013，34(10)：142-148.

[13] 李政涛. 什么是“新基础教育”研究［J］. 中国教育学刊，2017(6)：1-5.

[14] 李政涛. 现代信息技术的“教育责任”［J］. 开放教育研究，2020，26(2)：13-26.

[15] 李政涛. 什么是“教育基本理论”［J］. 高等教育研究，2020，41(3)：1-17.

[16] 李政涛.当代教育发展的“全社会教育”路向［J］.教育研究，2020，41(6)：4-13.
[17] 刘炳范.终身教育理念的拥有与人文关怀的亟需——孔子及儒家教育思想的现代价值论［J］.孔子研究，2000(6)：27-34.
[18] 蒙培元.中国哲学的方法论问题［J］.哲学动态，2003(10)：3-8.
[19] 欧阳康.实践哲学的反思与建构［J］.华中科技大学学报（人文社会科学版）2002(3)：1-7.
[20] 裴娣娜.读懂叶澜教授及其“生命·实践”教育学派［J］.当代教育与文化，2015，7(3)：24-26.
[21] 瞿葆奎，唐莹.教育科学分类：问题与框架［J］.华东师范大学学报（教育科学版），1993(2)：1-14.
[22] 瞿葆奎，郑金洲，程亮.中国教育学科的百年求索［J］.教育学报，2006(3)：3-11.
[23] 王国有.实践哲学的意义及其误区［J］.求是学刊，2000(2)：12-14.
[24] 王建军，叶澜.“新基础教育”的内涵与追求——叶澜教授访谈录［J］.教育发展研究，2003(3)：7-11.
[25] 王坤庆.“生命·实践”教育学：扎根于中华文明沃土的教育理论奇葩［J］.当代教育与文化，2015，7(3)：41-44.
[26] 王南湜.理论与实践关系问题的再思考［J］.浙江学刊，2005(6)：5-14.
[27] 王前.“由技至道”——中国传统的技术哲学理念［J］.哲学研究，2005(12)：84-89.
[28] 王天健，李政涛.“新基础教育”的中国贡献［J］.未来教育家，2020(9)：29-32.
[29] 王曰美，孙元涛.教育学者介入实践的方法论思考——关于“局内人”“局外人”信条的反审与重构［J］.教育学报，2009，5(4)：18-22.
[30] 王振林.当代实践哲学与生活世界理论［J］.学习与探索，2005(2)：31-34.
[31] 吴黛舒.对教育理论与实践关系问题的本土反思［J］.教育研究，2004(5)：24-29.
[32] 吴康宁.“生命·实践”教育学：为教育学赢得学术尊严［J］.当代教育与文化，2015，7(3)：11-15.
[33] 伍红林.论“深度介入”式的教育研究［J］.高等教育研究，2009，30(3)：68-73.

[34] 萧俊明. 文化的误读——泰勒文化概念和文化科学的重新解读[J]. 国外社会科学，2012(3)：33-46.

[35] 徐长福. 实践哲学的若干进路及其问题[J]. 天津社会科学，2002(6)：4-10.

[36] 徐长福. 何谓实践哲学[J]. 理论与现代化，2007(4)：88-91.

[37] 叶澜. 关于加强教育科学"自我意识"的思考[J]. 华东师范大学学报(教育科学版)，1987(3)：23-30.

[38] 叶澜. 学区系统终态变化的整体反思——上海普陀区中朱学区近十年教育实践与经验的研究总报告[J]. 华东师范大学学报(教育科学版)，1990(2)：1-10.

[39] 叶澜. 全面理解和贯彻理论联系实际的原则——编写《新编教育学教程》的一点体会[J]. 华东师范大学学报(教育科学版)，1991(2)：15-18.

[40] 叶澜. 让课堂焕发出生命活力——论中小学教学改革的深化[J]. 教育研究，1997(9)：3-8.

[41] 叶澜. 反思—学习—重建——十五年学术探索的回顾[J]. 天津市教科院学报，2000(4)：4-13.

[42] 叶澜. 在学校改革实践中造就新型教师——《面向21世纪新基础教育探索性研究》提供的启示与经验[J]. 中国教育学刊，2000(4)：58-62.

[43] 叶澜. 世纪初中国教育理论发展的断想[J]. 华东师范大学学报(教育科学版)，2001(1)：1-6.

[44] 叶澜. 思维在断裂处穿行——教育理论与教育实践关系的再寻找[J]. 中国教育学刊，2001(4)：1-6.

[45] 叶澜. 实现转型：新世纪初中国学校变革的走向[J]. 探索与争鸣，2002(7)：10-14.

[46] 叶澜. 重建课堂教学价值观[J]. 教育研究，2002(5)：3-7.

[47] 叶澜. 重建课堂教学过程观——"新基础教育"课堂教学改革的理论与实践探究之二[J]. 教育研究，2002(10)：24-30.

[48] 叶澜. 教育创新呼唤"具体个人"意识[J]. 素质教育大参考，2003(4)：6-7.

[49] 叶澜，吴亚萍. 改革课堂教学与课堂教学评价改革——"新基础教育"课堂教学改革的理论与实践探索之三[J]. 教育研究，2003(8)：42-49.

[50] 叶澜. 中国教育学发展世纪问题的审视 [J]. 教育研究，2004(7)：3-17.

[51] 叶澜. 21世纪社会发展与中国基础教育改革 [J]. 中国教育学刊，2005(1)：2-7.

[52] 叶澜.“新基础教育”研究引发的若干思考 [J]. 人民教育，2006(7)：4-7.

[53] 叶澜. 千舟险过万重山——改革开放30年中国基础教育发展研究概述 [J]. 基础教育，2009，6(1)：3-6.

[54] 叶澜. 大学专业人员在协作开展学校研究中的作用 [J]. 中国教育学刊，2009(9)：1-7.

[55] 叶澜. 略论“新基础教育”研究之路的若干特征 [J]. 基础教育，2011，8(2)：5-14.

[56] 叶澜. 课堂教学过程再认识：功夫重在论外 [J]. 课程·教材·教法，2013，33(5)：3-13.

[57] 叶澜.“生命·实践”教育学派——在回归与突破中生成 [J]. 教育学报，2013，9(5)：3-23.

[58] 叶澜. 大中小学合作研究中绕不过的真问题——理论与实践多重关系的体验与再认识 [J]. 教育发展研究，2014，33(20)：1-5.

[59] 叶澜. 社会教育力：概念、现状与未来指向 [J]. 课程·教材·教法，2016，36(10)：3-10.

[60] 叶澜.“新基础教育”内生力的深度解读 [J]. 人民教育，2016(Z1)：33-42.

[61] 叶澜. 终身教育视界的深刻意蕴：全时空性的全人发展——保尔·朗格朗带给我们的启示和价值 [J]. 人民教育，2017(1)：13-18.

[62] 叶澜. 溯源开来：寻回现代教育丢失的自然之维——《回归突破：“生命·实践”教育学论纲》续研究之二（上编·其一）[J]. 教育发展研究，2018，38(2)：1-13.

[63] 叶澜. 中国哲学传统中的教育精神与智慧 [J]. 教育研究，2018，39(6)：4-7.

[64] 叶澜. 溯源开来：寻回现代教育丢失的自然之维——《回归突破：“生命·实践”教育学论纲》续研究之二（中编）[J]. 中国教育科学，2020，3(1)：3-17.

[65] 叶澜. 溯源开来：寻回现代教育丢失的自然之维——《回归突破：“生命·实践”教育学论纲》续研究之二（下编）[J]. 中国教育科学，2020，3(2)：3-29.

[66] 叶澜. 转化融通在合作研究中生成——四论教育理论与教育实践的关系 [J]. 教育研究，2021，42(1)：31-58.

[67] 于述胜. 探寻中国教育研究的民族话语 [J]. 当代教育科学，2004(23)：6-10.

[68] 袁德润. 草根："新基础" 人的入世情怀 [J]. 基础教育，2009，6(5)：10-13.

[69] 岳欣云，董宏建. "研究性变革实践"：教师发展的新思路 [J]. 教师教育研究，2011，23(2)：7-11.

[70] 张能为. 伽达默尔与实践哲学传统和解释学重建 [J]. 学术界，2010(10)：48-56.

[71] 张汝伦. 作为第一哲学的实践哲学及其实践概念 [J]. 复旦学报（社会科学版），2005(5)：155-163.

[72] 周霖. 理论思维：教育基本理论的发展之钥 [J]. 教育研究，2013，34(2)：39-41.

附录　叶澜“教育理论—实践观”研究大事记

时间	教育理论	教育实践	方法论	教育学反思
1986	发表论文《论影响人发展的诸因素及其与发展主体的动态关系》(《中国社会科学》1986年第3期)		发表论文《南斯拉夫教育科研中的方法论问题》(《外国教育资料》1986年第1期)	
1987				发表论文《关于加强教育科学“自我意识”的思考》[《华东师范大学学报(教育科学版)》1987年第3期]
1988		1988—1989年，与陈桂生教授合作主持开展上海市普陀区中朱学区教育改革(1978—1988年)调查研究	选编《教育研究方法》(叶澜、施良方选编，收入瞿葆奎主编《教育学文集》，人民教育出版社1988年版)	
1989	发表论文《试析当代中国教育价值取向之偏差》(《教育研究》1989年第8期)			
1990	发表论文《教育两大功能关系之研究》(《教育研究》1990年第1期)	在普陀区召开中朱学区教育改革(1978—1988年)调查研究成果发布会	出版著作《教育研究及其方法》(中国科学技术出版社1990年版)	
	发表论文《学区系统终态变化的整体反思——上海普陀区中朱学区近十年教育实践与经验的研究总报告》(《华东师范大学学报(教育科学版)》1990年第2期)			

续表

时间	教育理论	教育实践	方法论	教育学反思
1991	出版著作《教育概论》（人民教育出版社1991年版）			主持全国哲学社会科学“八五”规划重点课题
1992		主编《走出低谷——上海市普陀区中朱学区大面积提高教育质量系列研究报告集》（教育科学出版社1992年版）	发表论文《关于我国教育实验科学性问题的思考》（《教育研究》1992年第12期）	“教育学科体系的建设与发展”
1993		1991—1994年，主持研究课题“基础教育改革与学生自我教育能力发展”		
1994	发表论文《时代精神与新教育理想的构建》（《教育研究》1994年第10期）			
1996	发表论文《世纪之交中国学校教育文化使命之思考》（《教育改革》1996年第5期） 发表论文《基础教育与学生自我教育能力发展》（《上海教育科研》1996年第7、第8期连载）	1994—1999年，进行“新基础教育”探索性研究		
1997	发表论文《让课堂焕发出生命活力》（《教育研究》1997年第9期）			

续表

时间	教育理论	教育实践	方法论	教育学反思
1998	发表论文《新世纪教师专业素养初探》（《教育研究与实验》1998年第1期） 发表论文《更新教育观念，创建面向21世纪的新基础教育》（《中国教育学刊》1998年第2期）			
1999	主编《“新基础教育”探索性研究报告集》（上海三联书店1999年版） 发表论文《把个体精神生命发展的主动权还给学生》[辑入郝克明主编《面向21世纪我的教育观》（综合卷），广东教育出版社1999年版]		出版著作《教育研究方法论初探》（上海教育出版社1999年版）	主编“‘教育学科元研究’丛书”（上海教育出版社）
2000	发表论文《论教师职业的内在尊严与欢乐》（《思想·理论·教育》2000年第5期） 发表论文《在学校改革实践中造就新型教师》（《中国教育学刊》2000年第4期）	1999—2004年，开展“新基础教育”发展性研究，形成“新基础教育”研究共同体，以华东师范大学成员为核心成员		
2001	发表论文《试析中国当代道德教育内容的基础性构成》（《教育研究》2001年第9期）		发表论文《思维在断裂处穿行》（《中国教育学刊》2001年第4期）	发表论文《世纪初中国教育理论发展的断想》[《华东师范大学学报（教育科学版）》2001年第1期]

续表

时间	教育理论	教育实践	方法论	教育学反思
2001				撰写论文并汇报《中国“教育理论”研究状态与发展趋势概述（1995—2000）》（内部资料）
2002	发表论文《重建课堂教学价值观》（《教育研究》2002年第5期）			主编《中国教育学科年度发展报告》（2001—2005年）（上海教育出版社），题名分别为：《构筑中国教育学科发展的世纪新平台》（2001）；《在路上——研究教育转型与教育学科研究转型》（2002）；《艰难的行进——学科发展意识的觉醒与迷乱》（2003）；
	发表论文《重建课堂教学过程观》（《教育研究》2002年第10期）			
	发表论文《实现转型：新世纪初中国学校变革的走向》（《探索与争鸣》2002年第7期）			
2003	发表论文《教育创新呼唤“具体个人”意识》（《中国社会科学》2003年第1期）			
	发表论文《改革课堂教学与课堂教学评价改革》（《教育研究》2003年第8期）（与吴亚萍合作）			

续表

时间	教育理论	教育实践	方法论	教育学反思
2004	撰写并报告《“新基础教育”发展性研究总报告：世纪初中国基础教育学校“转型性变革”的理论与实践》 主编“‘新基础教育’发展性研究丛书”（中国轻工业出版社2004年版） 发表专访论文《为“生命·实践”教育学派的创建而努力——叶澜教授访谈录》（《教育研究》2004年第2期）	2004—2009年，开展“新基础教育”成型性研究，华东师大核心团队与10所基地学校合作创建		《教育学科研究态势的变化与消长》（2004）； 《在裂变与重聚中创生——2001—2005中国教育学科发展评析》（2005） 发表论文《中国教育学发展世纪问题的审视》（《教育研究》2004年第7期）
2005	发表论文《21世纪社会发展与中国基础教育改革》（《中国教育学刊》2005年第1期）			主编《二十世纪中国社会科学·教育学卷》（上海人民出版社2005年版）
2006	发表论文《试论当代中国学校文化建设》（《教育发展研究》2006年第15期） 出版著作《“新基础教育”论——关于当代中国学校变革的探究与认识》（教育科学出版社2006年版）		发表论文《当代中国教育变革的主体及其相互关系》（《教育研究》2006年第8期）	

续表

时间	教育理论	教育实践	方法论	教育学反思
2006	出版著作《教育概论（修订版）》（人民教育出版社2006年版）			
2007	发表论文《学校转型性变革中的评价改革》（《教育发展研究》2007年第7期）（与李政涛、吴亚萍合作）			主编“‘生命·实践’教育学论丛”（广西师范大学出版社），撰写论文：《从“冬虫”到“夏草”》（《回望》，2007）；《当代中国教育学研究“学科立场”的寻问与探究》（《立场》，2008）；《“生命·实践”教育学引论（上）》（《基因》，2009）；《“生命·实践”教育学引论（下）》（《命脉》，2009）
2008				
2009	主编“‘新基础教育’成型性研究丛书”（广西师范大学出版社2009年版），撰写总报告《在现实中携手走出建设新型学校的创业之路》	2009年5月16日，华东师范大学新基础教育研究中心揭牌成立	发表论文《大学专业人员在协作开展学校研究中的作用》（《中国教育学刊》2009年第9期）	
	出版著作《基础教育改革与中国教育学理论重建研究》（经济科学出版社2009年版）	2009—2012年，10所基地学校研究进入扎根阶段。其中9所基地学校在2012年扎根阶段结束时，成为“生命·实践”教育学首批合作校		
2010	出版著作《“新基础教育”研究史》（教育科学出版社2010年版）（参加撰写人员包括华东师大课题组成员、基地学校的校长与教师，共计40人）			

续表

时间	教育理论	教育实践	方法论	教育学反思
2011	2011年年底，主编的“世纪初中国基础教育改革研究丛书”全部完成出版（教育科学出版社）（共计11册）			2011年年底，“‘生命·实践’教育学创建研究”列为基础教育改革与发展研究所基地重大课题
2012		2012—2015年，全国四地近百所学校建立“新基础教育”研究共生体，开启了基于校本的“新基础教育”生态式推进研究		
2013	发表论文《课堂教学过程再认识：功夫重在论外》（《课程·教材·教法》2013年第5期）			
2014	发表论文《大中小学合作研究中绕不过的真问题》（《教育发展研究》2014年第20期）			
2015	出版著作《“新基础教育”研究手册》（福建教育出版社2015年版）（与张向众合著）			主编“‘生命·实践’教育学论著系列”“‘基本理论研究’丛书”（华东师范大学出版社2015年版，共计12册），撰写《回归突破：“生命·实践”教育学论纲》

续表

时间	教育理论	教育实践	方法论	教育学反思
2016	发表论文《“新基础教育”内生力的深度解读》（《人民教育》2016年第Z1期）			
2017	发表论文《终身教育视界的深刻意蕴：全时空性的全人发展——保尔·朗格朗带给我们的启示和价值》（《人民教育》2017年第1期）			
2018	发表论文《溯源开来：寻回现代教育丢失的自然之维——〈回归突破：“生命·实践”教育学论纲〉续研究之二（上编）》（《教育发展研究》2018年第2、第3期连载）			
	发表论文《中国哲学传统中的教育精神与智慧》（《教育研究》2018年第6期）			
2019	庞庆举选编“叶澜教育思想文选”（三卷本）（中国人民大学出版社2019年版）			
	发表专访论文《中国文化传统与教育学中国话语体系的建设——叶澜教授专访》[《苏州大学学报（教育科学版）》2019年第3期]（与罗雯瑶、庞庆举合作）			

续表

时间	教育理论	教育实践	方法论	教育学反思
2020	发表论文《寻回现代教育丢失的自然之维——〈回归突破：“生命·实践”教育学论纲〉续研究之二（中编）（下编）》（《中国教育科学》2020年第1、第2期连载）			
2021	发表论文《转化融通在合作研究中生成》（《教育研究》2021年第1期）			